国家社会科学基金面上项目"互联网+"背景下外贸新业态的
发展路径、机制及其政策研究（项目编号18BJY184）

"互联网+"背景下
外贸新业态的发展路径、机制
及其政策研究

"HULIANWANG+" BEIJING XIA
WAIMAO XINYETAI DE FAZHAN LUJING,JIZHI
JIQI ZHENGCE YANJIU

王君　项丹　颜谢霞 / 著

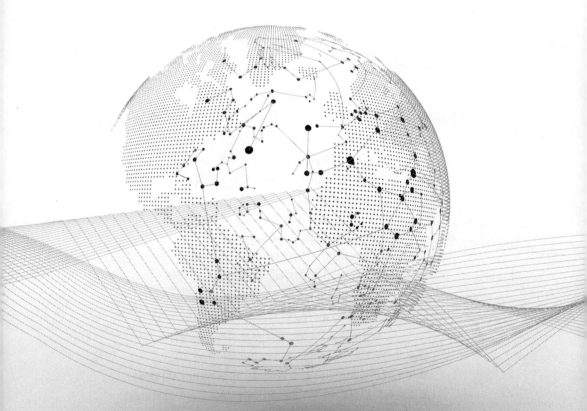

中国财经出版传媒集团
经济科学出版社
Economic Science Press
·北京·

图书在版编目（CIP）数据

"互联网+"背景下外贸新业态的发展路径、机制及
其政策研究／王君，项丹，颜谢霞著. --北京：经济
科学出版社，2024.12. -- ISBN 978 - 7 - 5218 - 6438 - 0

Ⅰ. F752

中国国家版本馆 CIP 数据核字第 2024UC9634 号

责任编辑：周胜婷
责任校对：杨　海
责任印制：张佳裕

"互联网+"背景下外贸新业态的发展路径、机制及其政策研究

王　君　项　丹　颜谢霞　著

经济科学出版社出版、发行　新华书店经销

社址：北京市海淀区阜成路甲 28 号　邮编：100142

总编部电话：010 - 88191217　发行部电话：010 - 88191522

网址：www. esp. com. cn

电子邮箱：esp@ esp. com. cn

天猫网店：经济科学出版社旗舰店

网址：http://jjkxcbs. tmall. com

北京季蜂印刷有限公司印装

710×1000　16 开　23 印张　350000 字

2024 年 12 月第 1 版　2024 年 12 月第 1 次印刷

ISBN 978 - 7 - 5218 - 6438 - 0　定价：98.00 元

（图书出现印装问题，本社负责调换。电话：010 - 88191545）

（版权所有　侵权必究　打击盗版　举报热线：010 - 88191661

QQ：2242791300　营销中心电话：010 - 88191537

电子邮箱：dbts@ esp. com. cn）

前　　言

当今世界面临百年未有之大变局，全球产业链和供应链面临严峻挑战，全球价值链重构加速演进，新冠疫情冲击导致贸易投资增长低迷。党的二十大报告中提出，"推动货物贸易优化升级、创新服务贸易发展机制，发展数字贸易，加快建设贸易强国"。新一轮科技革命和产业变革赋能互联网加速发展，同时也催生了外贸新业态新模式，例如跨境电子商务、市场采购贸易、外贸综合服务企业、保税维修、离岸贸易和海外仓等。国务院 2021 年发布的《关于加快发展外贸新业态新模式的意见》中提出："到 2025 年，外贸新业态新模式发展的体制机制和政策体系更为完善"，而良好的制度质量能有效降低生产成本和冰山运输成本。鉴于此，从制度质量视角研究"互联网 + 外贸"的实施路径对中国稳外贸并实现贸易高质量发展具有重要的理论意义和实践价值。

本书首先充分梳理现有研究文献，在厘清"外贸新业态"的内涵、特征、影响因素以及"互联网 +"的内涵、度量方式及其对贸易增长影响的基础上，从互联网经济理论、国际贸易经典理论以及"互联网 +"外贸理论三个方面构建文章的理论框架。

然后，在系统阐述互联网信息技术的发展史基础上，本书从互联网普及率、互联网基础设施、互联网安全性和互联网开放平台等四个方面测算了 1995~2020 年全球 125 个经济体的"互联网 +"发展水平指数。同时，本书从互联网发展、跨境电商、市场采购、外贸综合服务企业、保税维修、离岸贸易、海外仓、政策环境等八个方面尝试性构建了"互联网 +"

背景下外贸新业态评价指标体系。

接着，本书通过 UNCTAD 数据库和 OECD 全球价值链数据库，系统梳理了全球外贸新业态、货物贸易和服务贸易的发展特征及趋势；基于面板数据，通过固定效应模型和调节效应模型系统考察"互联网＋"对货物贸易和服务贸易的影响效应和作用机制。研究表明："互联网＋"能显著促进货物贸易规模发展和服务贸易规模发展，能有效优化货物贸易结构和服务贸易结构。这些结论通过一系列稳健性和内生性检验后依旧成立。异质性分析发现，以上促进效应对不同区域、不同时间、不同分项指标产生了不同影响。从作用机制来看，"互联网＋"将通过成本降低效应、技术进步效应以及产业升级效应三个机制推动货物贸易高质量发展。与此同时，"互联网＋"也将通过成本降低效应、贸易可及效应、市场多样性效应三个机制推动服务贸易高质量发展。从调节效应来看，以法治环境、腐败控制、监管质量和政府效率为代表的制度质量能有效放大"互联网＋"对货物贸易和服务贸易的促进作用。

本书还通过经贸规则文本系统梳理了诸如数字税、数字产品非歧视性待遇、跨境数据自由流动、源代码、电子认证和电子签名、在线消费者保护、个人信息保护、网络安全、非应邀商业电子信息、无纸化贸易等"互联网＋外贸"规则，总结全球"互联网＋外贸"规则新趋势新变化，并研究中国对标全球"互联网＋外贸"规则的差距及影响。

最后，本书提出中国"互联网＋外贸"的实施路径：科学合理做好"互联网＋外贸"顶层设计，渐进式推进贸易高质量发展；加快发展外贸新业态新模式，推动外向型经济高质量发展；高质量夯实数字"新基建"，全力打造高效现代交通物流体系；发挥数字创新要素和数字创新环境的协同效应，加快构建高水平科技自立自强的数字创新体系；高水平推动制度型开放，全面建设贸易强国。

本书为国家社会科学基金面上项目"互联网＋"背景下外贸新业态的发展路径、机制及其政策研究（项目编号 18BJY184）的研究成果。特别感谢浙江工业大学经济学院博士生洪晨翔在本书的构思、撰写和校对中所做的大量工作！

由于作者学识水平有限，书中不妥之处在所难免，恳请同行专家和读者批评指正！

王　君

浙江工业大学之江学院

目录

目　录

第一章

绪　　论

第一节　研究背景和意义

一、研究背景

当今世界面临百年未有之大变局，全球产业链和供应链面临严峻挑战，全球价值链重构加速演进，新冠疫情冲击导致贸易投资增长低迷。改革开放四十多年来，中国经济取得快速发展，现已成为全球第一贸易大国，但中国粗放型经济增长模式并未发生根本性改变，贸易获利能力和全球价值链分工地位亟须提升（Johnson and Noguera，2012）。新一轮科技革命和产业变革赋能互联网加速发展（Krasnokutskaya et al.，2020），同时也催生了外贸新业态新模式，包括跨境电商、市场采购贸易、外贸综合服务企业、保税维修、离岸贸易和海外仓等六种模式，这有效降低了贸易成本并提高了贸易效率。因此，"互联网＋外贸"是中国稳外贸并实现贸易高质量发展的重要先手棋。

全球经贸规则出现全方位、多层次、立体化的新趋势，对一国国内的制度改革创新提出新要求和高标准，对标"互联网＋外贸"高标准规则是我国高质量发展外贸新业态以及提升规则制定权的有效路径。2021 年，国务院发布的《关于加快发展外贸新业态新模式的意见》中提出，到2025 年，外贸新业态新模式发展的体制机制和政策体系要更为完善；党的二十大报告也强调，要推进高水平对外开放，稳步扩大规则、规制、管理、标准等制度型开放，加快建设贸易强国。制度质量是一国比较优势的来源（Nunn and Trefler，2013），良好的制度质量能有效地降低生产成本和冰山运输成本（Jiao and Wei，2017），因此，制度质量是外贸新业态持续健康发展的重要保障。

二、研究意义

（一）理论意义

学界对"互联网经济理论"和"国际贸易理论"的研究已汗牛充栋，但"互联网＋外贸"的理论和经验研究比较少。本书从资源配置理论、贸易成本理论、交易成本理论和制度成本理论等四个方面论述"互联网＋外贸"的理论，同时从制度质量的视角研究"互联网＋"对货物贸易和服务贸易的影响效应，并就其中作用机制进行深入分析，为"互联网＋外贸"研究提供了重要的理论借鉴和经验证据。

（二）现实意义

当前，中国贸易高质量发展已进入调整期和攻坚期。同时，新一轮科技革命带来贸易模式和贸易形态的重塑和变革，"互联网＋"在国际贸易过程中能有效降低贸易成本和交易成本并提升生产要素的配置效率，因此"互联网＋外贸"是今后中国稳住外贸基本盘、实现贸易高质量发展的重要抓手，同时也是高质量促进"外循环"，加快实现国内国际双循环新发展格局的有力保障。

第二节 研究目的和内容

一、研究目的

一是深刻揭示"外贸新业态"的内涵、特征及其影响因素，弥补当前关于外贸新业态相关研究的不足，同时构建"互联网＋"驱动贸易高质量发展的新理论分析框架，深入探究"互联网＋"对货物贸易和服务贸易的规模和结构的影响效应，进而实现"互联网＋外贸"的理论创新。

二是从互联网普及率、互联网基础设施、互联网安全性和互联网开放平台等四个方面构建全球"互联网＋"发展水平指标体系，通过对全球125个经济体进行比较分析，找到中国"互联网＋"发展水平的优势与不足，为中国加快提升互联网普及率、搭建互联网新基建、保障互联网安全性及构建互联网开放网络提供经验支撑。

三是分析全球以及中国外贸新业态的发展现状，并据此提出中国外贸新业态存在的不足以及未来发展趋势。从"互联网＋"背景下外贸新业态发展的评价体系、外贸新业态的国际比较及中国发展现状、国际先进经验做法以及未来发展趋势等方面进行深入分析，由此找到中国发展外贸新业态的突破口。

四是通过计量模型论证"互联网＋"对货物贸易和服务贸易的影响效应及内在机理，并从制度质量视角探究"互联网＋"促进效应的调节作用，为如何加快建设"互联网＋外贸"强国和制度型开放强国提供实证基础。

五是通过系统梳理"互联网＋外贸"国际经贸规则，总结"互联网＋外贸"高标准经贸规则的新趋势和新发展，为我国如何对标"互联网＋外贸"规则提供有效实施方案。

二、研究内容

第一章：绪论。本章论述了研究背景和意义、研究目的和内容、研究方法和技术路线以及可能的创新点。

第二章：文献综述。本章从"外贸新业态"和"互联网＋"两个方面展开。首先，从跨境电商、市场采购、外贸综合服务企业、保税维修、离岸贸易以及海外仓等六方面阐述"外贸新业态"的内涵、特征、影响因素以及其他相关研究；接着，阐述"互联网＋"的概念、度量方式及经济效应；然后，着重论述"互联网＋"对贸易增长的影响研究，系统梳理互联网经济理论、国际贸易经典理论、"互联网＋外贸"理论；最后是文献述评。

第三章："互联网＋"发展水平的国际比较分析。首先，从技术萌芽阶段、网络互联发展阶段、互联网 1.0 阶段、互联网 2.0 阶段、移动互联阶段、"互联网＋"阶段等六个方面系统梳理互联网信息技术的发展史；其次，基于 1995～2020 年全球 125 个经济体数据，从互联网普及率、互联网基础设施、互联网安全性和互联网开放平台等四个方面构建"互联网＋"发展水平指标体系；再其次，从互联网发展、跨境电商、市场采购、外贸综合服务企业、保税维修、离岸贸易、海外仓、政策环境等八个方面构建"互联网＋"背景下外贸新业态发展的评价体系；最后，对 125 个经济体的"互联网＋"发展水平进行国际比较。

第四章：外贸新业态的发展现状分析。首先，从 ICT 货物贸易发展、ICT 服务贸易发展以及可数字化的服务贸易三个方面进行外贸新业态的国际比较，明晰全球外贸新业态的发展格局；其次，在厘清世界局势的基础之上，从跨境电商、市场采购、外贸综合服务企业、保税维修、离岸贸易以及海外仓等六个方面分别就我国外贸新业态的发展现状以及国际政策进行系统比较分析；最后，提出"互联网＋"背景下外贸新业态发展的六大趋势，即外贸的数字化转型、跨境电商的持续扩展、供应链的全球化与本地化并行、外贸专业化增值服务不断优化、离岸贸易业务新模式不断涌现和保税维修赋能加工贸易转型。

第五章：全球货物贸易发展的比较分析。利用 1948～2021 年货物贸易规模数据，从战后复苏阶段、快速发展阶段、波动发展阶段、全球深化阶段、"互联网＋外贸"阶段等五个方面系统梳理全球货物贸易规模发展史；将货物贸易分为资源密集型产品、劳动密集型产品、资本密集型产品和技术密集型产品，利用 1995～2021 年货物贸易结构数据，分析全球货物贸易格局变化及中国货物贸易结构变化，并进行主要经济体贸易结构的比较。

第六章：全球服务贸易发展的比较分析。利用 1980～2021 年服务贸易规模数据，分快速发展阶段、规范化发展阶段、全球化发展阶段、"互联网＋外贸"阶段等四个阶段系统梳理全球服务贸易规模发展史；将服务货物分为运输服务，旅游服务，电信服务，建筑服务，保险服务，金融服务，计算机与信息服务，专利权使用费和特许费，其他商业服务，个人、文化和娱乐服务，未包括的政府服务等 11 个方面，利用 2000～2018 年服务贸易结构数据，论述主要经济体的服务贸易结构及中国服务贸易结构变化。

第七章："互联网＋"对货物贸易影响的实证分析。首先，深入分析"互联网＋"对货物贸易发展的理论机制，并据此提出理论假说。其次，建立实证模型验证研究假说。具体而言，基于 1995～2020 年 125 个经济体数据（"出口方－进口方－年份"三维面板），利用引力模型和固定效应模型论证"互联网＋"对货物贸易规模增长的影响；基于 1995～2020年 125 个经济体数据（"经济体－年份"二维面板），利用固定效应模型论证"互联网＋"对货物贸易结构的影响。再其次，从成本降低效应、技术进步效应以及产业升级效应三方面作中间渠道检验。最后，从制度质量视角，利用调节效应模型论证制度质量对"互联网＋"促进货物贸易增长和货物贸易结构升级的调节作用。

第八章："互联网＋"对服务贸易影响的实证分析。首先，深入分析

"互联网＋"对服务贸易发展的理论机制,并据此提出理论假说。其次,建立实证模型验证研究假说。具体而言,基于 2000~2020 年 125 个经济体数据("出口方－进口方－年份"三维面板),利用引力模型和固定效应模型论证"互联网＋"对服务贸易规模增长的影响;基于 1995~2020 年 125 个经济体数据("经济体－年份"二维面板),利用固定效应模型论证"互联网＋"对服务贸易结构的影响。再其次,从成本降低效应、贸易可及效应、市场多样性效应三方面进行中间渠道检验。最后,从制度质量视角,利用调节效应模型论证制度质量对"互联网＋"促进服务贸易增长和服务贸易结构升级的调节作用。

第九章:"互联网＋外贸"国际经贸规则比较分析。首先,论述"互联网＋外贸"国际经贸规则变化比较分析;然后,论述中国对标"互联网＋外贸"国际经贸规则的差距分析;最后,论述对标"互联网＋外贸"国际经贸规则的影响分析。

第十章:中国"互联网＋外贸"的实施路径研究。基于研究内容,提出有针对性的政策建议:科学合理地做好"互联网＋外贸"顶层设计,渐进式推进贸易高质量发展;加快发展外贸新业态新模式,推动外向型经济高质量发展;高质量夯实数字"新基建",全力打造高效现代交通物流体系;发挥数字创新要素和数字创新环境的协同效应,加快构建高水平科技自立自强的数字创新体系;高水平推动制度型开放,全面建设贸易强国。

第三节　研究方法

一、总结归纳法

从国家重大战略需求出发,通过搜集重要政府文件和权威期刊论文,从"互联网＋外贸"、外贸新业态以及制度质量等方面,归纳总结出本研究的关键问题及可能存在的创新之处;通过对相关数据和政策文件的搜集与整理，总结外贸新业态的发展现状，把握未来发展趋势，并据此找到中国开展外贸新业态过程中的不足与差距；通过足够长的时间序列贸易数据，深入探究货物贸易、服务贸易的经济发展规律。

二、理论分析法

结合互联网经济理论和国际贸易经典理论，归纳出"互联网＋外贸"理论——资源配置理论、贸易成本理论、交易成本理论、制度成本理论，为本书的整体研究提供了理论基础；从理论上梳理了"互联网＋"对货物贸易和服务贸易影响机制，为本书的实证检验奠定坚实的理论基础。

三、比较分析法

就外贸新业态的发展现状进行国际比较，在此基础上从跨境电商、市场采购、外贸综合服务企业、保税维修、离岸贸易和海外仓等六个方面深刻剖析中国外贸新业态发展存在的问题和不足，进一步总结国际先进经验，最后提出中国外贸新业态发展方向；对全球 125 个经济体的"互联网＋"发展水平进行国际比较分析，从互联网普及率、互联网基础设施、互联网安全性和互联网开放平台等四个方面深入探究中国在互联网发展中存在的优势和不足；通过梳理"互联网＋外贸"国际经贸规则，对《欧盟与日本经济伙伴关系协定》《跨太平洋伙伴关系协定》《全面与进步跨太平洋伙伴关系协定》《美国－墨西哥－加拿大协定》《跨大西洋贸易与投资伙伴关系协定》《区域全面经济伙伴关系协定》《北美自由贸易协议》等协定进行比较分析，系统梳理数字税、数字产品非歧视性待遇、跨境数据自由流动、源代码、电子认证和电子签名、在线消费者保护、个人信息保护、网络安全、非应邀商业电子信息、无纸化贸易等数字贸易规则，总结全球数字贸易规则新趋势、新变化。

四、实证分析法

本书综合利用多种计量方法进行实证分析。基于 STATA17.0 软件，本书首先通过主成分分析法（PCA）测算了全球 125 个经济体"互联网＋"综合水平，然后利用固定效应模型深入探究"互联网＋"对货物贸易规模、货物贸易结构、服务贸易规模、服务贸易结构的影响以及作用机制，最后利用调节效应模型探究制度质量对"互联网＋"促进效应的调节作用。

第四节　可能的创新点

本书可能的创新点有以下四点：

一是研究框架的创新。现有文献对"互联网＋"、货物贸易和服务贸易的研究比较多，但就外贸新业态的相关研究尚处于起步阶段，同时缺乏"互联网＋"对货物贸易和服务贸易的影响效应和作用机制的深入研究。鉴于此，一方面，本书在系统梳理外贸新业态现有研究的基础上，深入分析了国内外外贸新业态的发展现状，并据此创新性地构建了外贸新业态评价指标体系，进一步补充了外贸新业态相关研究；另一方面，本书将货物贸易和服务贸易统一归入"贸易高质量"框架，系统研究"互联网＋"对贸易高质量发展的影响，这为中国加快培育贸易高质量发展动能提供决策参考。

二是研究视角的创新。现有文献对"互联网＋"发展水平的测度主要集中于互联网普及率和互联网基础建设等视角，忽视了数据安全和个人隐私保护。鉴于全球对各国互联网开放的要求越来越高，本书从互联网普及率、互联网基础设施、互联网安全性和互联网开放平台等四个方面系统构建全球"互联网＋"发展水平指标体系，分别探讨这四个子指标对货物贸易和服务贸易的影响效应。这更切合当今互联网行业高质量开放的现实。

三是作用机制的创新。首先,在梳理相关理论和文献的基础上,本书探讨了"互联网+"影响货物贸易和服务贸易的中间渠道。具体而言,从成本降低效应、技术进步效应以及产业升级效应三个方面探讨"互联网+"促进货物贸易高质量发展的中间渠道;通过成本降低效应、贸易可及效应、市场多样性效应三个方面分析"互联网+"影响服务贸易高质量发展的中间渠道。其次,制度质量是一国比较优势的来源(Nunn and Trefler,2013),良好的制度质量能有效地降低生产成本和冰山运输成本(Jiao and Wei,2017),从而放大"互联网+"对贸易高质量发展的促进效应。本书分别以监管质量、腐败控制、政府效率和法治环境来衡量制度质量,深入考察制度质量在"互联网+"促进贸易高质量发展中的调节作用,这对我国渐进式实现制度型开放具有重要指导意义。

四是研究内容的创新。全球经贸规则出现全方位、立体化、多层次的新趋势,这对一国境内措施的改革创新提出新要求。"互联网+外贸"是今后稳外贸并实现贸易高质量的重要抓手。本书系统梳理数字贸易规则,包括数字税、数字产品非歧视性待遇、跨境数据自由流动、源代码、电子认证和电子签名、在线消费者保护、个人信息保护、网络安全、非应邀商业电子信息、无纸化贸易等,总结全球数字贸易规则新趋势和新变化,以及我国与高标准数字贸易规则的差异及其影响,这对我国对标"互联网+外贸"规则,并实现制度型开放具有重要现实意义。

第二章

文　献　综　述

随着信息时代的到来，全球化浪潮席卷世界的各个角落，每个国家对外贸易的业态和模式都在发生着深刻的变化。"互联网＋"背景下，传统外贸产业有了新的发展业态，以云计算、大数据等为代表的数字技术加速推动传统外贸行业的创新发展。这就要求传统国际贸易理论向互联网贸易理论演变，为对外贸易发展的新业态、新模式和新机制提供理论基础。虽然目前还没有形成系统的互联网贸易理论体系，但是众多学者已经将这个领域作为研究的重点和热点，并不断推出新的研究成果。本章将系统梳理外贸新业态的内涵、特征、影响因素和其他相关研究，以及"互联网＋"的概念、度量方式、经济效应及其对贸易发展的影响，阐述互联网经济理论、国际贸易理论以及"互联网＋外贸"理论，为后续研究提供理论根基。

第一节　外贸新业态相关研究

一、外贸新业态的内涵

　外贸新业态是中国近些年兴起的研究热点。2014 年 5 月，国务院办公厅发布《关于支持外贸稳定增长的若干意见》，明确提出要支持外贸综合服务等相关企业发展，同时出台促进跨境电子商务贸易便捷化的办法措施等提升外贸企业竞争力的总体意见，这是首次提及并界定外贸新业态相关词汇概念和涵盖范围。

近年来，学术界就外贸新业态的内涵从不同角度展开了研究。郭永泉（2020）认为，外贸新业态是互联网经济、平台经济、现代产业组织经济三种新模式在外贸领域的体现。李然等（2019）指出，外贸新业态是在社会生产方式网络化、数字化与智能化协同发展基础之上，通过市场化供应链和电商等方式重塑生产制造和流通环节，从而形成交易便利化、模式复合化、服务集约化的新贸易体系。还有学者从外贸新业态的具体形式、贸易业态创新、产业深度融合以及外贸产业转型升级等不同的角度进行定义。例如，张曙光（2017）认为，跨境电商作为外贸新业态的最主要形式之一，不同于以往的传统外贸电子商务的 B2B 交易方式，它利用互联网平台为国内外的供求双方提供国际贸易撮合和信息流通，以国际对外贸易大数据为依托，营造国际化营销的大环境。吴琪和扈飞（2020）认为，外贸综合服务新型业态是外贸供应链进化和外贸服务经营思维迭代的自然结果。孙明（2019）认为，外贸新业态是利用互联网数字技术将传统产业与现代元素相结合，通过现代技术创新、传统业态转型、不同产业融合等方式，在外贸产业形态、管理模式、业务流程等方面进行一定改变和突破所形成的新的产业形态。

综上所述，政府部门以及学术界对"贸易新业态"的内涵进行了充分探讨，其中学术界基于政府部门的官方定义，从多种角度进行了探讨，但尚未达成权威共识。本书认为，外贸新业态涵盖了跨境电商、市场采购、外贸综合服务企业、保税维修、离岸贸易以及海外仓等多个方面，旨在借助互联网、云计算等新技术赋能传统外贸产业，助力形成数据支撑、网络共享、智能协作的外贸产业链和供应链体系。

接下来，具体分析外贸新业态六种表现形式的内涵。

（一）跨境电商

自 2010 年起，中央与地方政府陆续出台多项政策法规，旨在扶持与规范跨境电子商务的发展。然而，尽管跨境电商的内涵随时代进步不断演进和丰富，但无论是管理部门还是学术界，至今都尚未给出一个明确定义。

根据我国商务部的解释，跨境电商是指不同关境的交易主体通过电子商务平台进行交易、支付结算，并通过跨境物流完成商品交付的国际贸易活动。而按照我国海关总署的分类，跨境电商涵盖了跨境电商 B2B（企业对企业）和跨境电商零售（企业对个人或个人对个人）等多种模式。

从学术视角来看，跨境电商被国外学者视为电子商务的高级形态，不同国家和地区的交易方利用互联网技术平台进行交易（Anson et al.，2019；Ma et al.，2018）。其中，电子信息技术被视为跨境电商的基石，其应用不仅拓宽了贸易的边界，更催生了全新的市场格局（Deng and Wang，2016；Huang and Chang，2019）。国内学者在探讨跨境电商定义时，主要聚焦于互联网技术、数字经济、国际贸易及电子支付等核心要素。马述忠等（2019，2023）提出，跨境电商在延伸传统贸易的同时，也形成了数字贸易的初级形态。它融合了国际贸易与互联网技术，成为"互联网＋外贸"的典型代表，是我国外贸发展的新动力、转型升级的重要途径以及高质量发展的新支撑（李小平等，2023；马述忠和房超，2021；张洪胜等，2023）。张洪胜和潘钢健（2021）进一步指出，跨境电商结合了电子商务与国际贸易的特点，已成为我国"互联网＋"战略的重要组成部分。而史亚茹和于津平（2023）则强调，跨境电商是一种新型国际贸易方式，通过互联网平台完成交易、电子支付，并通过跨境电商物流送达商品。此外，还有学者将跨境电商视为电子商务在进出口及零售领域的应用，是市场信息交流的关键节点（唐学朋等，2023；刘斌和顾聪，2022）。

虽然这些研究尚未为跨境电商提供统一的定义，但它们共同突出了互联网技术与物流在跨境电商中的核心地位。以在线交易平台为代表的信息技术展现了跨境电商对传统贸易的扩展，而跨境贸易的各个环节如国际支付、运输、通关质检等则体现了跨境电商相较于传统电商在内涵上的丰富与深化。

（二）市场采购

市场采购贸易，作为我国加入世贸组织后国内专业市场从主打国内贸易逐步迈向内外贸结合发展的产物，逐渐展现出一种新型贸易形态的活力。市场采购贸易作为一种特定的贸易方式，海关总署的《关于修订市场采购贸易监管办法及其监管方式有关事宜的公告》对其作出以下界定：市场采购贸易是在经官方认证的市场集聚区内进行的商品采购活动，这一贸易形式的核心特征在于单票报关单所涵盖的货物价值被设定了最高限额，即不得超过 15 万美元，参与这一贸易模式的经营者必须满足相关条件，并在采购所在地的海关办理出口通关手续。特别值得一提的是，这一贸易方式的海关监管方式代码为"1039"，这为其在海关流程中的管理提供了明确的标识。学术界对此的定义与海关文件基本一致，众多学者如蓝庆新和童家琛（2022）都认为，市场采购贸易是中国本土近年来创新并大力扶持的外贸新形态，在官方认可的市场集聚区，它赋予了符合特定条件的境内外企业及个人采购商品的权益。该贸易方式采购的商品，经主管或口岸海关报关后，便可顺利出口（汪如珺，2015；揭昊，2021）。

（三）外贸综合服务企业

与传统外贸代理相比，外贸综合服务企业更专注于外贸环节服务的全面整合，并结合服务供应链的管理模式，其本质可谓是对"报关行"模式的一次深度升级，具备"集零为整，专业代理"的鲜明特色（王静瑶，2021）。2013 年 7 月，国务院正式引入了外贸综合服务企业的概念，将其定义为一种对外贸易经营者，专门接受国内外客户的委托，通过综合服务平台，提供一系列综合服务，包括但不限于报关报检、物流运输、退税处理、财务结算、信用保障等，并辅助开展融资服务。

这一观点在学术界得到了广泛的认同。其中，徐清军（2013）较早探讨了外贸综合服务企业的核心理念，他认为这些企业本质上扮演着供应链管理的角色。外贸综合服务企业借鉴香港利丰公司等成功案例的经营模式，将供应链管理理念融入日常运营，旨在为中小企业提供更加便捷、高效的贸易服务。具体而言，外贸综合服务企业通过互联网平台，对国际贸易供应链的各个环节服务进行有效整合，进而将进出口全流程细化为合同签订、单据制作、国内运输等多个标准化步骤，实现各环节信息的实时交互与共享。相关企业或部门能够实时追踪贸易进程，并在线处理通关、商检、结汇、退税及物流、融资、保险等业务（王鑫，2015；丁晓龙，2016；张宁和马建，2018）。这为中小外贸企业提供了标准化、高效且透明的综合服务，进而通过规模化运作，降低了中小微企业的运营成本，提升了业务流程的办理效率（尹慧敏和查贵勇，2017；蓝庆新和童家琛，2022）。

（四）保税维修

就"保税维修"的内涵而言，商务部的官方定义是企业将那些存在部件损坏、功能失效或质量缺陷问题的货物（或运输工具）以保税的形式从境外（或自贸区外）运入境内（或自贸区内）进行专业的检测与维修。2021年8月，国务院印发了《关于推进自由贸易试验区贸易投资便利化改革创新若干措施的通知》，其中提出了推进"两头在外"保税维修业务，随后商务部副部长兼国际贸易谈判副代表在2021年9月3日国务院新闻办举行的政策吹风会上也对此进行了阐述，他认为保税维修是企业采用的一种特定模式，通过这种模式，企业可以将存在问题的货物或运输工具从境外引入境内，进行必要的检测与维修，并在修复完成后将其重新运回境外。[①] 学术界对此概念持相同观点。蓝庆新和童家琛（2022）、丁洋洋和成黎明（2022）认为，保税维修是指将附加值较高的产品通过保税的方式从境外运入境内进行检测、维修后，复运返回来源地的新型外贸模式。

---

① 国务院政策例行吹风会［EB/OL］.（2021 - 09 - 03）［2024 - 10 - 18］. https：//www. gov. cn/xinwen/2021zccfh/41/index. htm.

方琦平（2019）以及上海海关课题组等（2021）认为，保税维修是维修的一种延伸和提升，其内涵在于以保税方式将存在部件损坏、功能失效、质量缺陷等问题的货物从境外运入自贸区内进行检测、维修后复运出境，或将待维修货物从境内（自贸区外）运入自贸区内进行检测、维修后复运回境内（自贸区外）。综上所述，政府和学术界关于"保税维修"的内涵基本达成共识。

（五）离岸贸易

目前，全球范围内关于离岸贸易尚未形成统一概念，而比较公认的概念界定来源于中国香港地区的统计处。根据其界定标准，离岸贸易（offshore trade）是指在中国香港地区经营业务的贸易中间商所提供的转手商贸活动及与离岸交易有关的商品服务活动。首先，转手商贸活动是指在中国香港地区经营业务的贸易中间商以经销的方式从境外购入货物，并将其直接卖给中国香港地区以外的购买方，从中赚取货物毛利，有关货物并未进出中国香港地区，但是贸易中间商具有所涉及货物的所有权。其次，与离岸交易有关的商品服务是指在中国香港地区经营业务的贸易中间商以代理人或经纪人身份，按照境外买家或者卖家要求，为其提供寻找货源或安排订购事宜等相关服务活动，并从中赚取佣金或服务费，有关货物不进出中国香港地区，贸易中间商也不具有所涉及货物的所有权，只是起"牵线搭桥"作用。在上述界定基础上，国内学者对离岸贸易概念本身也进行了深入研究（沈克华和彭羽，2013；徐美娜和彭羽，2014；孔亚楠等，2015；李猛，2018；赵家章和丁国宁，2020；梁明和夏融冰，2022）。上述研究均强调，离岸贸易指的是本国（地区）的商业机构，以贸易商（中间商）身份，以经销或代理的方式将境外（自贸区外）货物销售给贸易商所在地以外的国家（地区）的一种新型贸易方式，贸易商从中赚取差价。所经营的货物不在贸易商（中间商）经营所在地清关，其显著特点是"两头在外"。

综上所述，本书认为按照贸易货品形态分类，离岸贸易本质上属服务贸易，是离岸贸易服务提供商将货品从境外卖方直接销售给境外买方，货品不经离岸贸易服务提供商所在国家（地区）关境的新型贸易方式；按照贸易主体分类，离岸贸易本质上是三角贸易，是至少有境外卖方、境外买方、离岸贸易服务提供商三方同时存在的贸易方式。

（六）海外仓

学者们就"海外仓"的内涵基本达成一致。孟亮和孟京（2017）认为"海外仓"的内涵在于将仓储这一物流节点置于境外，即卖家提前将货物批量发送至境外仓库，客户完成线上下单后，由海外仓直接实现本地发货配送。胡玉真等（2022）补充了海外仓的运作模式，其将发生跨境电子商务贸易的各个国家（地区）的主要城市看作需求点，由境内供货点将商品大批量运输到某几个需求点所建设的海外仓后，再由这些海外仓向所覆盖的其他需求点供应商品，完成从境内供货点到海外仓再到境外需求点的物流运输过程。还有学者认为海外仓是一种主要针对跨境电商的创新物流模式，是跨境电商的重要境外营销节点和新型外贸基础设施，正成为我国出口企业开拓国际市场的"新通道"（孙蕾和王芳，2015；Zhang et al.，2021；夏德建，2024）。在海外仓物流模式下，商家先通过大规模集运方式将商品运往目标市场，待客户下单订购后，再通过分拣、包装、流通加工、配送等仓配业务完成订单货物的交付，其本质在于将跨境贸易本地化，降低国际小包、国际快递等传统物流模式的运作成本，加快物流时效，方便退换货，改善客户的购物体验（孙博和王超，2019；Harrison and Kortuem，2018；张夏恒和郭海玲，2016）。

二、外贸新业态的特征

（一）外贸新业态的总体特征

外贸新业态具有以下几方面特征：

第一，外贸新业态是对传统外贸业态的重新整合。从外贸流程上来看，其起点抵达内贸的生产采购等上游环节，终端直达内贸的批销和消费环节，流程被极大简化并实现即时化。从外贸运作方式来看，跨境电商参与主体相对较多，政策扶持力度大；市场采购贸易参与主体较少，有一定的政策依赖性和市场有限性；外贸综合服务参与主体单一，属于全流程业务，但相对政策支持较少，市场化特征更为明显（郭永泉，2020；唐晓婷，2023；方卫星等；2022）。

第二，外贸新业态具有更强的互联网信息技术属性。当前国际贸易出现新的趋势性变化，互联网经济、平台经济、现代产业组织等新模式在外贸领域催生了新业态。外贸新业态呈现明显的区域化、平台化、线上化特征，通过跨境交互的互联网平台，为国内外供需方提供贸易撮合和信息交互的空间，通过专业代理方式一揽子高效办理外贸流程，从而打破线上线下、内贸外贸等界限，塑造了新的服务模式。各类新业态新模式相互配套、组合，进一步催生出更多的新业态新模式（郭永泉，2020；唐晓婷，2023；方卫星等，2022）。

第三，外贸新业态需要更高的金融服务要求。首先，从行业趋势看，区域化要求金融机构必须熟悉当地监管政策、制度和要求，准确把握市场动态；平台化要求金融机构加快进行系统平台的对接，实现电子信息交互；线上化要求金融机构具备数字化经营的能力，能够围绕平台商户提供综合化联动服务及产品组合。其次，从风险管控来看，贸易真实性方面，银行需要高效鉴别是否存在虚假交易、骗取退税补贴等行为；授信方面，新业态的客户往往是轻资产客户，需建立大数据下的全新信贷模式；合规方面，跨司法管辖区域的洗钱风险防控要求也给银行带来挑战（方卫星等，2022）。

第四，外贸新业态自身发展仍需不断规范。首先是相关制度规则不健全。例如，跨境电商和市场采购贸易方式涉及多类主体、多种单证，统计信息的采集和使用比较复杂；对跨境电商的征税是对物品征收货物税，且匹配各种附加条件，又没有起征点设置，税收制度存在模糊性。其次是存在贸易不真实风险。例如，一些地方政府实施出口"按量奖补"措施，容易被不法分子利用开展虚假贸易；新业态中的货物流、单证流、资金流往往是分开的，具有更高的伪报退税风险（方卫星等；2022）。

（二）六种具体外贸新业态的特征

1. 跨境电商

第一，全球性。电子商务的显著特色在于其具有不受地理因素影响的交易特性。互联网用户无须顾虑国界，便能将高附加值的产品和服务推向市场（马述忠等，2024）。跨境电商不仅打破了国家（地区）间的隔阂，推动国际贸易迈向无国界的新纪元，更在全球范围内对经济和贸易产生深远影响（张洪胜和张小龙，2023）。从企业的视角出发，跨境电商不仅为企业构建了一个多边的经贸合作框架，更在无形中拓宽了企业的全球市场网络，显著提升了市场资源的优化配置效率。此外，跨境电商为消费者打开了一扇通往全球商品的窗口，使他们能够迅速、便捷地掌握各国（地区）商品的最新信息，极大地丰富了消费选择。

第二，即时性。传统交易模式下的信息交流方式往往伴随着明显的时间滞后，信息的传递和接收之间存在着不可忽视的延迟。然而，在电子商务领域中，信息交流的方式得到了彻底的革新。无论双方身处何方，信息的发送与接收几乎可以实现即时同步，极大地提高了交易的效率和便捷性。跨境电商通过深度应用数字技术，革新了贸易的交互方式和手段，使贸易双方能够摆脱时间和空间的束缚（魏浩和涂悦，2023）。市场主体只需借助统一的线上平台，便能轻松完成询盘、磋商、合同订立以及交易结算等一系列贸易环节（Lendle et al.，2016；Kim et al.，2017），极大地提升交易的效率和便捷性。

第三，低成本。对于消费者而言，跨境电商有效缩减了交易周期，减少了交易成本。电商平台依靠自身即时通信的特点，提升了买家和卖家的互动协商效率，从而推动交易的快速完成。同时，便捷的在线支付流程、一体化的在线物流进出口管理以及多样化的物流方案选择，确保了货物能够迅速且低成本地送到消费者手中，进一步提升了消费者的购物体验，降低了购物成本（马述忠和郭继文，2022）。而对企业来说，跨境电商平台使得它们能够直接与全球买家和卖家进行交易，极大地推动了广大中小企业融入全球市场的进程。这使得更多企业能够分享全球化的红利，进一步促进了全球贸易的平等与普惠化（段颐和史宇鹏，2022）。

第四，高效性。传统外贸流程涉及多个环节，如报价、订单处理、生产制造、物流运输以及报关商检等，这一系列复杂烦琐的步骤明显降低了贸易效率。另外，传统的外贸交易方式多以"集装箱式"批量交易为主，使得消费者在挑选心仪商品时感到迷茫，甚至需要花费较长时间才能完成购买。然而，跨境电商平台通过整合平台数据，能够集中处理运营过程，精确分析不同国家消费者的需求，并细致划分商品的种类和层次。整个流程均可通过网络平台实现一站式服务，极大地提升了贸易过程的效率（马述忠等，2024）。

2. 市场采购

市场采购贸易相较于其他贸易形式，具有以下几方面特点：

首先，其税收政策颇具优势。与市场采购贸易方式出口的商品不同，一般贸易出口需开具增值税发票并办理退税手续。然而，市场采购贸易的商品则能享受增值税免税政策，无须开具发票，从而省去了退税和记账等烦琐的税务处理流程，更无须进行免税资料备查和备案单证管理。

其次，市场采购贸易的准入门槛相对较低。无论是货商还是采购商，都无须深入参与复杂的外贸环节。从参与者角度看，市场采购贸易涉及众多且多元化的主体，即便是缺乏国际贸易经验的中小商户也能轻松参与外贸活动。从商品角度看，市场采购贸易解决了小商品小批量、多批次以及散货等出口难题，促进了贸易主体的增加和本土化发展，有助于建立有效的小商品出口管理体系，进一步激发市场活力。

最后，市场采购贸易实现了通关的便利化。相较于传统一般贸易的逐个货物出口和复杂通关流程，市场采购贸易允许归类通关和组柜拼箱，简化了申报流程。当每票报关单商品超过 10 种时，即可采用简化申报方式，按"章"归类，享受海关 24 小时电子通关服务、智能卡口验放等便利措施，极大提高了出口商品的通关效率。

3. 外贸综合服务企业

外贸综合服务新业态的诞生对中国外贸的转型升级具有积极的推动作用，为众多外贸中小企业搭建了一个宽广的发展舞台。相较于传统的外贸出口方式，外贸综合服务展现出了其独特的优势与特征（尹慧敏和查贵勇，2017；吴琪和扈飞，2020）。

第一，服务过程高度"集约"。外贸综合服务业态，作为外贸供应链进化的必然产物，其发展过程彰显了服务的高度"集约"特性。外贸生产企业作为供应链上游的供应商，专注于产品的生产和销售，而外贸综合服务企业则扮演着核心企业的角色，致力于流通与服务的优化。通过将原本分散在生产企业中的传统通关、物流、仓储、收汇、退税、保险及融资等外贸服务进行剥离，并统一交由外贸综合服务企业集中处理，实现了流程的再造与供应链的升级。这一变革使得各环节更加细分化、标准化、规模化、专业化，从而有效凸显了外贸综合服务企业在集约优势上的发挥。

第二，降低企业经营成本。中小外贸生产企业因规模限制，难以独立设立外贸公司，而传统的外贸代理模式又存在诸如销售利润被摊薄、权责界限模糊等弊端。若中小企业仅凭自身力量出口，更将面临专业人才匮乏和资金投入不足等难题，难以维持长期的稳定发展。然而，随着外贸综合服务企业的崛起与不断壮大，它们成功将中小企业的外贸服务需求由零售转化为批发，显著提升了中小企业的议价能力和话语权。这不仅有助于中小企业降低物流、报关、融资等各方面的成本，更为其提供了更为高效、专业的外贸服务支持。

第三，优化金融服务。外贸行业的竞争日益加剧，企业利润率的稳中有降成为了行业内的普遍趋势。在这样的背景下，退税款的及时回收对于外贸生产企业而言，不仅关乎资金周转的速度，更是提高利润率的关键所在。外贸综合服务企业，在提供常规外贸服务的同时，更在收汇环节为外贸生产企业垫付退税款，使得企业能够提前 1~3 个月收到退税款项，从而及时补充流动性，确保生产的持续性。此外，外贸综合服务企业还具备协助企业获得银行信用证、打包贷款、押汇、外汇远期等多种金融服务的能力，有效降低企业的综合融资成本，助力企业在激烈的市场竞争中稳健前行。

第四，数据真实准确。外贸综合服务企业凭借互联网技术成功构建了前沿的数字化服务平台。这一创新举措不仅显著提升了服务效率，更确保了贸易链条各环节数据的真实性和有效性，涵盖生产、销售、物流、保险、融资、征信等多个领域。通过对行业数据的深入分析、挖掘与加工，企业能够精准地实施订单营销，大幅提高交易撮合效率，并建立起完善的外贸信用体系，从而推动整个外贸行业的健康发展。

第五，改善监管机制。在外贸综合服务模式推动下，监管方积极整合监管对象，并针对性地优化监管政策。在退税环节，税务部门推行代理退税模式，明确了生产企业作为退税主体的责任，从而有效减轻了外贸综合服务企业在税务方面的负担。在通关环节，海关创新实施了"双罚机制"，即当发生违规行为时，会根据责任归属分别对生产企业和外贸综合服务企业进行处罚。同时，海关还对外贸综合服务企业进行单独的信用评价和分类监管，提供如降低查验率等便利措施。外汇管理局方面，则通过实施主体监管、总量核查以及动态监测，进一步强化对外贸综合服务企业的外汇管理。这些举措共同提升了外贸综合服务模式的运行效率，促进了外贸行业的健康发展。

4. 保税维修

第一，关检合一，无缝对接。在海关特殊监管区，海关对维修货物和维修生产废料的进出数量实行严格台账管理；检验检疫部门则发挥技术优势对维修货物的原产地、损坏程度和零配件与维修货物的对应关系进行认定，同时加强其安全、卫生、环保、反欺诈等方面的检验监管。

第二，追本溯源，闭环管理。检验检疫部门全面收集出口产品的返修数量、退货原因、维修记录等质量情况信息，有利于对出口产品进行质量分析并及时将其反馈至生产企业所在辖区检验检疫机构，及时调整出口产品检验监管的重点，从而形成完整的出口产品监管链条，达到对出口产品检验监管的闭环管理。

第三，时间短，成本低。与传统的出口商品退运到工厂维修的方式相比，保税维修贸易方式极大简化了手续流程，节省了时间和成本。因为海关特殊监管区享有"境内关外"的政策优势，根据"一线放开、二线管住"的原则，退运返修货物从境外退运到海关特殊监管区进行保税维修无须进行进口清关，也无须向海关申报办理退港返修业务，不仅免除了复杂的审核手续，也无须交纳保税金；以维修货物复运出境，无须进行出口清关，可大大简化出口流程，降低成本（方琦平，2019）。

第四，延伸产业链、提高附加值。开展保税维修是鼓励企业利用保税政策功能优势，充分参与国际分工、赢得国际市场的重要形式，通过保税维修能积累产品性能、质量等数据信息，增强产品竞争力，进而助力提升地方经济，推动产业结构调整，特别是发展飞机、船舶和机械装备的维修、再制造业务，可以实现从传统制造业向制造服务贸易的转变和延伸（上海海关课题组等，2021）。

5. 离岸贸易

第一，离岸贸易的"三流分离"。传统贸易方式下，货物出口要经过贸易商所在地海关，并且需要提交与货物相关的单据，即货物流必须经过贸易商所在地海关。与传统贸易模式相比，离岸贸易最关键的性质特征就是订单流、货物流和资金流"三流分离"（梁明和夏融冰，2022），贸易中间商所在地一般是订单流、货物流和资金流的远程控制管理中心（赵家章和丁国宁，2020）。

第二，离岸贸易的所属范畴。学者们对于离岸贸易属于货物贸易还是服务贸易持不同观点。一种观点认为离岸贸易是贸易分工进一步细化的必然趋势和结果，属于服务贸易范畴（沈克华和彭羽，2013）。还有学者结合中国香港地区发布的《香港服务贸易统计报告（2011）》认为，关于离岸贸易属于服务贸易范畴的以往统计方法发生明显变化，将离岸贸易形式之一的"转手商贸活动"从服务出口统计中予以剔除，而被纳入货物贸易统计中，因此不能笼统地将离岸贸易纳入服务贸易范畴（张军旗，2013）。

货物贸易与服务贸易的主要区别是所交易的标的物不同，货物贸易买卖双方交易的是有形的商品，而服务贸易买卖双方交易的是无形的服务及相关活动。因此，转手商贸活动只是在交货方式上做了优化和简便，贸易中间商与进出口商签订的合同仍然属于货物买卖合同，转手商贸活动所赚取的毛利属于货物贸易范畴；而与离岸交易有关的商品服务由于提供咨询、物流和支付等相关服务活动，因此所赚取的佣金和服务费属于服务贸易范畴（赵家章和丁国宁，2020）。

第三，离岸贸易的统计标准。由于中国香港地区的离岸贸易是"两头在外"，因此离岸贸易所涉及的货品相关价值不记录在中国香港地区对外商品贸易的统计数字中，而是开展离岸贸易的企业通过申报的形式收集相关数据。从中国香港地区目前的实际统计操作来看，2011 年之前，其统计处搜集有关离岸贸易的数据并以附录的形式将这些数据记载于《香港服务贸易统计报告》的附录甲中；但从 2012 年起，关于离岸贸易统计数据有所变化，开始在中国香港地区统计处对外贸易栏目下细分的离岸货品贸易项目中单独统计（赵家章和丁国宁，2020）。

6. 海外仓

海外仓为跨境电商企业实现了货物的批量运输，不仅解决了跨境物流所存在的周期长、费用高等问题，还能通过直邮模式降低物流费用，拓展境外市场，提高商品的销售规模（李玉涛，2023）。

第一，效率更高。从供应链角度出发，企业在境外构建海外仓，在"接受订单"前，便将货品存储到仓库，当获取订单后，再根据相关要求，进行直接配送，这样不仅能够解决货品在物流各环节中所耗损的时间，还能规避物流配送中的意外情况，提升货物配送的有效性、时效性。

第二，成本更低。相较于以往的跨境物流模式，海外仓模式能帮助企业实现商品的批量发货，不仅可以降低单件货品的运输时间与物流成本，还能简化物流流程。我国跨境电商的优势是商品物美价廉，如果货物运输成本太高，便会导致商品丧失价格优势，进而阻碍我国电商企业的国际化发展。因此，采用海外仓模式，在某种层面上，能够凸显我国跨境电商企业的优势特长，促进我国市场经济的国际化发展，提升企业的国际市场占有率。物流成本的降低，同时为企业实现物流配送和货物存储的高端化、高质量、高附加值升级，提供必要的依托。

第三，消费者更满意。在传统的跨境供应链模式下，电商企业难以快速响应消费者的换货或退货需求，削弱了消费者的满意度，影响到企业品牌建设的质量。但在海外仓建构后，企业能够通过直接配送的方式，提高退换货的便捷性，提升境外消费者的满意度。此外，海外仓还拥有"境外节点"的功能，譬如开设体验店，能够通过网络平台吸引消费者到店参观，深化消费者对商品的了解，降低退换货的概率，提高消费者的满意度。

三、外贸新业态的其他相关研究

（一）对外贸新业态的相关研究

1. 国外的研究

国外学者对外贸新业态的研究更多是集中在跨境电商领域，大多数学者都是通过对国际的主要跨境平台或各国当地跨境电商开展分析，研究跨境电商的积极作用。如戈麦斯－埃雷拉等（Gomez-Herrera et al.，2014）分析了欧盟跨境电子商务的驱动因素和障碍，指出在线支付系统是欧盟线上贸易的重要驱动力，大大降低了与距离相关的贸易成本。有学者研究了中国跨境电子商务对国际贸易和经济增长的影响，结果表明，不论从短期还是长期来看，跨境电子商务均对中国的国际贸易和经济增长产生了积极影响（Hang and Adjouro，2021）。尹和崔（Yin and Choi，2023）研究了2000～2018年中国跨境电子商务对共建"一带一路"国家出口商品和服务的影响，发现跨境电商对服务贸易的积极影响大于对货物贸易的积极影响，尤其是在"一带一路"倡议实施后。

还有研究人员以数字经济为切入点，研究其对外贸形态发展的影响和带来的变化。弗洛因德和温霍尔德（Freund and Weinhold，2002）为了确定互联网在实践中是否对国际服务的提供产生重大影响，估计了各国服务贸易的一般模型，验证了互联网普及率对服务贸易发展的积极作用。赫尔曼和奥利弗（Herman and Oliver，2023）评估了互联网连接对贸易的影响，发现互联网使用、带宽容量和贸易之间存在显著的正相关关系，并且这种关系存在于国际和国内贸易、商品和服务、高收入和低收入出口商。有学者研究了数字经济在国际贸易对非洲经济增长的影响中的作用，认为贸易只有在与数字经济相互作用时才对经济增长产生正向影响（Abendin and Duan，2021）。

2. 国内的研究

国内学术界主要从以下几方面对外贸新业态展开研究。

一是研究外贸新业态实现路径。如马俊和刘阳（2023）基于云南外贸政策背景及云南外贸新业态的实际调研情况，从政府、企业、金融支持和教育层面提出相应对策，建议发展外贸新业态。邹静和侯俊华（2022）基于创新驱动视角，提出要构建开放型经济平台"外贸新业态网络生态"，深入推动数字技术、引领外贸新业态高质量发展。唐晓婷（2023）认为，要发展外贸新业态，可从以下四方面着手：加大主体培育力度，促进产业结构调整；推动各地错位发展，形成多元发展格局；坚持包容审慎监管，营造良好营商环境；要素配套多方联动，参与重塑经贸规则。

二是对外贸新业态的影响因素进行分析。研究最为广泛的是金融因素对外贸新业态的影响。学者们从跨境人民币结算业务（虞磊珉和孙兴，2022；唐辉，2022）、税收制度（郭永泉，2020；肖海翔等，2022）、银行支持（方卫星等，2022；丁洋洋和成黎明，2022）等不同角度展开研究。

三是考察外贸新业态对经济社会产生的影响。如李震等（2023）以跨境电商综合试验区设立涵盖的试点城市为依据，采用多时点双重差分模型考察跨境电商综合试验区的地区就业效应，发现跨境电商综合试验区设立对地区整体就业有显著的促进作用，政策效应随时间推移而逐渐增强。陈汇才（2023）分类阐述了外贸新业态促进企业转型升级的机制，并从加强外贸新业态培育的基础保障和加快各类外贸新业态发展两个方面，提出了促进潍坊市外贸转型升级的对策措施。马玉荣（2021）认为加快发展外贸新业态新模式，有利于推动贸易高质量发展，培育参与国际经济合作和竞争新优势，对于服务构建新发展格局具有重要作用。刘振滨和张佳惠（2022）认为外贸新业态在促进内需、完善产业链和供应链、提高开放水平、加快内外贸融合等方面发挥了积极作用。这既呼应了构建"双循环"新发展格局的内在要求，还指明了通过外贸新业态促进"双循环"新发展格局构建的探索方向。

（二）六种外贸新业态具体表现形式的研究现状

1. 跨境电商

学界对于跨境电商的研究内容主要包括两方面：一是跨境电商的影响因素，二是由跨境电商引起的经济效应。

（1）跨境电商发展的影响因素。

第一，技术进步无疑为跨境电商的崛起奠定了坚实的基石。互联网、物联网、云计算以及智能终端等技术的突破与普及，为跨境电商的发展提供了强大的技术支持。相较于传统工业时代，大型企业主导国际贸易的格局已发生深刻变革。如今，消费者和小型企业也能通过互联网技术获取丰富的市场信息，并具备开展跨境电商交易的基本条件。尤其是进入 21 世纪以来，随着全球电商平台的蓬勃发展，市场主体间的信息日益对称，几乎实现了零成本的信息获取。互联网不仅为生产者创造了跨境电子商务交易的条件，更激发了消费者购买跨境商品的需求。同时，跨境电商行业技术的不断进步，使得行业内各方能够更便捷地共享信息与资源，模糊业务节点的界限，从而优化跨境电子商务的业务流程，提高整体业务效率。

第二，物流和支付体系的不断完善也为跨境电商的发展提供了有力支撑。物流承担着商品流通的重任，在跨境电子商务中发挥着至关重要的作用（郭家堂和骆品亮，2016）。它包括仓储、分类、包装和配送等多个环节，共同构成了跨境电商的物流体系。我国电子商务的快速增长催生了众多民营物流企业的蓬勃发展，极大地推动了物流业的扩张，满足了电子商务的旺盛需求。此外，支付环节的便利化也是跨境电商发展的重要因素。随着跨境支付试点牌照的增加，跨境支付的便利性得到了显著提升，有效提高了跨境电商支付的便捷性。

第三，跨境电商的蓬勃发展离不开国家产业政策的大力扶持，这为其营造了极为有利的环境。相关部门在综合法律法规、信息监管、支付清算、报关清关、物流保税等多个领域推出了一系列精准的法律法规和管理制度，为跨境电子商务的稳步发展奠定了坚实的基础，例如扩大支付限额、优化征税范围、降低关税、提升通关效率以及强化风险防范等措施。

第四，其他影响因素。随着跨境电商企业的属性和产业商业模式的不断丰富，行业经营效率的持续提升成为跨境电商发展的重要动力（金虹和林晓伟，2015）。此外，跨境电子商务涉及多个专业领域，如跨国业务、营销和网络空间知识等，因此，需要大量具备互联网专业知识的专业人员来推进和了解相关软件、订单处理和结算系统（Mou and Cui，2021）。这些因素共同影响跨境电商的健康发展。

（2）跨境电商引起的经济效应。

跨境电商对国际贸易的深刻影响不容忽视。早期文献聚焦于电子商务对出口贸易的推动作用。伦德尔等（Lendle et al.，2013）的研究显示，以 eBay 为代表的电子商务平台在出口方面的比例远超线下贸易。这一显著优势主要源于搜索成本的大幅降低，使得地理距离对贸易的制约较传统贸易降低了约 65%。此外，电子商务的相对独立性，使得市场不易受"超级巨头"企业的控制，进而有助于维护市场的多元竞争态势。国内学者岳云嵩和李兵（2018）的研究亦表明，电子商务通过提升生产效率、优化交易匹配效率以及降低出口门槛等途径，有效促进了企业出口业务的增长。

随着跨境电商的迅猛崛起，部分学者开始关注其对传统贸易成本的影响机制。伦德尔等（Lendle et al.，2016）、鞠雪楠等（2020）以及张洪胜和潘钢健（2021）的研究揭示，跨境电商通过大幅削减贸易中的搜寻成本和跨境物流成本，重塑了贸易的成本结构。

在区域发展层面，跨境电商亦展现出其独特的推动作用。马述忠等（2024）结合跨境电商运单数据与夜间灯光栅格数据，创新性地探讨了跨境电商对市域协调发展的积极作用，研究结果显示，跨境电商显著提升了城市内部的协调发展水平。张兵兵等（2023）则运用 DID 模型，深入剖析了跨境电商综合试验区对区域协调发展的净效应，发现其建设显著提升了区域发展的协同度。此外，其他学者亦从多个维度，如地区经济（王利荣和芮莉莉，2022）、城市产业结构（彭怀安和张昌谋，2023）、城乡收入差距（黄先海等，2022）等，对跨境电商综合试验区的影响进行了深入研究，均得出了跨境电商对区域发展具有积极作用的结论。

在企业发展方面，跨境电商同样扮演着重要角色。部分学者以跨境电商综合试验区为研究对象，探讨了其与企业劳动收入份额、劳动力就业之间的关系。徐保昌等（2023）研究表明，跨境电商综合试验区能够显著提升企业的劳动收入份额和劳动力雇用数量，从而有助于优化企业的劳动资源配置。同时，其他学者亦围绕跨境电商与企业风险承担（胡浩然和宋颜群，2022）、企业创新（史亚茹和于津平，2023）等议题展开研究，得出了跨境电商对企业发展具有积极影响的结论。这些研究不仅丰富了我们对跨境电商影响机制的理解，也为政策制定和企业决策提供了重要的参考依据。

2. 市场采购贸易

市场采购贸易作为我国首创的新型贸易模式，其研究重心主要聚焦于国内。学界的研究焦点主要集中于市场采购贸易的监管方式及其存在的问题。例如，黄艺（2010）探讨了市场采购贸易的监管模式；张汉东（2011）通过对比义乌市场采购贸易与"旅游购物"贸易的差异，重点探讨了建立"市场采购"这一新型贸易方式的政策举措；龚逸能（2012）针对当前监管机制的不足，提出了一系列政策建议。

3. 外贸综合服务企业

首先，关于外贸综合服务企业的定义与内涵，学界存在不同的见解。仲姣姣和孙勤海（2017）认为，这类企业主要服务于国内中小外贸企业，提供通关、退税、信保和结算等综合性代理服务。而夏海霞和尤润怡（2017）则指出，外贸综合服务企业代表了跨境电商发展的新方向，它们利用在跨境电商领域的经验优势，整合各项外贸服务，形成一条高效且专业的价值链，为中小外贸企业提供全方位服务。

其次，对于外贸综合服务企业的风险系统，学者们也进行了深入的刻画。骆敏华（2016）、杨冰（2017）、倪如兴（2019）等研究者指出，当前外贸综合服务企业在运营过程中面临着退税、信用、法律以及货物质量与知识产权等多重风险，并提出了相应的对策建议。此外，黄春燕（2019）则强调了建立外贸综合服务企业风控体系的必要性，并提出了具体的建议措施。

最后，关于外贸综合服务企业的积极作用，学界也进行了积极探索。刘春红（2014）认为，这类企业通过专业化的运作，提高了外贸产品的供应链效率，为企业创造了新价值，并推动了中小企业的转型升级。季湘红等（2015）和王晓彬（2019）基于出口模式的分析，指出与传统代理出口模式相比，外贸综合服务企业能够简化贸易流程，降低贸易成本，并保留融资、信保、物流等服务功能。张芳和方虹（2018）通过经济模型实证检验了外贸综合服务平台对中小企业的影响，结果表明该平台在物流、通关、融资和电子商务等方面均对中小企业产生积极影响，显著提升了贸易便利化水平。

4. 保税维修

目前，学术界关于"保税维修"的相关研究较少，如蓝庆新和童家琛（2022）认为保税维修能够促进货物服务出口，吸引优质外资，推动形成产业集聚效应，但存在业务范围小，监管模式创新程度较低等问题。方琦平（2019）在梳理保税维修内涵及特点的基础上，分析了上海保税业务发展的现状与存在的问题；上海海关课题组等（2021）深刻剖析了保税维修发展现状及存在的问题，并进一步提出在国际贸易逆全球化及新冠疫情影响的大背景下，保税维修的新需求、新方向以及发展路径。丁洋洋和成黎明（2022）分析了江苏省保税维修发展现状，认为由于保税维修业务往往涉及高技术、高附加值产品的维修，主管部门对于经办企业信用状况较为关注，且对企业内控、操作流程、信息化系统都提出了较高的管理要求，因此，经办企业在增信、跨境资金收支及合规申报方面的需求较为迫切。综上所述，目前学界关于"保税维修"的研究主要聚焦于宏观层面的定性分析，以内涵、特点、发展现状、存在的问题以及对策建议为主。

5. 离岸贸易

近年来学界对离岸贸易发展已积累一定研究基础，现有文献主要集中在离岸贸易成因理论分析、离岸贸易的形态及其发展条件、国内离岸贸易发展成效及经验、中国特色自由贸易港发展离岸贸易的路径分析等四个方面。

（1）离岸贸易成因的理论分析。

离岸贸易通常被看作是一种中间商贸易方式。自安德拉斯（Antrás）于2003年发表企业内生边界模型的开创性文献以来，贸易中间商在实现国际贸易交易收益方面发挥的核心作用得到了广泛关注。安德拉斯（Antrás，2003）认为，企业组织形式对企业边界的形成以及内包和外包战略的选择具有重要影响，其中克服贸易成本成为企业选择战略外包的重要考量因素。国际贸易中非关税、非正式壁垒的存在增加了贸易匹配的难度，干扰了价格机制在国际贸易和国际资源配置的作用，贸易中间商通过降低市场搜寻成本，减少交易不确定和不对称性，提高贸易发生概率，扩大了贸易福利效应（Antrás and Costinot，2010）。在异质性企业贸易框架下，中间商贸易被认为是企业间贸易、企业内贸易之外的第三类贸易形态（Bernard et al.，2011）。赫尔普曼等（Helpman et al.，2004）建立了异质性企业国际化形式（出口和对外直接投资）选择模型，分析表明中间商可利用其贸易网络优势有效降低贸易成本，而当贸易成本能得到有效降低时，生产率较高的企业更倾向于选择出口，中间商此时获得要素套利，离岸贸易由此发生。

国内学者也对离岸贸易产生的原因展开了分析。王怀民（2007）认为信息不对称和逆向选择问题致使我国开展加工贸易仍需贸易中间商，主要贸易方式是转口和离岸贸易。陈希等（2011）认为，原本建立在简单产品生产和简单商业模式基础上的贸易政策，已不适应出口复杂度提升，亟须在中高技术产品和大宗商品等领域培育新型贸易中间商。发展离岸贸易能为中国在贸易政策的转型方面探索更多创新（沈玉良和彭羽，2015），因此，离岸贸易也成为政府调整贸易发展方式的主动选择。

（2）离岸贸易的形态及其发展条件。

离岸贸易是新加坡、中国香港地区、鹿特丹等国际发达自贸港发挥贸易中介和产业链组织功能的具体表现。芬斯特拉和汉森（Feenstra and Hanson，2004）利用1988～1998年的外商投资企业出口数据检验了中国香港地区作为中国内地与世界进行贸易的中间人角色，认为每年从中国香港地区转口的外商投资企业贸易份额大于从中国内地直接出口的外商投资企业贸易份额，体现出中国香港地区作为贸易中间人角色的重要性。彭羽和沈克华（2013）认为中国香港地区离岸贸易对珠三角制造业和服务业提质升级具有显著促进作用。沈克华和彭羽（2013）认为离岸贸易增强了中国香港地区对全球贸易的控制力，提升了内地制造业的资源配置效率。

还有些研究集中于解释离岸贸易发生的条件。崔凡（2019）分析了新加坡、中国香港地区、迪拜三大自由贸易港的发展特征，认为资金自由出入境管理制度、简便的税制和较低的税率是离岸贸易发展的先决条件。李猛（2018）认为建立离岸税制是发展离岸贸易的必要前提。袁群华（2019）基于巴拉萨模型的实证研究表明，跨国公司地区总部聚集是中国香港地区离岸贸易发展的先决条件。王立勇（2019）总结了鹿特丹、汉堡和安特卫普等欧洲自贸港发展经验，认为港口基础设施和相应的金融制度是支撑离岸贸易发展的条件。王孝松（2020）则认为现代服务业的发展是各大自贸港实现港口功能向离岸贸易功能转型的基础。

（3）国内离岸贸易发展经验及成效。

2010年以来，上海、广东等多个地区提出了发展离岸贸易的构想并不断探索经验，部分文献对此作了经验总结。裴长洪（2015）提出，以离岸业务为切入口，实现高度贸易便利化，构建灵活的跨境资金流动政策体系，是自贸试验区的重要压力测试任务。徐美娜和彭羽（2014）系统分析了上海自贸试验区国际贸易结算中心（离岸贸易）试点的成果和经验，认为上海围绕促进离岸贸易开展"跨国公司外汇资金集中运营管理""人民币双向资金池""FT账户二线分类别可兑换"等一系列制度创新，对形成更优化的营商环境和更有效的金融风险防范机制发挥了"试验田"作用。陈希等（2017）以上海离岸贸易月度数据为基础开展实证研究，认为外汇管制放松引发贸易方式从一般贸易等转变为离岸贸易，且能通过降低交易成本促进离岸贸易增长。

（4）中国特色自贸港开展离岸贸易的路径分析。

实现与国际高标准市场规则体系的接轨，是新时代构建高水平社会主义市场经济体制升级版重要举措（任保平和王思琛，2020），自贸港是我国实施最高水平对外开放的重要平台，也承担对标国际规则的试验使命。崔凡等（2018）认为离岸贸易具有集聚贸易资源的作用，这是中国自贸港成为全球价值链中心的核心节点。李猛（2018）则明确提出发展离岸贸易是中国特色自由贸易港建设的主要方向。王淑敏和韩徐墨杨（2020）建议海南自由贸易港作为国内最高水平开放的平台，可在借鉴新加坡、中国香港地区、迪拜等地经验的基础上，通过加强法治建设、实行税收优惠政策、放宽资本管制，承担探索与新型国际贸易相适应的营商环境，完成建设国际离岸贸易中心的使命。崔卫杰（2020）认为，海南自由贸易港发展离岸贸易必须完善政府服务、金融配套、人才服务、监管创新、风险防控能力，促进营商环境改善，发挥国内国际双循环的连接纽带作用。

6. 海外仓

学界就海外仓的研究主要聚焦于运营模式及特点、选址与路径优化以及与跨境电商供应链成员的耦合协调机制研究。

（1）海外仓的运营模式及特点。

关于海外仓的运营模式及特点，学界主要从运营主体的视角展开讨论。梅靖煜（2019）认为海外仓运营模式主要有跨境电商平台自建海外仓（如亚马逊、速卖通和敦煌网等）、第三方海外仓和入驻平台商家自建海外仓等三种模式。张夏恒和李豆豆（2021）在此基础上补充了公共海外仓和虚拟海外仓等两种类型。亚马逊物流（FBA）是由亚马逊建设的能够提供一条龙式物流服务的海外仓模式（Sun et al.，2020）。第三方海外仓是指由第三方企业建立并运营的能为跨境电商企业提供各种物流服务的海外仓（李肖钢和王琦峰，2018；鲁旭，2019）。相比 FBA，第三方海外仓模式具有沟通及时、通关便利以及价格优势等特点。自建海外仓是指由卖家自己建立运营的海外仓模式（叶楚琪，2021）。自建海外仓的最大优势是灵活，然而自建海外仓的风险和成本也更高，其面临的关键问题在于本土化，尤其是在退换货、法务税务、海外员工管理等方面比较薄弱（肖亮等，2019）。

目前，国内的大型出口跨境电商企业一般选择在海外自建仓库，而一些实力较为弱小的中小外贸企业则往往会选择 FBA、第三方海外仓，或通过合作建仓的形式来实现成本分摊和收益共享（杨卫君，2016）。总体而言，第三方海外仓是当前阶段的主要运作模式（虞晓露，2020）。

此外，还有学者从宏观影响层面展开研究。李向阳（2014）认为，应针对不同国家采取不同的海外仓运营模式，且要积极争取政府政策的支持。孟亮和孟京（2017）则从行业发展和企业战略等微观视角，建议企业应根据经营发展阶段与竞争战略，结合产品属性、业务规模、品牌定位、行业地位等在海外仓业务实践模式中进行综合决策。蔡俊芳和黄耕（2017）认为，在物流方案智能化、高度信息技术条件下，海外虚拟仓正预示着跨境物流在未来发展的新趋势。

（2）海外仓的选址与路径优化。

学者们就海外仓运营成本以及选址模型进行了广泛研究。在运营成本方面，黄瑾（2020）、胡玉真等（2022）综合考虑了运输成本、建设运营成本、税费成本、规模运输折扣、退换货成本以及库存成本等要素。朱嘉彤（2017）还在海外仓选址模型中考虑了时间惩罚成本，这些运营成本是影响海外仓选址的重要因素。在海外仓选址模型方面，学者们分别采用"二分搜索－最小费用流"算法（胡玉真等，2022）、层次分析法（曹先荣，2019）、多项式时间算法（林梦嫚，2020）、遗传算法、粒子群算法和遗传粒子群混合算法（朱嘉彤，2017）、情景松弛算法（燕晨屹等，2019）等。学界关于海外仓运营成本的研究成果颇丰，但尚未就海外仓选址的算法达成共识。

新近的研究还探讨了海外仓与客户或供货商之间的运输路径优化，如邢力元（2020）从海外仓货物进出库的上下游运输环节入手，将从境内出口商到境外客户的四阶段运输过程全部纳入了选址决策模型中。蒋莎（2019）将改进的粒子群算法应用到多目标模型的求解中，确定了海外仓的最佳选址位置，同时得出了海外仓与供应商、需求方三者之间的运输路径关系。陈梦南等（2017）的研究发现各节点间的距离和海外仓的仓储成本对海外仓选址有显著影响。

（3）海外仓与跨境电商供应链的耦合协调。

跨境物流作为跨境电商有序发展的关键支撑，二者的协同关系及实现机制是当前的研究重点。在二者的协同关系方面，刘有升和陈笃彬（2016）认为现代物流发展滞后于跨境电商是导致二者无法在系统结构与功能上形成有序耦合的重要原因，李昕和赵儒煜（2019）、朱明（2019）对此持相同观点。学者们还进一步探讨了二者之间协同发展的机制，如林子青（2020）提出了物流协同机制、供应链协同机制和环境协同机制等三种协同机制。部分学者还从信息共享、利益协调等方面进行解释，朱弗里达等（Giuffrida et al.，2017）认为海外仓的运营主体与海外市场往往是分离的，因而获取海外仓市场的信息难度很大。为了避免成员间的"信息孤岛"，信息共享是常用手段。杨欢（2019）的研究表明，海外仓与跨境电商平台通过共享信息，可显著改善消费者体验，扩大市场需求。此外，在跨境电商供应链协作机制下，如果没有形成合理的利益分配机制，供应链合作必将走向破裂。因此，加强海外仓等跨境物流节点与电商供应链其他关联方的利益协调实有必要。综上所述，关于海外仓与跨境电商供应链的耦合协调研究，学界普遍认为应加强利益攸关方的耦合关联，推动供应链的集成化运作。

通过梳理现有文献，不难发现早期文献主要集中于海外仓的运营模式，且以定性描述研究为主。随后，海外仓的选址问题受到重视，且多以算法研究对影响指标进行定量分析与评价。海外仓与跨境电商供应链成员的耦合协调机制、与海外仓运营优化成为近年来的研究热点。

第二节 "互联网＋"概念界定

一、互联网与"互联网＋"

互联网起源于美国，现在已经成为了全球最大的计算机网络。计算机网络是由若干节点和连接这些节点的链路组成，而互联网通过路由器将计算机网络互相连通起来，构成了一个更大覆盖范围的计算机网络，从而实现更大程度的信息互换和资源共享。在一组共同协议的基础之上，互联网将无数的网络设备和线路相互连接，形成了可信息交互的物理集合，再通过软件从基础的硬件互联转为高层次的逻辑互联，成为了信息传输、接收、共享的虚拟平台，将点、面、体的信息进行交互，进而实现可共享资源的集合。

互联网信息技术的发展引导人类社会由体能和机械能主导，转向智能主导。信息和知识成为了新的财富象征，信息产业成为了国家的关键产业，信息化已经成为了历史发展的必然趋势。互联网信息技术融入了人类生活的方方面面，政治、经济、生活都在受到强烈的冲击，社会的经济格局、产业结构、生产方式、营销模式、企业架构、管理决策等诸多方面正在经历重大的历史性变革。同时信息和互联网技术的无尽潜能，正在推动全球经济日益朝着互相依赖、分工合作、协同发展的方向发展，加剧了全球市场的竞争态势，从而构建了国际经济发展的新次序。

2012 年易观国际董事长在第五届移动互联网博览会上发表了名为《互联网＋》的演讲，他将"互联网＋"描述为传统产品和服务与网络跨平台场景的结合。2014 年，时任总理李克强在首届世界互联网大会与中外代表座谈时指出，互联网已成为大众创业、万众创新的重要工具。① 马化腾（2016）认为，"互联网＋"是一种基于信息技术和互联网平台，实现了互联网与传统行业有机结合的新生态。《2015 年国务院政府工作报告》中首次提出了"互联网＋"行动计划，旨在推动移动互联网、云计算等技术与现代制造业的结合，进而促进电子商务、工业互联网和互联网金融的健康发展。2015 年 7 月国务院发布的《关于积极推进"互联网＋"行动的指导意见》，将"互联网＋"的应用范围从消费领域扩展到了生产领域。2016 年，习近平总书记在中央政治局集体学习时强调，要推动互联网与实体经济的深度融合，加速传统产业的数字化和智能化，进一步壮大数字经济，并拓展经济发展的新空间。《2020 年国务院政府工作报告》中提出了全面推进"互联网＋"的目标，旨在打造数字经济的新优势。而在《2023 年国务院政府工作报告》中，再次强调了促进数字经济与实体经济的深度融合，并继续发展"互联网＋"。图 2 - 1 显示了我国"互联网＋"概念的发展历程。

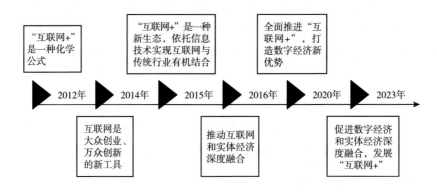

图 2 - 1　我国"互联网＋"概念的发展历程

综上所述，"互联网＋"是指：通过利用移动互联网、云计算、大数据、物联网等信息技术，实现互联网与传统行业（包括行业间与行业内）

---

① 李克强：促进互联网共享共治 推动大众创业万众创新［EB/OL］.（2014－11－20）［2024－10－18］. https：//www. gov. cn/guowuyuan/2014－11/20/content_2781560. htm.

的深度结合，从而构建出一个全新的生态圈。

二、"互联网＋"与对外贸易

从贸易模式看，国际贸易的发展历程主要分为三个阶段：外贸1.0、外贸2.0和外贸3.0（见图2－2）。外贸1.0是指单一的线下外贸模式，即贸易谈判、签订合同、海关通关、物流跟踪、订单支付等过程中均采用传统的线下交流、电话、传真等沟通方式。外贸2.0指借助于有限的互联网技术和平台的外贸模式，该模式中的电子商务平台只能处理出口方和进口方之间的一般交易信息。外贸3.0指通过信息技术等大数据分析工具来开展高效的国际贸易活动。因此，"互联网＋外贸"这一概念，代表了基于互联网信息技术的革新，通过电子商务平台，利用大数据和全面的贸易服务，实现了跨境贸易中的信息高效互通、服务资源共享以及交易信息的透明度提升。它构建了一个"全球买、全球卖"的贸易大环境，标志着一种全新的外贸模式的诞生，众多参与主体在多样化的平台上集结，共同推动并整合重构了全球领先的数字贸易生态圈，进一步促进了全球贸易的繁荣与发展。

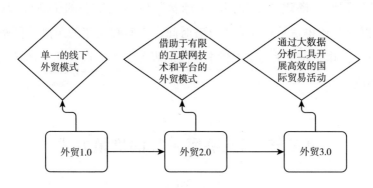

图2－2 "互联网＋外贸"发展历程

"互联网＋"背景下，对外贸易实现了升级与再造。与原有B2B、B2C的单一模式不同，"互联网＋"背景下，已突破传统的贸易产业链，通过对电子商务的价值创造、运作机制的再造和创新,实现线上线下的深度融合和全球价值链上下游的全程协同、信息共享,达到产品、交易、营销等数据共融互通目标,加快商业运作节奏,优化资源配置,提高信息匹配销量,确保贸易双方形成稳定匹配,缩短企业与客户间的距离,从而优化市场资源配置,达到重塑全球价值链的根本目标。

"互联网+"背景下,对外贸易的生态圈实现了整合与重构。以数据要素为核心,在生态化运营机制下,平台成为协调和配置资源的基本经济组织,是价值创造和汇聚的核心,推动产业组织关系从线性竞争向生态共赢转变。商家、海关、服务商、政府、金融机构、产业带、供应商、海外渠道、行业联盟等在内的上下游等众多主体,汇聚在不同的平台下,整合和重构了全球领先的数字贸易跨境电商生态圈。比如,集通关、物流、退税、结汇、仓储、金融、大数据分析等七大业务功能于一体的一站式公共服务平台,对接海关、国检、税务、外管等管理部门,以实现公共服务、统计分析、数据备份、平台运营。

"互联网+"背景下,对外贸易实现了全链路的线上化和数字化。"互联网+"背景下的跨境电商是一种依托于新技术革新下的电子商务平台、利用大数据和贸易综合服务,形成对外贸易中的信息互通、服务共享、信用透明,搭建"全球买、全球卖"贸易大生态的全新外贸模式。"互联网+"使得贸易双方能够打破时间、空间和文化的距离,更密切高效地沟通,并能为买家卖家提供全链路的服务支撑、提升效率并降低交易风险和成本。

第三节 "互联网+"的度量方式

随着信息化的发展,众多学者对"互联网+"的研究从定性分析逐步转向定量研究,其中关于"互联网+"的度量方式成为了学者关注的焦点问题。

一、网站和邮箱的使用情况作为度量指标

费罗（Ferro，2011）以网站和邮箱的使用情况作为指标，分析企业使用互联网使用工具对发展中国家出口的影响。里奇和特里奥菲蒂（Ricci and Trionfetti，2012）以电子邮件和互联网作为通信网络指标，测算其对企业出口产生的影响。亚达夫（Yadav，2014）以世界银行的企业调查数据集，将电子邮件和企业网站使用作为互联网使用情况的指标对亚非发展中国家企业出口影响进行了分析。岳云嵩等（2016）选取企业网站（使用取1，未使用取2）和邮箱（使用取1，未使用取2）的使用情况分析了我国"互联网＋"对我国进口技术复杂度的影响。李兵和李柔（2017）采用双重差分法研究了企业互联网使用情况对企业出口和国内销售的影响程度。佟家栋和杨俊（2019）借鉴费罗（Ferro，2011）的方法，将企业使用网站和电子邮箱的情况作为企业是否使用互联网的代理指标，研究了互联网对中国制造业进口企业创新的影响。戴美虹（2019）研究了互联网对出口企业创新的影响。马拉默德等（Malamud et al.，2019）将家庭互联网是否接入作为互联网发展的代理变量，来考察互联网对学生学习成绩的影响。刘海洋等（2020）将拥有邮箱或官方网站的企业视为互联网使用企业。沈国兵和袁征宇（2020）以企业是否拥有微博以及是否拥有邮箱和主页来综合衡量企业所在地区的互联网普及率来度量企业互联网化程度，研究了互联网对中国出口产品品质的提升作用。卢福财和金环（2020）利用工业企业数据库中提供的企业是否使用网页和邮箱作为度量企业互联网使用的指标，研究了互联网对制造业产品升级的影响。胡馨月等（2021）利用是否接触电子邮箱来考察互联网对企业出口持续时间的影响。德克森等（Derksen et al.，2022）考察了互联网限制访问对学生阅读和学习造成的影响。顾国达等（2023）通过企业是否使用企业网页或邮箱来评定企业互联网水平的高低。

二、网址数量作为度量指标

唐（Tang，2006）将出口方网址数量作为互联网使用程度，探讨了通信成本下降对商品贸易模式的影响。钟（Chung，2011）利用开发破解的归属方法，将2009年的通用域名网址进行了87个国家的国别分类，提供有效的双边网址数据，使得双边网址的研究变得切实可行。施炳展（2016）利用钟（Chung，2011）的双边网址数据，以中国与贸易伙伴之间的网址链接数量，研究了互联网使用对中国出口的影响。刘斌和顾聪（2019）使用钟（Chung，2011）数据库所提供的国家间网络链接数据，采用双边双向网络链接与出口额之间的比重作为互联网衡量指标，分析了互联网对两国价值链关联的影响。王贵东和杨德林（2023）则使用企业网址数量来考察互联网对制造业企业全要素生产率的影响。

三、互联网使用量作为度量指标

弗洛因德和温霍尔德（Freund and Weinhold，2002）以互联网主机使用量来衡量一国的互联网发展程度，研究互联网普及率对一国服务贸易进出口的影响效应。克拉克（Clarke，2008）以企业是否使用互联网（使用互联网为1，不使用互联网为0）作为度量指标。楚（Chu，2013）研究了互联网普及率与经济增长之间的关系。布勒等（Bhuller et al.，2013）考察了宽带使用量对犯罪概率的影响。梅耶斯（Meijers，2014）利用人均互联网使用量作为反映互联网使用情况的指标。尤什科娃（Yushkova，2014）利用来自世界经济论坛的商业互联网使用程度，研究互联网使用程度对于不同技术水平产品国际贸易的影响。郭家堂和骆品亮（2016）选取中国各省份注册的网站数量代表该地区互联网资源以及网民人口比例为指标，研究了互联网对中国全要素生产力的影响。潘家栋和肖文（2018）利用来自国际电信联盟网站的人均互联网使用率分析了互联网对我国出口贸易的影响。德特兰等（Dettling et al.，2018）考察了宽带普及率是否会影响学生的大学申请。谭用等（2019）利用中国各省区市统计年鉴中的互联网宽带接入用户数（万户）和互联网用户比例（户/万户）研究了互联网与进口绩效的关系。加瓦扎等（Gavazza et al.，2019）利用英国丰富的数据研究了宽带使用量对地方选举结果和政策实施的影响。阿马拉尔－加西亚等（Amaral-Garcia et al.，2022）利用 2000～2011 年英国人口调研数据，考察了宽带使用量对健康产业的影响。黄勃等（2023）利用企业数字专利表征互联网创新水平，进而探讨了数字技术创新对企业高质量发展的影响。多纳蒂（Donati，2023）考察了宽带互联网对非洲选民投票率的影响。

四、信息化基础设施建设作为度量指标

达塔和阿加瓦尔（Datta and Agarwal，2004）利用动态面板数据方法研究了 22 个经合组织国家的电信基础设施和经济增长之间的长期关系。维穆里和西迪奇（Vemuri and Siddiqi，2009）研究了 ICT 技术基础设施和商业交易中互联网的可用性对国际贸易量的影响。黑尔尼希等（Czernich et al.，2011）以宽带基础设施建设为衡量指标，分析了宽带渗透率对经合组织国家经济的影响。马利克（Mallick，2014）以技术基础设施为指标研究了互联网对服务贸易的影响作用。韩宝国和朱平芳（2014）利用每百人拥有宽带数研究了宽带渗透率对中国经济的推动作用。郑世林等（2014）研究了电信基础设施对中国经济的作用。叶娇等（2018）发现网络技术对服务贸易的促进作用更大。方福前等（2023）将数字基础设施表征为互联网发展水平，探讨了互联网发展对社会公平的影响。欧阳耀福（2023）将互联网平台化表征为互联网发展水平，探讨了互联网对企业创新的影响。沈坤荣等（2023）将网络基础设施建设表征为互联网发展水平，论证了互联网对企业创新边界的影响。

五、构建互联网指标体系

《中国"互联网+"指数报告（2018）》将数字经济、数字政务、数字生活以及数字文化四大方面纳入考量，据此构建中国"互联网+"指数。韩先锋等（2019）则采取了更为细化的视角，从互联网普及度、基础设施完善度、信息资源丰富性、商务应用广泛性以及发展环境优越性五个维度出发，构建了一个省际互联网综合发展水平指数。而黄群慧等（2019）的研究则聚焦于互联网对制造业生产率的影响，选取了互联网普及率、互联网相关从业人员数量、互联网相关产出以及移动互联网用户数四个关键维度。党琳等（2021）以数字化投入占企业中间总投入的比重和世界经济论坛发布的网络就绪指数共同构建了企业数字化转型指数，并用该指数分析数字化投入对制造业出口技术复杂度的影响。以上研究从不同的角度和维度出发，构建了全面而深入的互联网发展指数或综合发展指数。表2-1展示了"互联网+"的主要度量方式。

表2-1 　　　　　　　　　　"互联网+"的度量方式

衡量方式	代表性文献
网站和邮箱的使用情况	Ferro（2011）、Ricci and Trionfetti（2012）、Yadav（2014）、岳云嵩等（2016）、李兵和李柔（2017）、佟家栋和杨俊（2019）、戴美虹（2019）、Malamud et al.（2019）、刘海洋等（2020）、沈国兵和袁征宇（2020）、卢福财和金环（2020）、Derksen et al.（2022）、顾国达等（2023）
网址数量	Freund and Weinhold（2004）、Tang（2006）、Chung（2011）、施炳展（2016）、刘斌和顾聪（2019）、王贵东和杨德林（2023）
互联网使用量	Freund and Weinhold（2002）、Clarke（2008）、Chu（2013）、Bhuller et al.（2013）、Meijers（2014）、Yushkova（2014）、郭家堂和骆品亮（2016）、潘家栋和肖文（2018）、Dettling et al.（2018）、谭用等（2019）、Gavazza et al.（2019）、Amaral-Garcia et al.（2022）、黄勃等（2023）
信息化基础设施建设	Datta and Agarwal（2004）、Vemuri and Siddiqi（2009）、Czernich et al.（2011）、Mallick（2014）、韩宝国和朱平芳（2014）、郑世林等（2014）、叶娇等（2018）；方福前等（2023）、欧阳耀福（2023）、沈坤荣等（2023）
互联网指标体系	《中国"互联网+"指数报告（2018）》、韩先锋等（2019）、黄群慧等（2019）、党琳等（2021）

第四节 "互联网+"的经济效应研究

一、"互联网+"与经济增长

随着信息化革命的深化，互联网技术正在影响并改变着经济、社会和生活的各个方面。已有学者对于互联网技术是否能够推动经济的增长进行了大量的研究，结果表明互联网对经济发展有着正向的推动作用（Röller and Waverman，2001；Choi and Hoon Yi，2009），例如，扩大宽带的部署促进了美国经济增长（Holt and Jamison，2009）。基于中国研究背景，叶初升和任兆柯（2018）采用了地级市面板数据实证发现，互联网对经济增长有着显著的促进作用，而且异质性分析发现互联网对第三产业的促进作用更大，从而有利于产业结构的调整。张家平等（2018）基于省级面板数据，发现人力资本和创新水平在互联网与经济增长关系中起到重要作用，会影响互联网经济效应的发挥。江小涓和靳景（2022）进一步指出，数字技术能通过服务产品内部式分工、向消费领域和生产领域赋能以及数字空间与现实空间融合等三种方式全面提高经济增长效率，阐明了互联网技术的内在机理。

二、"互联网+"与生产率

传统理论研究认为，互联网应用能有效推动生产率的增长（Jorgenson and Stiroh，2008；Oliner et al.，2008；Akerman et al.，2015；Jose et al.，2021）。但部分学者对此产生怀疑，认为大规模互联网技术应用并未带来生产率的同等提升，即存在"生产率悖论"（又称"索洛悖论"）（Jorgenson and Stiroh，1995；Brynjolfsson and Hitt，1996；Lin and Shao，2006）。但是，随着互联网技术自身的不断创新，互联网技术与产业发展融合度日益深化，互联网对生产率的提升作用逐步得到证实（郭家堂和骆品亮，

2016）。斯特罗（Stiroh，2002）也对 IT 投资和生产率的关系进行了实证分析，发现"索洛悖论"并不存在。德万和克雷默（Dewan and Kraemer，2000）发现，对信息技术的投资显著促进了发达国家生产率的提升。肖利平（2018）利用中国省际数据实证研究得出，互联网对中国装备制造业的全要素生产率有显著促进作用，且对东部地区的作用大于中西部地区。黄群慧等（2019）发现，互联网发展对城市和制造业生产率有着显著的促进作用，且对制造业的影响更大。金祥义和施炳展（2022）运用 2006 ~ 2014 年中国省级面板数据，发现互联网搜索能通过提升企业生产率有效促进企业出口质量，进一步佐证了互联网对生产率的积极影响。

三、"互联网+"与就业

就业是社会经济发展中的重要一环，不仅影响着劳动资源的合理配置，也是社会民生之本。互联网技术的发展不仅降低了搜索成本（Jolivet and Turon，2019），更为劳动者就业提供了便利条件。在理论方面，有学者通过构建具有内生就业创造的均衡搜索模型，发现宽带互联网的扩张能使稳态失业率下降 14%（Manudeep et al.，2023）。在实证方面，霍尔特和普尔森（Hjort and Poulsen，2019）基于非洲 12 个国家的面板数据发现，互联网能有效促进非洲的就业，尤其是对受教育程度较低的工人群体。史蒂文森（Stevenson，2009）指出，互联网加大了劳动力市场的流动性。布卢姆等（Bloom et al.，2015）也指出，互联网应用于居家办公会极大地提升职员对工作安排的灵活性和自主性，提高职员的工作满意度，降低人员流动率。

国内学者也围绕互联网与就业两者关系展开研究。马俊龙和宁光杰（2017）利用中国家庭追踪调查数据（CFPS）实证研究发现，互联网能够显著影响农村劳动力的就业选择。田鸽和张勋（2022）也有类似观点，他们基于中国家庭追踪调查（CFPS）数据，利用双重差分法发现数字经济有效推动了农村劳动力的非农就业。宁光杰和杨馥萍（2021）则从人员流动的视角，指出互联网能够推动低技能劳动力的跨产业流动，使得第一产业和第二产业的低技能劳动者向第三产业流动，使其更好地适应产业结构转型升级的变化。

四、"互联网 +" 与创新发展

创新是发展的第一动力，新一轮科技革命与产业变革对创新具有深远的影响。随着互联网技术的不断迭代升级，市场交易过程中的信息不对称性被降低，从而加剧了市场竞争（Hagiu and Spulber，2013；Jeziorsi，2014；Parker and Alstyne，2018），这直接影响到了卖家决策（Ellison and Ellison，2006），比如完善产品价格（孙浦阳等，2017）和出口决策（吕越等，2022）。沈国兵和袁征宇（2020a）的研究发现，企业互联网转型能有效促进企业创新能力。沈国兵和袁征宇（2020b）进一步揭示了企业互联网化与创新保护之间存在协调效应，互联网化会增强企业创新保护，进而对出口产品质量起到提升作用。欧阳耀福（2023）聚焦于交易性平台，认为互联网平台与生产企业之间不存在创新互补性，互联网平台会通过竞争效应和规模效应分别促进线上、线下生产企业的创新活动。沈坤荣等（2023）基于企业异质性创新行为，指出网络基础设施能通过降低市场信息不对称和扩大技术溢出有效拓展企业创新边界。但也有研究观点存在不一致。阿特和奥洛夫（Ater and Orlov，2015）利用 1997～2007 年的飞行数据和互联网发展情况，证实互联网会对企业业绩和高质量产品的创新产生不利影响。杰勒德等（Gerard et al.，2020）研究了来自中国的竞争冲击通过创新和现有产品市场影响美国创新的情况，结果表明，中国企业通过互联网搜索能力的提升显著提升了自身的专利申请数量，反而降低了美国的研发投资和专利申请数量。

第五节 "互联网 +" 对国际贸易发展的影响研究

本节将以互联网经济的基本理论为切入点，探讨在"互联网 +"背景下对外贸易理论的新发展。

一、"互联网+对外贸易"发展的理论基础

(一) 互联网经济理论

互联网经济（internet economy）最早在 1997 年就由美国经济学家约翰·费劳尔在其著作中提出过，但由于互联网经济的迅猛发展，边际外延不断拓展，因此互联网经济这个有着丰富内涵的概念，直至目前仍没有准确的界定。早期较为权威的关于互联网经济概念的界定来自 1999 年美国得克萨斯大学的电子商务中心发布的全球第一份关于互联网经济的报告《衡量互联网经济》，该报告认为互联网经济包括基础设施、应用设施、网络中介和电子服务四方面，这将当时美国围绕着互联网产生的经济活动几乎都囊括在内。从经济形态的角度看，互联网经济是在游牧经济、农业经济、工业经济之后形成的新的经济形态，智能化的信息网络成为重要生产工具，是一种新的生产力（乌家培，2000）。从产业的角度看，互联网赋能经济活动中的生产、交换、分配、消费等各个环节，从而推动产业经济信息化、网络化，催生产业发展新业态（纪玉山，1998）。从微观的角度看，经济活动的参与者——消费者、生产者、金融机构和政府部门的经济行为，都与信息网络密切相关，他们不仅依赖互联网进行预测和决策，同时依托信息网络来进行各种经济行为（宋玉华，2002）。随着信息技术不断高速发展，互联网经济的内涵日益丰富，不仅传统的电子商务不断拓展外延，还兴起了共享经济、互联网金融、物联网等多种商业模式；同时，伴随着互联网产业的不断升级发展，互联网赋能传统产业，构建了产业发展新业态和经济发展新范式。

1. 复杂系统论

复杂系统理论（complex systems）是系统科学中的前沿方向之一。复杂系统理论提出，在一个复杂系统中，各个变量的相互作用将会决定事物

发展的方向，这个决定的过程异常纷繁复杂，现有的模型无法进行预测。作为复杂性科学——21世纪科学的主要研究任务，它的根本目的就是要揭示这些复杂系统中目前难以用模型和方法来解释的行为和发展态势。复杂系统论认为世界上的万事万物都可以归属到特定的系统，那么任何事件的发生，其原因必然是系统中能够影响该事件的各种因素的显现、交互和增强。

复杂系统理论的网络集聚度、节点、网络优化、路径等研究方式被广泛应用于互联网经济中，能够更好地梳理互联网经济发展的规律、路径和机理，是互联网经济研究的重要内容。

2. 达维多定律

达维多定律（Davidow's law）认为，在激烈的市场竞争中，任何企业想要在市场中占据更大的市场，成为产业主导者，就必须第一个开发出新一代产品，想要维持自己在本产业中的领先地位就必须不断更新自己的产品。第一家推出新产品的企业，将因为其领先的技术和承担的巨大风险，自动获得50%的市场份额，而随后跟随推出该产品的企业，即便产品性能更加完善，其所获得的利益也将远不如第一家首推企业。英特尔公司正是通过使用这种战略，在相当长时间内维持了产业领先地位。企业应当着眼于开拓市场所带来的高额收益，因此企业应当不断创新，抢先在市场上推出新产品，制定新的产品标准，形成新市场，才能更容易获得较大的份额和高额的利润。

这正是信息时代的马太效应，突显了强者愈强，弱者愈弱的两极分化现象。先行者所获得的成功和进步，会不断形成优势积累，从而能获得更多的机会，占据市场主导地位，成为游戏规则的制定者。同时，伴随着高速发展的互联网信息技术，这种两极分化效应在互联网经济中得到了强化，出现了强者愈强，弱者愈弱的垄断局面。这也反映出了互联网经济主流化的特点。这也正是互联网经济存在少数大企业"强者愈强"的现象，包括"以大吃小"和"跨界横吃"两种情况，这其中有规模经济、范围经济和网络效应的因素，也可能有企业垄断的马太效应（于立，2020）。

3. 长尾效应

所谓长尾效应（long tail effect），是指将所有非主流的市场或者说个性化需求的数量累加起来，其总量将超过主流需求，从而形成一个比主流市场需求量更大的非主流市场。只要产品或服务的存储和流通渠道覆盖足够广阔，众多的个性化需求或者说冷门产品将集合成比主流需求或者热销产品更大的市场，能够带来更可观的收益。但在传统市场中，构建覆盖面足够广阔的存储和流通渠道，需要耗费非常大的精力和成本，使得利润空间缩小，因此这些尾部市场往往会被忽视或者放弃。互联网技术的发展，使得这些尾部需求的满足成本急剧下降，基于互联网平台，企业能够以较低的成本构建覆盖面足够广阔的存储和流通渠道，从而出现尾部市场的收益超过头部市场的现象。相较于传统市场的二八定律，互联网经济试图利用互联网信息技术构建覆盖面广的平台，降低进入平台的门槛，尽可能囊括更多的需求，创造更大的市场。

技术的创新引致经济规律的推陈出新，这将会使企业以崭新的经济理念来审视市场，采用创新的模式来推动企业发展，这也必将推动市场经济向前发展。互联网信息技术所带来的网络平台、数字化应用、共享模式等创新发展，使得经济发展中的生产要素、营销方式、产业结构、管理模式和经济运行模式都发生了翻天覆地的变化，这种变化推动传统经济规律的革新，同时经济规律的革新也进一步推动经济发展模式的创新。面对这种快速的发展变革，在探析经济发展模式和规律时，互联网的作用成为了重要的影响因素，它是新的生产要素，新的经济运行模式，也是新的市场结构。因此，研究互联网赋能对外贸易，对探索对外贸易发展新业态的模式和路径具有重要而深远的意义。

（二）国际贸易经典理论

互联网信息技术的快速发展，使得 21 世纪的经济模式发生了巨大变化，互联网经济逐渐成为了主导模式。在新的经济发展模式下，传统国际贸易的交易方式、交易内容、交易手段以及交易中介都有了改变，这也就使得传统的国际贸易理论有了新发展。下面将从绝对优势理论、比较优势理论、要素禀赋理论、规模经济理论和产品生命周期理论等方面，探析信息时代理论的新发展，阐明互联网影响国际贸易格局的理论基础。

1. 绝对优势理论

绝对优势理论（theory of absolute advantage）由亚当·斯密（Adam Smith）于 1776 年在著作《国富论》中首次提出，该理论认为，一国在生产某一商品时生产成本绝对低于另一国，那么该国在生产该产品时具备绝对优势，即国际贸易产生的根本原因是国与国之间的绝对成本差异。

2. 比较优势理论

比较优势理论（theory of comparative advantage）由大卫·李嘉图（David Ricardo）提出。该理论认为，对于一个在所有产品上都处于绝对劣势的国家，仍然可以凭借其所具有的比较优势，在国际贸易中获利。按照比较优势理论，各个国家都应当集中生产资源专注于本国具有比较优势的产品，通过对外贸易使得各个国家都得获得更大的收益，这就实现了更优化的国家分工，是一种双赢的资源配置。比较优势理论基于劳动生产率差异，为全球贸易提供了有力的理论支撑。

比较优势理论是许多国家尤其是发展中国家制定贸易战略政策的重要理论依据。众多学者对其进行了完善和发展。赫尔普曼和克鲁格曼（Helpman and Krugman，1985）将规模经济的概念引入了比较优势理论，提出了厂商可以通过规模经济的作用来确立其在竞争市场上的比较优势，同时国内市场规模也会影响该国在国际市场上的比较优势。多勒尔和沃弗（Dollar and Wolff，1993）提出生产专业化程度是影响比较优势的重要因素，而技术差异是发达国家与发展中国家专业化程度日益扩大的根本原因，因此在考虑比较优势时，应当引入技术差异指标。但是从长期角度考虑，这种差异将随着时间发展而逐步消失，因此技术创新和培养技术工人是长期保持比较优势的关键。格罗斯曼和赫尔普曼（Grossman and Helpman，1990）提出，新产品的研发将能够给企业带来比较优势，因此企业所拥有的新产品研发能力将能够决定企业在国际分工中所占据的位置，也决定各国企业的贸易模式和国际贸易格局。杨小凯和博兰（Yang and Borland，1991）则认为，带来比较优势的是分工和专业化，多样化的市场需求推动了专业化的生产，专业化的生产带来的高效率逐步实现了最优的分工水平，这就使得企业获得了比较优势。格罗斯曼和麦吉（Grossman and Maggi，2000）认为，人力资本是影响比较优势的重要因素，高素质的人力资本能够给产业带来更大的比较优势。

3. 要素禀赋理论

要素禀赋理论由瑞典经济学家赫克歇尔（Heckscher，1919）首先提出，并由他的学生俄林（Ohlin，1933）进行发展和完善，提出了关于要素禀赋差异的国际贸易理论。该理论认为一国应该出口由本国相对充裕的生产要素所生产的产品，进口本国相对稀缺的生产要素所生产的产品，强调生产商品需要不同的生产要素，包括劳动力、资本、土地等，而不应该仅仅单一考虑劳动生产率。斯托尔珀与萨缪尔森（Stolper and Samuelson，1941）进一步提出要素价格均等化理论，即要素价格随着需求量的上升而上升，在自由贸易的作用下，通过商品贸易和生产要素的国际流动，各国的要素价格将逐渐趋于均等。

要素禀赋论和要素价格均等化理论的前提假设条件都是静态的，使理论难免存在缺陷。美国经济学家里昂惕夫（Leontief，1953）发现美国进口产品的资本密集度高于出口产品。里昂惕夫实证研究的结论与要素禀赋论的结论相悖，被称为里昂惕夫之谜（Leontief paradox）。西方经济学家开始探索里昂惕夫之谜形成原因，实际上是从各种不同的角度对要素禀赋理论进行了修正和完善，推动了国际贸易理论的新发展，成为国际贸易理论发展的一个重要转折点。

西方经济学家提出了各种观点来解释里昂惕夫之谜，不仅完善和发展了要素禀赋论，而且逐渐形成了贸易新要素理论。要素禀赋论指出生产要素包含劳动、资本和土地。随着理论的进步和经济的发展，经济学家认为生产要素的范围应逐步扩充和完善，可以包含劳动、资本、土地、技术、管理、人力资本、研究与发展、时间、信息等。同时相比于传统的生产三要素，这些"新"生产要素的作用越来越大，构成了一国贸易的基础和比较优势。

由于要素禀赋论中假设技术是不变的，而实际上技术一直是不断进步发展的，同时技术的发展和进步就意味着相同的生产要素投入能够获得更大的产出，因此美国经济学家波斯纳（Posner，1969）提出了用技术差距和技术创新来解释里昂惕夫之谜。拥有技术优势的国家不仅能够出口技术密集型产品，同时其他的生产要素的效率也会有所提高，从而使得其要素优势得以加强。里昂惕夫首先提出了劳动是存在差异的，不同国家的劳动效率是不同的，美国经济学家基辛（Keesing，1960）在此基础上，通过实证研究，提出了由于接受的教育程度和所具备的专业技术特长不同，每一位劳动者客观上都存在着劳动技能的高低差异，这种差异会导致劳动生产率的不同。因此，基辛提出了高技能劳动要素和低技能劳动要素，来解释里昂惕夫之谜，同时生产要素也应当包含劳动技能，或者说人力资本。可以通过对劳动力的教育和培训，来提高劳动者的劳动技能和素质，实现提高劳动生产率的目标，这就需要政府和企业加大这方面的投资。进入21世纪，我国更应该重视人力资本的投资，因为只有这样才能获得新的比较优势，从而使得我国在国际分工中所处的地方有所提升。

4. 规模经济理论

规模经济理论最早由亚当·斯密提出，该理论认为分工提高了劳动效率，也有利于机器的发明和改进。劳动可以分工必然是基于一定规模的批量生产。随着工业生产的发展，英国经济学家阿尔弗雷德·马歇尔在《经济学原理》中提出了规模经济理论。马歇尔认为工业生产更好地体现了大规模生产的利益。规模经济将随着生产规模的扩大，依次出现规模报酬递增、规模报酬不变和规模报酬递减三个阶段。同时马歇尔认为，规模经济会带来垄断问题，从而破坏市场的价格机制，被称为"马歇尔冲突"。针对"马歇尔冲突"，英国经济学家罗宾逊和美国经济学家张伯伦提出了垄断竞争的理论主张，使传统规模经济理论得到补充。

萨缪尔森和诺德豪斯（2014）认为大规模生产的经济性是企业组织生

产的最重要的动力。然而，随着企业规模的不断扩大，当超过适度生产规模时，会因为管理的不经济而造成平均成本的上升。美国经济学家莱宾斯坦（Leibenstein，1978）肯定这一观点，并提出了效率理论，指出大企业尤其是垄断企业，面临的外部竞争压力小，内部的管理压力大。内部管理中组织层次多，机构庞大臃肿，关系错综复杂，往往是企业无法实现成本最低和利润最大化目标的原因。

5. 产品生命周期理论

产品生命周期理论是美国经济学家雷蒙德·弗农（Raymond Vernon）在《产品周期中的国际投资与国际贸易》一文中提出的。产品生命周期是指产品的市场寿命，涵盖了新产品入市到淘汰的整个市场活动过程。弗农认为，产品的市场活动过程也是一个生命周期，产品要经历开发、引进、成长、成熟、衰退阶段，各个阶段具备不同的特点。产品生命周期理论从技术水平差异的角度分析国际市场上各个国家比较优势的变化规律，推演了产品出口优势在各个国家之间的传导规则，从而确立了国际贸易产生的动因。

第一阶段是引入期，通常是指从产品研发、生产到投入市场初期。这个阶段，由于新产品的市场知名度较低，其销售量通常较小，并且生产技术尚未成熟，使得产量有限，制造成本偏高。为了提高销售量，企业往往会有高额的广告宣传成本，因此企业在这一阶段获利的可能性极小，亏损的可能性较大。产品倾向于首先满足国内市场。在这一阶段，企业为了研发新产品进行了巨额投入，新产品属于技术和知识密集型的产品，由于只有少数发达国家才具备这样的实力，因此这些国家就获得了新产品的比较优势，这是由技术创新所带来的比较优势，成为了新产品的出口国。第二阶段是成长期，是产品销售取得成功之后。随着市场知名度和消费者接受度的提升，产品的需求量和销售急速上升，同时生产技术日趋成熟，使得生产成本大幅度下降，企业的利润增长率明显。由技术创新所带来的比较优势逐渐被企业管理和产品销售优势所取代，产品也由最初的技术和知识密集型转变为资本密集型，同时生产技术随着产品的出口从出口国向进口国扩散。这一阶段，人力资本相对丰裕和技术水平较高的工业国开始共享该产品的比较优势，由于可观的产品利润，这些国家具有一定实力的企业迅速模仿并掌握该产品的生产技术，纷纷在本国建立生产线，参与该产品的市场竞争，这就使得发明国的出口量开始下降。当其他国家的生产规模扩大到一定程度，他们将取代发明国成为该产品的出口国，而发明国不再具备出口优势，甚至会从其他国家进口该产品。第三阶段是成熟期，通常是指产品已经建立了规模化生产，成本低而产量大，同时购买者的不断增多导致市场需求趋于饱和。在这一阶段，销售额的增长速度减缓直至负增长，由于激烈的市场竞争，同类产品的生产企业必须要加大广告投入，同时在产品的品质、包装、设计、服务等方面有所突破，才能在激烈的竞争中生存下来，这就使得企业的成本增加，利润空间被压缩。这一阶段，产品生产的过程已经标准化，研发和技术的要素成本所占的比重已经极低，资本要素也逐步让位给熟练劳动力，因此劳动力的低成本已经成为了重要的比较优势，发明国已经完全丧失了垄断优势，并放弃了该产品的生产，将资源重新转向新的研发创新。发达工业国也渐渐失去了比较优势，出口减少。产品的生产开始转移到劳动力价格更为低廉的发展中国家，发展中国家从原先的进口国转变为产品的出口国。第四阶段是衰退期，随着技术的发展，新产品的出现，以及消费习惯改变等原因，使得产品的需求量和销售量持续下降，同时伴随着利润的缩减，产品开始步入淘汰期，生产企业会因为需求量不足或者成本压力而陆续退出市场，直至产品完全被淘汰，其生命周期也随之完结。

根据该理论，产品要素密集度从技术知识密集型变为资本密集型，再变为劳动密集型，决定了国际产业转移的方向，发达国家通过国际贸易和国际投资等多种方式，推动产业从发达国家向次发达国家和发展中国家转移，使得参与国际贸易的各个国家的产业结构不断调整变化，全球的贸易格局和产业布局也随之变动。20世纪中叶以来的数次大规模产业转移，都是从西方工业发达国家转向次发达国家再转向发展中国家，这就很好地论证了产品生命周期理论所构建的比较优势动态变化模型，证实了技术变化能够对国际贸易格局产生深远的影响。

随着科学技术的高速发展，尤其是信息技术的发展，绝大多数产品的研发、生产、管理和销售都发生了革命性的变化。新产品从研发到标准化生产的时间极大地缩短，很快成为技术成熟的产品，同时新产品和替代品以惊人的速度涌现。当信息化与工业化高度融合之后，产品的各个环节能够实现时间上和空间上的分离，包括研发、生产、销售和服务等环节，实现了产业全球化的布局。因此，产品的生产将不再延续从发达国家向次发达国家和发展中国家转移，而是跨国公司直接寻求成本最低的地方进行生产（杨伯溆，2002）。由于大部分生产要素实现了全球的自由流通，从而使得劳动要素成为了决定成本的关键因素，那么发展中国家就凭借低廉的劳动力成本成为了全球的产品生产基地和出口国。发展中国家不断扩大生产规模，生产能力日益增强，发达国家则依赖自身的技术和资本积累牢牢掌控了产品研发和技术创新的这一生产的开端，这就形成了全球产业链的两端。随着互联网信息技术的发展，最新的技术和研发成果能够以极快的速度传遍全球，这就使得已经具备规模制造基础的发展中国家可以更快地进行技术吸收和技术模仿，不断缩短与发达国家的差距。实现技术的吸收和模仿需要发展中国家加大投入来提升劳动力素质，这个过程推动了发展中国家劳动力成本的增加，同时也使得发展中国家技术创新的能力得以提升，从而使得发展中国家能够实现更多的社会价值和个人价值，享受全球工业文明带来的好处。

6. 新新贸易理论

新新贸易理论的概念最早由鲍德温和福斯蒂尔斯（Baldwin and Forslid，2004）提出，但最早研究该理论的是梅利茨（Melitz，2003）的异质性企业贸易（heterogeneous-firms trade）理论和安德拉斯（Antras，2003）的企业内生边界理论（endogenous boundary theory of the firm）。梅利茨（Melitz，2003）开创性地引入一个垄断竞争的动态产业一般均衡模型，又将企业生产率差异纳入模型，解决了两个基础性问题：不同生产率水平如何影响企业出口决策，以及贸易自由化如何影响产业内资源再配置。梅利茨

（Melitz, 2003）认为国际贸易能促使生产要素从生产率低的企业向生产率高的企业转移，从而实现生产要素的优化配置，该理论解释了国际贸易与产业技术进步之间的内在联系。安德拉斯（Antras, 2003）开创性地将不完全契约和产权加入不完全竞争和产品差异化的标准化贸易模型中，发现资本密集型产品倾向于企业内贸易，劳动密集型产品倾向于企业间贸易。该理论认为一国出口产品的要素密集度取决于企业间贸易或企业内贸易。

（三）"互联网 + 外贸" 理论

1. 资源配置理论

资源配置理论起源于古典经济学，较为系统全面的资源配置思想由亚当·斯密（1776）最早提出，他认为每个个体都可以把自己的有限资源投入对自己最有利的地方，从而得到自己个体利益的满足。对于资源最优配置理论，学者们给出了不同的理解。科夫曼和贝克曼（Kovpmans and Beckmann, 1957）提出，在技术和消费者偏好给定的情况下，该理论研究如何将有限的经济资源分配于各种产品的生产。鲍尔斯和麦克杜格尔（Powers and McDougall, 2005）则认为，资源配置的分配调整主体为企业，企业根据自身生产实践的具体情境，调整资源配置能够使有限的资源相互匹配，且在这一过程中形成企业独特的竞争能力。

2. 贸易成本理论

萨缪尔森（Samuelson, 1954）最早提出冰山运输成本概念。20 世纪80 年代末，由保罗·克鲁格曼等人开创的新经济地理理论横空出世，这一理论将运输成本纳入理论分析框架，认为运输成本的减少会引发聚集经济、外部性、规模经济和增加贸易福利（Krugman, 1980; Krugman, 1981; Feenstrea, 1998），而经济学家通常利用建模分析运输成本，并认为运输成本是产品的冰山成本（Krugman, 1980; Irarrazabal et al., 2015; Melitz and Redding, 2021）。后来由于航空运输、集装箱运输、散装运输和其他运输技术的改进，并伴有电信成本的下降，运输成本也开始逐步降低

55

（Dollar，2005；Brancaccio et al.，2020）。

3. 交易成本理论

交易成本理论是用比较制度分析方法研究组织制度的理论，最早由英国经济学家科斯（Coase，1937）在其论文《论企业的性质》中提出。科斯（Coase，1937）指出交易费用是为准确获得市场信息所需费用以及谈判和经常性契约的费用。由于宏观经济环境中存在不确定因素，导致市场交易过程中需要进行大量的信息搜集与决策，这样大大增加了交易费用。若交易费用为零，市场机制能自动调节资源配置达到帕累托最优。然而，现实生活中不存在这一理想条件，需要企业取代市场这一配置方式，将外部生产要素集中以减少交易者之间的摩擦，降低交易成本。威廉姆森（Williamson，1975）在科斯的基础上，从行为假设、交易特征以及治理机制三个主要方面进一步完善了交易成本理论框架。为了使交易费用范畴更具可操作性，威廉姆森（Williamson，1975）提出了交易的两个基本特征，即资产的专用性与不确定性。资产的专用性是指不改变原有生产价值的条件下，资产可用于不同用途和由不同使用者利用的程度。不确定性是指由人的机会主义导致的行为不确定性。威廉姆森（Williamson，1979，1985）根据交易特征将交易分为不同类型，并指出，为了达到交易成本的最小化，不同交易类型应该与不同的治理结构相匹配。威廉姆森通过将交易类型和治理结构进行维度化处理进一步深化了交易成本理论，使之成为一个完整的理论体系。

4. 制度成本理论

制度成本理论最早可追溯至交易费用理论。康芒斯（Commons，1931）首先对"交易"的概念作出明确界定，他认为"交易"是制度经济学中的最基本单位，能够通过所有权转移的形式反映人与人之间的关系，同时这一过程必须包含"冲突、依存、秩序"三种方式。进一步地，科斯（Coase，1937）首次将交易费用的思想与经济学分析相结合，他认为通过价格机制组织生产会产生包括协商、签约以及解决纠纷在内的一系列成本。威廉姆森（Williamson，1985）进一步补充了交易费用的内容，认为交易费用主要包括签订合同之前准备工作所需费用以及签订合同之后维护工作所需费用两部分，后者更为重要。随着制度经济学的发展，交易成本的概念进一步延伸出制度成本的概念，但与交易成本理论相比，关于制度成本的研究并未形成系统性成果。布劳（Blau，1986）最早于《社会生活中的交换与权力》一文中提出规则的形成依赖于资源，具体而言，建立一个规则、程序离不开资源的投入，它能使社会行为和关系的模式得以保存并固化，人们一以贯之的制度的建立依赖于更大的成本投入。汪丁丁（1995）指出，对任何制度的选择都是有机会成本的。张五常（2010）认为制度是由交易费用产生的。诺斯（North，1990）运用交易费用或交易成本的概念解释制度变迁。维拉（Vira，1997）将社会活动具体划分为经济活动和政治活动两类，而其中政治交易成本即为推行制度变迁过程中所消耗的资源成本。关于制度成本理论的研究大多在交易成本理论基础上进行，相关学者在分析制度时指出在制度变迁、政治交易活动的过程中需要投入一定的资源，但并未就制度成本的概念达成共识。

综上所述，结合资源配置理论、贸易成本理论、交易成本理论和制度成本理论，笔者发现"互联网＋"作为资源配置能力的技术因子，可以通过提高资源配置效率、降低贸易成本、交易成本和制度成本来推动货物贸易、服务贸易和全球价值链贸易的高质量发展。

二、"互联网＋对外贸易"发展的经验研究

随着新一代互联网技术的加速应用，"互联网＋"为国际贸易发展注入了新动能（林峰和林淑佳，2022）。现有研究开始关注互联网对国际贸易的影响，多数研究认为互联网的普及和应用有助于提高国际贸易规模（Freund and Weinhold，2004；Mallick，2014；施炳展，2016），并从不同层面进行深入探讨。在国家层面，林（Lin，2015）通过对200个国家1990~2006年的数据进行研究发现，国际贸易总额随着互联网用户数增加而增加。弗洛因德和温霍尔德（Freund and Weinhold，2004）

指出，由于互联网对国际贸易的促进作用具有"累积效应"，随着互联网使用时间的延长，其对贸易的促进作用会愈发显著。也有学者发现，虽然ICT 质量和数量的提升会促进国际贸易的发展，但对不同国家的影响效果存在差异，ICT 数量对发展中国家的正向影响更大，而 ICT 质量对发达国家的积极影响更显著（Abeliansky and Hilbert，2016）。在企业层面，现有研究重点关注企业使用互联网工具对企业出口贸易的影响，且大多肯定了互联网对企业出口的正向影响，认为互联网化水平或信息化程度较高的企业，出口可能性更高（Ferro，2011；茹玉骢和李燕，2014；李兵和李柔，2017；Fernandes et al.，2019；Jean and Kim，2020）。互联网技术的应用能够有效降低国际贸易成本（Chaney，2014；孙浦阳等，2017；潘家栋和肖文，2018），减少推介新产品及开拓新市场的贸易成本（李兵和李柔，2017），对企业的进出口起到促进作用。但相关研究存在一定的分歧。克拉克和沃尔斯滕（Clarke and Wallsten，2006）认为互联网只是拓宽了发展中国家同其他国家间的联系，对于发达国家的出口没有显著的促进作用。这是因为，相对于发展中国家，发达国家已经建立了相当多且成熟的贸易联系，其对互联网的作用并不敏感。阿贝利安斯基等（Abeliansky et al.，2021）根据 1995～2014 年 150 个国家的贸易数据研究发现，对发展中国家而言，信息通信技术对贸易外延边际的影响要比发达国家明显得多。

国内学者对于互联网信息技术对国际贸易影响的实证研究开始于 2010 年左右，远远滞后于国外的相关研究。学者们将互联网信息技术的指标引入传统的贸易引力模型，利用中国对外贸易的相关数据进行实证研究，论证了互联网信息技术对中国出口规模具有正向影响（沈国兵和袁征宇，2020），从而对我国经济发展起到促进作用（温珺等，2015），但随着收入水平的提升，互联网信息技术对于出口贸易的影响逐渐显著，而对于进口贸易的影响变得不显著（何勇和陈新光，2015）。互联网信息技术提升了出口企业的扩展边际和集约边际，降低了企业产品的出口价格，同时增加了企业的出口量，从而提升了出口企业的核心竞争力（施炳展，2016）。

互联网信息技术还可以提升对外贸易的出口技术复杂度（岳云嵩等，2016），影响对外贸易结构（石良平和王素云，2018），使中小企业的全球价值地位得以提升（裴秋蕊，2017；齐俊妍和任奕达，2021）。张洪胜和潘钢健（2021）基于 2009～2016 年中国双边贸易数据，利用广义双重差分法论证了跨境电商能显著降低中国的进出口贸易成本。张铭心等（2022）基于 CMES 数据库（1056 家制造业企业），利用广义双重差分法论证了数字普惠金融能显著促进小微企业出口。戴翔和马皓巍（2023）基于企业异质性贸易模型，发现企业数字化转型能显著促进出口，但是会导致出口企业陷入"低加成率陷阱"。我国在"互联网＋对外贸易"方面的代表性研究文献如表 2-2 所示。

表 2-2　　　　　　　　　　代表性的实证研究文献

作者	研究内容	样本数据	研究变量	研究结论
何勇和陈新光（2015）	互联网发展对国家进出口贸易的影响	2000～2010 年全球 244 个国家（或地区）的数据	互联网用户数量、国家出口额	互联网显著促进国家进出口贸易
	引力模型	$\ln exp_{it} = \alpha_0 + \beta_1 \ln user_{it} + \beta_2 \ln gdp_{it} + \beta_3 \ln gov_{it} + \beta_4 \ln gni_{it} + \beta_5 \ln pop_{it} + u_{it} + \varepsilon_{it}$		
施炳展（2016）	互联网对企业出口的影响	2009 年中国与其他国家的双边贸易	互联网网址链接、出口额、出口概率、出口持续时间	互联网促进了中国企业出口，并增加了企业出口概率和出口持续时间
	引力模型	$\ln v_{ijp} = \beta_0 + \beta_1 links_j + \beta_2 process_{ijp} + \sum_m \delta_m X_{j,m} + \lambda_{ip} + \varepsilon_{ijp}$		
岳云嵩等（2016）	互联网对企业进口技术复杂度的影响	2004～2009 年中国工业企业数据库和海关数据库	互联网使用、进口复杂度	互联网显著提升了中国企业进口技术复杂度
	双重差分法（DID）	$DATT_t = \frac{1}{N_t} \sum_i \left(DIMPY_{it}^I - \sum_{j \in J_{it}} w_{ij} DIMPY_{jt}^J \right)$; $IMPY_{nt} = \sum_k \frac{x_{nkt}}{x_{nt}} \times PRODY_k$		

作者	研究内容	样本数据	研究变量	研究结论
石良平和王素云（2018）	互联网发展对中国贸易结构的影响	2009～2016年中国31个省份的数据	互联网用户数、初级品贸易、中间品贸易、资本品贸易、消费品贸易	互联网发展对消费品进口的促进作用最显著
	引力模型	$\ln trade_{it} = \alpha_0 + \beta_1 \ln User_{it} + \beta_2 \ln EDU_{it} + \beta_3 \ln GDP_{it} + \beta_4 \ln Consumption_{it} + \beta_5 \ln Transport_{it} + \mu_{it}$		
沈国兵和袁征宇（2020）	企业互联网化对中国企业出口的影响	2010～2013年中国工业企业数据	互联网水平、企业出口、企业创新	企业互联网化能有效促进中国企业出口
	中介效应模型	$\ln INNO_{ijt} = \mu_0 + \mu_1 INTNET_{i,t-1} + \mu X_{ijt} + v_\rho + v_o + v_j + v_t + v_{ijt}$ $EXDUM_{it} = \beta_o + \beta_1 \ln INNO_{ij,t} + \beta_2 INTNET_{i,t-1} + \beta X_{ijt} + \zeta_\rho + \zeta_o + \zeta_j + \xi_t + \zeta_{ijt}$		
齐俊妍和任奕达（2021）	数字经济对全球价值链分工地位的影响	2000～2014年43个经济体（WIOD数据库）	数字经济渗透、全球价值链分工地位	数字经济通过降低贸易成本和改善人力资本质量来提高全球价值链分工地位
	动态面板GMM估计	$GVC_{cit} = \beta_0 + \beta_1 GVC_{ci,t-1} + \beta_2 MDEI_{-ncut} + \beta_3 Controls + v_c + v_i + v_t + \varepsilon_{cit}$		
张洪胜和潘钢健（2021）	跨境电商对中国双边贸易成本的影响	2009～2016年中国双边贸易	跨境电商、贸易成本、出口产品价格	跨境电商显著降低中国的进出口贸易成本
	广义双重差分（GDID）	$\ln \tau_{it} = \eta Post_t \times Treat_i + X\beta + \sum_i Cty + \sum_t yr + \varepsilon_{it}$		
张铭心等（2022）	数字普惠金融对小微企业出口的影响	CMES数据库（中国1057家制造业企业样本）	数字普惠金融、小微企业出口	数字普惠金融能显著促进小微企业出口
	广义双重差分（GDID）	$y_{fp} = \alpha_0 + \alpha_1 DFII_p + \alpha_2 digifoot_f + \alpha_3 DFII_p \times digifoot_f + \lambda_{ind} + \lambda_{own} + X'_p \beta_1 + X'_f \beta_2 + \varepsilon_{fp}$		
戴翔和马皓巍（2023）	数字化转型对企业出口的影响	2011～2015年上市公司数据和海关数据	数字化转型、企业出口额	企业数字化转型能显著促进出口，但是会导致出口企业陷入"低加成率陷阱"
	企业异质性贸易模型；固定效应模型	$\ln export_{itop} = \beta_0 + \beta_1 Digita\,l_{it} + \sum contro\,l_{ito} + v_i + v_t + \lambda_{ip} + \lambda_{op} + \lambda_{io} + \lambda_{pt} + \varepsilon_{itop}$		

三、"互联网+"对国际贸易发展的机制研究

关于互联网对国际贸易的影响机制，现有研究大多基于贸易成本视角展开研究（Anderson and Van Wincoop，2004）。传统国际贸易理论强调了地理距离、国界分割产生的信息交流成本、货物运输成本等对贸易的阻碍作用，而互联网通信技术发展最大的作用就在于其高速的信息传递功能。互联网的应用可以使得交易双方更快更全面地获得交易的相关信息，包括交易对手的信息、交易市场的信息等（Rauch，2001），降低其搜寻成本（Arvanitis and Loukis，2009），极大地提高了交易的可能性（Freund and Weinhold，2002）。

在分析互联网能够降低贸易成本从而促进贸易发展时，贸易引力模型通常被作为基本的分析框架。在该框架下，互联网降低贸易成本的作用表现为缩短贸易国之间的"距离"。钟等（Chung et al.，2013）基于贸易引力模型分析了互联网对亚太经合组织之间的蔬果贸易的影响，发现互联网技术的运用对于果蔬进口一方而言并无显著作用，但对于果蔬出口一方而言的促进作用明显。梅哈莫德等（Mehmood et al.，2021）利用引力模型研究了2007~2018年亚太地区36个国家或地区信息通信技术对国际贸易的影响，表明信息和通信技术对亚太地区各国的国际贸易均具有显著的正向影响，并且当贸易双方均具有较高的信息通信技术禀赋时，这种影响的效果更为明显。

针对现有研究成果的梳理和分析可以得出：首先，现有成果从理论方面研究了互联网信息技术对国际贸易的影响机制；其次，学者利用引力模型等计量模型和相关的经济数据进行实证分析。互联网已经成为了国家重要的基础设施，它造就各种新的经济业态，更造就新的经济增长方式。互联网+外贸尚处于初级发展阶段，各领域不断进行论证与探索，努力借助互联网平台促进外贸发展。由于互联网泛在的不断创新应用，持续地从学术和实证的角度对"互联网+"背景下外贸新业态的发展进行研究是十分

有必要的。因此，分析当前的新形势下我国推进"互联网＋"背景下外贸新业态发展的模式和途径，无论是对促进我国对外贸易的进一步发展还是对未来一段时期内我国开放型经济的转型升级，都有着极为重要的战略意义和极其深远的历史意义。

第六节　文献述评

已有文献对"互联网＋"的内涵及度量方式、外贸新业态的内涵及具体表现以及"互联网＋"与国际贸易的关系展开的深入研究，取得了丰硕的成果，但依然存在以下几点不足：（1）缺乏深入分析对外贸新业态的国际比较及政策分析，同时缺乏"互联网＋"背景下外贸新业态的指标体系。（2）现有文献对"互联网＋"与国际贸易的研究比较多，但缺乏系统深入探讨"互联网＋"对货物贸易、服务贸易的影响效应和作用机制，明晰"互联网＋"对国际贸易的具体作用机制是未来需要深化的第一个方面。（3）现有文献对"互联网＋"发展水平的测度主要集中于互联网普及率和互联网基础建设等视角，但忽视了数据安全和个人隐私保护。随着全球对各国互联网开放的要求越来越高，在构建"互联网＋"发展水平指标体系时，考虑互联网安全性和互联网安全平台是未来需要深化的第二个方面。（4）制度质量是一国比较优势的来源，优越的制度质量能有效降低生产成本和冰山运输成本，而现有文献缺乏从制度质量视角来探讨"互联网＋"促进贸易高质量发展中的调节作用，将制度质量、"互联网＋"以及国际贸易纳入统一分析框架研究互联网发展对国际贸易的影响是未来需要深化的第三个方面。（5）全球经贸规则出现全方位、立体化、多层次的新趋势，这对一国境内措施的改革创新提出新要求，而现有文献缺乏系统梳理"互联网＋外贸"规则以及我国与高标准"互联网＋外贸"规则的差异及其影响分析，在对标国际高标准经贸规则的基础上，具体分析我国现行贸易体制的不足是未来需要深化的第四个方面。

第三章

"互联网 +" 发展水平的国际比较分析

在 21 世纪这个信息爆炸的时代，互联网作为核心的网络技术，已经渗透至我们生活的各个角落，彻底改变了经济的发展脉络和社会生活的运作模式。这种变革的深远程度和广阔范围都是空前的，超越了以往任何一次科技革命。同时，随着互联网信息技术的突飞猛进，诸如物联网、大数据、区块链等新兴应用也应运而生，它们共同构成了"互联网 +"这一国家经济发展的重要引擎，推动着社会的进步与发展。

第一节　互联网信息技术的发展史

20 世纪 50 年代末期，美国成立了国防高级研究计划署（Advanced Research Project Agency），简称"阿帕（ARPANET）"。为了确保国防高级研究计划署分散于美国各地的专家能够及时对接资源和信息，同时保证美国在遭受核弹攻击的情况下不丢失相关技术资料，国防高级研究计划署主导并推动了阿帕网项目，而这就是如今无处不在的互联网的前身。

一、技术萌芽阶段（20 世纪 50～70 年代）

20 世纪 50～70 年代，是互联网信息技术的萌芽阶段。在这个阶段，计算机技术的应用和发展刚刚起步，计算机以单机应用为主，功能简单但操作复杂，价格昂贵，使得计算机使用者局限于政府和企业。计算机的联网采用了简单的分组交换方式，只有连接相同网络的计算机之间才可以进行简单资源交换和数据处理。

在此期间，公共移动通信业务取代了专用移动通信系统，最早是由美国贝尔实验室在美国圣路易斯城建立了公用汽车电话网，以人工方式接续，德国、法国、英国等国家紧随其后，相继研制并应用了公用移动电话系统。

二、网络互联网发展阶段（20 世纪 70~80 年代）

1969 年，美国国防高级研究计划署启动了阿帕网项目，该项目成功地将加利福尼亚州洛杉矶分校、加州大学圣芭芭拉分校、斯坦福大学和犹他大学的四台大型计算机进行了互联，形成了四个节点。这一创新性的网络不仅为各学校之间的资源共享提供了便利，还实现了美国军事及研究用电脑主机的互联互通，从而极大地促进了军事项目的研究与发展。为了强化这种网络连接功能，阿帕网项目组开始了传输控制协议/互联网互联协议（TCP/IP 协议）簇的开发和利用。1975 年，阿帕网连接的主机超过了 100 台，开始正式运行。阿帕网项目组将研究的重心转移至网络互联技术——TCP/IP 协议，到了 80 年代初，阿帕网所有的主机都已经转为 TCP/IP 协议。

1983 年，TCP/IP 协议针对异构网络的需求成功研制，美国加利福尼亚伯克利分校将此协议集成至其 BSD UNIX 操作系统中，推动了 TCP/IP 协议的广泛采用，进而孕育出了我们所知的互联网（internet）。同年，美国国防高级研究计划署对阿帕网进行了重大调整，将其分为两个独立项目：维持原有功能的阿帕网与专注于军事用途的"MILNET"。在阿帕网的基础上，局域网和广域网得以构建并迅速发展。特别值得一提的是，美国国家科学基金会（NSF）设立的"NSFnet"广域网项目，通过资金支持和政策引导，吸引了众多大学、研究机构及私营机构的参与，纷纷将各自局域网并入"NSFnet"，逐渐构筑起互联网的核心网络架构。与此同时，曾经的"网络之父"阿帕网，其地位逐渐减弱，最终在 1990 年退出了历史舞台。

在这个阶段，不论是阿帕网还是美国国家科学基金会的"NSFnet"，其目的都是为了满足军事发展和科学研究的需求，不存在商业应用，同时也禁止以商业应用为目的的计算机接入。然而，随着互联网技术的发展和完善，商业需求越来越多，这就催生了互联网服务提供商（internet service provider，ISP），第一家互联网服务提供商诞生于 1985 年，向客户提供付费的互联网接入服务。

在这一阶段，移动通信技术也有了长足发展。1978 年，美国贝尔实验室推出了先进移动电话系统（AMPS），建成了蜂窝状的移动通信网络，极大地提高了通信系统容量，并在随后的 8 年时间推广至美国全域。随后，日本、英国、法国、加拿大、北欧四国等也先后提出蜂窝式的移动通信网络，从而使得移动通信技术的发展迈入了新的阶段——第一代移动通信（1G）。20 世纪 80 年代后期，以 AMPS 为代表的蜂窝状移动通信网络所构建的容量已经无法满足日益增长的移动用户需求，同时这项技术在应用的过程中也暴露出了费用高、设备复杂、业务种类受限等诸多问题。欧美等发达国家开始研制数字蜂窝移动通信系统，以期凭借数字无线传输的频谱利用率高的特点，有效解决系统容量问题。

三、互联网 1.0 阶段（20 世纪 90 年代）

随着互联网服务提供商的涌现，商业应用在互联网领域呈现出迅猛的增长态势，计算机之间的互联互通已经实现了基础功能。然而，由于早期从计算机中提取信息需要复杂的编程知识，这极大地限制了互联网在普通用户中的普及速度。

直至 1990 年，万维网（world wide web，WWW）的诞生，才为互联网的发展带来了新的契机。紧接着，1991 年首个能够检索文件内容的搜索引擎 Gopher 问世，进一步丰富了用户的在线体验。1994 年，网景公司（Netscape）推出的网景浏览器，真正标志着互联网步入了网页时代。这一革命性的转变使得用户只需点击鼠标，打开浏览器，便能轻松获取所需信息，互联网因此开始融入普通人的生活。1995 年，美国国家科学基金会将 NSFnet 的运营权移交给美国三大私营电信巨头，这一举措标志着互联网正式进入了全面的商业运营阶段。

当时的互联网发展主要集中在欧美发达国家，亚洲地区只有日本、新加坡，以及中国的香港地区和台湾地区有着较好的发展。中国在 1994 年才全面连接国际互联网，1995 年中国用户可以通过互联网服务提供商接入互联网，这是中国互联网的开端。

1995 年被誉为互联网商业的元年。在这一年里，网景公司成功在纽交所上市，瞬间从小规模的 400 万美元企业跃升为市值高达 20 亿美元的业界巨头。这一令人瞩目的转变，极大地激发了人们对互联网投资的热情，资本如潮水般涌向互联网领域，从而掀起了互联网的创业浪潮。同年，杨致远和大卫·费罗创立了雅虎（Yahoo），并在次年成功上市；亚马逊（Amazon）也在这一年诞生，如今它已成为全球最大的电子商务平台。eBay 同样在这一年诞生，成为了当今世界电子交易市场的巨头。随着互联网的不断发展，1996 年，Hotmail 开始进入商业化运作，仅仅一年后，微软便以高达 4 亿美元的价格收购了这家仅有两年历史的电子邮件提供商。1997 年，美国奈飞公司（Netflix）成立，现已发展成为全球在线视频领域的巨头。同年，丁磊创建了网易，并推出了广受欢迎的免费 163 邮箱服务。进入 1998 年，张朝阳创立了搜狐，马化腾创办了腾讯，王志东则创办了新浪。同一年，谷歌（Google）也正式成立。随后，在 1999 年，阿里巴巴崭露头角，而到了 2000 年，百度正式诞生。在这一阶段，互联网的信息传输方式主要以静态为主，以网站向用户的单向传递为主要形式，互动相对较少，因此被称为互联网 1.0 时代。

整个 20 世纪 90 年代都激荡着互联网的急速发展，互联网完成了从专业网络和学术网络向商业网络转变的过程，成为了推动社会发展的重要动力和时代变革的创新力量。信息化技术和互联网已经融入整个社会的生产和生活，并不断创新，驱动社会变革，形成新的经济发展业态。

在移动通信的发展历程中，我们从 1G 时代跨入了 2G 时代。2G 时代的显著特征是 GSM 和 CDMA 两大体系的崛起，分别代表了数字时分多址（TDMA）和码分多址（CDMA）技术。早在 20 世纪 80 年代中期，欧洲就领导了这场技术革命，推出了泛欧数字移动通信网络（GSM）。不久后，美国和日本也各自推出了独特的数字移动通信系统。美国的 2G 系统是以 CDMA 技术为核心发展起来的，以摩托罗拉为主要推动力，并在美国市场占据主导地位。相对地，欧洲的 GSM 体系则基于 TDMA 技术发展。到 1997 年底，它已经在全球 100 多个经济体得到应用，逐渐成为欧洲和亚洲的标准移动通信体系，并在全球范围内获得了广泛的应用。中国在 1994 年步入 2G 时代，选择了 GSM 作为其移动通信体系。与前一代技术相比，2G 在保密性上有了显著的提升，并且具备更大的容量、更高的频率资源利用率以及更多样化的功能。值得一提的是，2G 技术还引入了数据传输服务，尽管初始的传输速率仅为 9.6~14.4kbit/s，但它开启了文字信息的传输时代，并为后续 3G 技术的高速率传输打下了基础。为了满足日益增长的数据传输需求，各大网络运营商不断研发新技术以提升传输速率。在 GSM 技术的基础上，他们成功研发出了 GPRS，将传输速率大幅提升至 300kbps 以上。同时，CDMA 的传输速率也得到了显著提升，达到了 100kbps 以上。

早期的 2G 手机只具备通话、短信和简单游戏的功能。随着互联网技术的发展，人们开始尝试使用手机连接互联网，既可以更为便捷地使用网络，又无须支付购买电脑的大额费用。1998 年，无线应用协议（wireless application protocol，WAP）诞生了，它是一项可以让用户使用手机等移动通信终端设备连接互联网，实现接收信息、浏览网页、收发邮件等的网络通信协议，移动网络和互联网的融通由此开始。同时，各大手机制造商研发出了应用于手机终端的智能操作系统，例如爱立信、诺基亚和摩托罗拉等公司联合推出了塞班（symbian）系统，微软公司推出 Window Mobile，加拿大 Rim 公司推出了黑莓手机。应用于手机终端的网页浏览器也陆续推出，例如 Opera 和 UCweb 等。2G 时代，手机除了通话和文字信息传输，开始进行图片和视频信息传输，这为移动互联奠定了基础。在 2G 时代，由于移动通信标准体系的多样性，极大地推动了技术的进步和创新，但是对移动通信全球化产生了制约，对全球漫游业务的发展设置了阻碍。

四、互联网 2.0 阶段（2000～2006 年）

21 世纪初始，互联网的"千年虫"问题并没有大爆发，但是 20 世纪 90 年代互联网投资狂热所积累的经济泡沫带来了灾难性的大崩盘。2000 年 4 月 3～4 日，纳斯达克暴跌超过 20%，是史上最大跌幅，之后一年跌幅达到 62%，纳斯达克指数下探至 2000 点以下。2001 年"9·11"事件进一步挤破了互联网泡沫，使得纳斯达克指数下跌到历史最低点 825.8，美国经济进入衰退期，带动全球经济转弱。

"9·11"事件使得美国政府再一次强势介入互联网的发展，通过《国家网络安全战略》，美国政府将互联网安全问题提升至国家安全的战略高度，并赋予和加强了联邦政府搜集和分析私人信息的权利。同时，那些"9·11"事件的亲历者通过博客发布经历、信息、感悟等，使得广大普通网民成为了互联网内容的生产者，这是革命性的进步，用户不再是单纯的阅读者，他们也是互联网的参与者，内容创造者，可以通过网络互动。

2001 年，维基百科诞生，这是多语言百科全书写作计划的开端，成为当今全球最大的在线百科平台。2003 年，Myspace、Skype 和 Safari Web 等浏览器被开发并应用，Myspace 成为当时最为风靡的社交网络。2003 年，百度推出百度贴吧，成为了国内最大的中文论坛。

2004 年，在博客、播客、SNS、Wiki 等互联网新兴产物的推动下，"社交媒体"成为了全球公认的主流概念。这一年，马克·扎克伯格创建了脸书（Facebook），用户可分享自己的生活和任何信息；2005 年，You-Tube 诞生，用户可以分享网络在线视频；2005 年，豆瓣诞生，用户可以分享自己的观影感想；2005 年，腾讯推出 QQ 空间；2006 年，推特（Twitter）诞生，推动了无时滞的信息分享。这个阶段涌现出来的各种社交媒体和互动平台，形成了用户创造内容的互联网 2.0 时代。

在移动通信的演进中，我们从 2G 时代跨入了 3G 时代。3G 代表的是一种能够支持高速数据传送的蜂窝移动通信技术。尽管 2G 的传输速度在持续提升，但它依然追赶不上互联网技术迅猛发展所带来的联网需求的激增。大约在 2000 年，3G 技术开始逐步取代 2G，推动了移动通信的持续发展。在技术标准方面，欧洲在 GSM 的基础上发展出了 WCDMA 系统，而美国在 CDMA（IS95）的基础上推出了 CDMA2000 系统。此外，由西门子公司和中国大唐公司共同研发的 TD-SCDMA 系统也成为了 3G 的重要技术标准。与前两代移动通信技术相比，3G 的显著特点在于其高速的数据传输能力和宽带多媒体服务。其传输速率至少为 384kbps，最高甚至可以达到 2Mbps。同时，3G 技术使得更多的便携式设备能够接入网络，如平板电脑、电子阅读器、车载导航系统以及网络电视等，而不仅仅是手机。在 2G 技术的基础上，3G 为用户提供了更为便捷的无线应用体验，例如无线接入互联网，从而为用户带来了更加便利、快速、经济、智能、稳定和多样化的服务。

五、移动互联网阶段（2007～2014 年）

在 2007 年，苹果公司首席执行官史蒂夫·乔布斯向全世界介绍了第一代"苹果"手机（iPhone），这一里程碑式的产品不仅标志着移动互联网时代的开端，更引领了一个全新的科技潮流。仅仅一年后，iPhone 3G 的亮相以及苹果应用商店（App Store）的推出，极大地推动了互联网应用开发和创新模式的转变。

随着互联网技术的深入发展和普及，它已经从一种新兴技术转变为真正意义上的主流传播媒介，其基础设施也成为了支撑社会信息交流的重要基石。互联网的影响力正在日益扩大，它已经渗透到社交生活的每一个角落，成为推动经济发展的新动力，甚至在一定程度上引发了政治层面的变革。互联网的强大影响力在多个领域都得到了充分体现。鉴于互联网的重要性和日益凸显的战略价值，各国政府对其发展和管理给予了前所未有的关注。为了鼓励和促进互联网的创新与发展，政府出台了一系列扶持政策。与此同时，为了保障网络安全和规范网络行为，更为严格的法律法规也相继出台，旨在将互联网这一关键的战略资源纳入更为严谨和系统的管理体系之中。

同时，互联网进入了全球化发展阶段，不再以美国为中心，呈现百花齐放的特点。根据美国通信分析机构 TeleGeography 发布的数据显示，1999 年，91% 的亚洲互联网流量需要途经美国到达终点，但 2008 年这一比例已下降到了 54%，而非洲这一数据从 70% 降至仅 6% 左右，更多数据通过欧洲和中东传输，美国作为互联网中心枢纽的作用已经逐步消失。同时每个国家和地区依据自身发展的情况，在接入互联网和推动互联网发展时，都构建了适合自己情况的发展路径和模式，发展中国家虽然起步晚，但是呈现出跳跃式的发展。

随着 3G 技术的不断进步，我们迈向了 4G 移动通信的时代。2008 年，国际电信联盟（ITU）公开征集 4G 的标准，LTE、UMB 以及移动 WiMAX 成为了三种候选标准。到了 2012 年，经过 ITU-R 的审议，LTE-Advanced 和 Wireless MAN-Advanced（802.16m）技术规范被正式确立为 IMT-Advanced，即我们通常所说的 4G 国际标准。值得一提的是，中国主导的 TD-LTE-Advanced 也跻身成为了这一国际标准。4G 通信技术成功地将 WLAN 技术融入 3G 的基础上，不仅显著提升了图像传输的速度与质量，还增强了兼容性。这一技术使得智能设备用户的网络速度能够达到惊人的 100Mbps，从而让移动高速联网成为可能。

移动互联网时代，互联网商业化更为全面地冲击传媒、商务、通信、沟通等社会各个领域。新一代互联网巨头纷纷崛起，脸书活跃用户数在 2010 年达到了 4 亿，这已经超过了美国的总人口，2012 年脸书在纳斯达克上市，以 1152 亿美元成为了史上规模最大的 IPO。新的社交媒体 Pinterest 和 Instagram 在 2010 年成立，以快速和有趣的方式进行图片分享来吸引年轻一代的互联网用户，并迅速成为全球最热门的十大社交网站之一。

六、"互联网+"阶段（2015年至今）

"十二五"规划期间，我国将新一代信息技术产业视为战略性产业，并聚焦于发展新一代移动通信、下一代互联网、三网融合、物联网等领域。这些举措为我国信息技术的迅猛发展奠定了坚实的基础。2014年，中国乌镇成为第一届世界互联网大会的举办地，这一盛会以"互联互通，共享共治"为核心议题。会议上，时任总理李克强强调了互联网在推动"大众创业、万众创新"中的重要作用，进一步凸显了互联网在国家发展战略中的地位。随后，2015年的国务院政府工作报告中首次揭示了"互联网+"行动计划的蓝图。该计划意在融合移动互联网、云计算、大数据等先进技术与现代制造业，从而推动电子商务、工业互联网和互联网金融的稳健发展，并引导互联网企业进军国际市场。2015年10月，《中共中央关于制定国民经济和社会发展第十三个五年规划的建议》进一步细化了"互联网+"战略。其中明确提出要拓展网络经济空间，不仅限于实施"互联网+"行动计划，还包括发展物联网技术、分享经济，并强调互联网与经济社会的深度融合。此外，该建议还倡导推进数据资源的开放共享、完善电信服务，以及布局下一代互联网。这些创新措施旨在推进产业、商业模式及供应链等多方面的革新，并支持基于互联网的各种创新活动。这一系列政策动向预示着中国正迈向一个更为互联、高效和创新的社会经济新时代。

移动互联网时代，4G技术实现了传输速率成百倍提升，从而使得网络视频的流畅度和清晰度、文件图片的传输速度大幅提高，获得了极佳的客户体验，使得移动互联网逐步融入人们生活的各个方面，促进了移动互联网应用的普及和繁荣。随着互联网经济的蓬勃发展，移动互联网业务的不断创新，4G技术已经越来越难以支撑新业务发展的需求。2013年开始，欧盟、中国、美国、日本、韩国先后开始推动第五代移动通信（5G）技术的研发，2018年12月，韩国率先推出了5G服务，这是第五代移动通信服务的全球首次商用，随后美国、中国等国家相继开启了5G商用。

5G技术已成为当今经济社会不可或缺的基础设施，预示着工业4.0时代的到来。其超高速、超大连接、超低时延的核心特性，结合万物互联的应用场景，预示着信息产业新一轮的革命性变革。5G引领的"互联网+"浪潮，正深刻影响着社会、经济与生活的每一个角落。这种深远影响，主要源于"互联网+"所具备的突破性、延展性和融合性。在5G的推动下，"互联网+"打破了传统产业界限，促进了信息技术与实体经济的深度融合，从而催生了全新的产业链和价值链。这种融合不仅重塑了商业竞争模式，还迫使企业不断创新技术，以适应新型互联网价值链，进而利用信息技术创造更大的价值，推动产业的转型升级。随着5G技术的迅猛发展，云计算、人工智能、大数据和物联网等新兴信息技术应运而生。这些技术通过更高效的信息交互，构建了新的价值体系，深入改变了原有价值链的各个环节，从而塑造了全新的经济生态。此外，5G引领的"互联网+"浪潮正在催生各种产业融合，如互联网与金融、外贸、农业和制造业的结合。这种融合通过信息化、智能化和个性化的变革，推动了多个环节的创新发展，为传统产业的优化升级注入了强大动力，从而引发了各行各业的深刻变革，为社会的各个方面带来了新的发展活力。

第二节 "互联网+"发展水平的指标体系构建

一、指导思想

党的十八大以来，以习近平同志为核心的党中央高度重视互联网、发展互联网、治理互联网，强调要走出一条中国特色治网之道。基于有关互联网发展内涵和指标体系的已有研究成果，本书以习近平新时代中国特色社会主义思想和习近平总书记关于构建网络空间命运共同体的重要论述为重要指引，构建能够更加科学客观地评价"互联网+"发展水平的指标体系，旨在探索互联网空间实现更好普及、高质量发展、安全有序、开放共享目标的有效途径。

二、构建原则

（1）全面普遍原则。指标体系按照习近平总书记关于构建网络空间命运共同体的重要论述，系统覆盖互联网综合发展相关重要领域。

（2）科学明确原则。指标选取应尽量避免主观性，理论要与实践相结合，严格按照互联网综合发展水平所涵盖的各个领域，在确保各一级指标相互联系且能够构成一个整体的同时，也要降低各指标的相关性和共线性，避免重复。

（3）持续易得原则。国际权威组织官网和国际权威报告是获取基础指标数据的最可靠途径，且容易取得，有利于指标得分的获取与比较，否则，会导致评价工作难以进行或难以科学评估。

（4）通用可比性原则。信息技术发展作为一个动态的过程，"互联网＋"发展水平是随着经济社会和科学技术的发展而不断变化的，同一国家在不同年份的"互联网＋"发展水平会有所变化。不同地区在同一年由于经济发展水平、政策与制度的不同，在"互联网＋"发展水平上也会存在差异。因此所编制的"互联网＋"发展水平指数需要可以同时进行空间维度比较和时间维度比较。

三、构建思路

基于《世界互联网发展报告》与《携手构建网络空间命运共同体》白皮书的内容，本书构建了一个能够全面、系统地衡量经济体"互联网＋"发展水平的指数。该指数围绕四个核心展开：互联网普及率、基础设施状况、网络安全性以及开放平台情况。为确保指数的客观性、科学性和实用性，我们遵循全面性、科学性、数据可得性、可比性等原则，为每个一级指标设定了具体的二级衡量标准。在互联网普及率方面，我们通过"使用互联网的人数占总人口的比例"这一数据来精确量化普及程度。这一指标直观地展现了互联网在日常生活中的渗透率和影响力。对于互联网基础设施，我们采用"每百人的固定宽带订阅数"和"每百人的移动蜂窝订阅数"两个数据点来评估。这些数字有效地反映了一个国家或地区互联网接入的便捷性和覆盖范围。在考量互联网安全性时，我们引入了"每百万人的安全互联网服务器数量"作为衡量标准。在评估互联网开放平台的发展情况时，我们选择了"电子商务协定生效的数量"作为参考。

四、计算方法

本书采用主成分分析法对指标体系进行计算，求出 125 个经济体的"互联网＋"发展水平，计算公式如下：

$$Score_{internet} = \sum_{m=1}^{f} W_m \sum_{i=1}^{g} (a_{ij} y_{ij}) \qquad (3-1)$$

其中，y_{ij} 表示第 j 个经济体的第 i 个二级指标在经过标准化处理后所得的值，标准化便于比较分析和消除各指标之间的计量单位和数量级的差异，具体公式为 $y_{ij} = \dfrac{x_{jmni} - x_{jmni(min)}}{x_{jmni(max)} - x_{jmni(min)}} \times 100$，$x_{jmni}$ 是各经济体第 i 个二级指标的原始数据，$x_{jmni(max)}$ 和 $x_{jmni(min)}$ 分别是各经济体第 i 个二级指标的最大值和最小值。$m=1,2,\cdots,f$，f 代表一级指标的个数；$i=1,2,\cdots,g$，g 代表某一个一级指标下的二级指标个数。W_m 为第 m 个一级指标的权重值；a_{ij} 表示第 j 个经济体第 i 个二级指标的权重。

五、"互联网＋"发展水平的指标体系构成

本书采用 1995～2020 年全球 125 个经济体相关数据测算了全球"互联网＋"发展水平，指标体系由 4 个一级指标和 7 个二级指标构成

（见表 3 – 1），主成分分析法权重结果见表 3 – 2。

表 3 – 1 　　　　　　　　　"互联网 +"发展水平指标体系构成

一级指标	二级指标	数据来源
互联网普及率	使用互联网人数（占总人口比例%）	世界银行的 WDI 数据库
	ICT 发展指数	国际电信联盟
互联网基础设施	固定宽带订阅（每百人）	世界银行的 WDI 数据库
	移动蜂窝订阅（每百人）	世界银行的 WDI 数据库
互联网安全性	安全互联网服务器（每百万人）	世界银行的 WDI 数据库
	全球网络安全指数	国际电信联盟
互联网开放平台	电子商务协定生效数（个）	WTO 的 RTA 数据库

表 3 – 2 　　　　　　　"互联网 +"发展水平指标体系一级指标权重

一级指标	二级指标	二级指标权重
互联网普及率	使用互联网人数（占总人口比例%）	0.1325
	ICT 发展指数	0.1251
互联网基础设施	固定宽带订阅（每百人）	0.1663
	移动蜂窝订阅（每百人）	0.1387
互联网安全性	安全互联网服务器（每百万人）	0.1014
	全球网络安全指数	0.1233
互联网开放平台	电子商务协定生效数（个）	0.2127

第三节 "互联网 +"发展水平的国际比较

一、全球"互联网 +"发展水平综合指数比较分析

（一）"互联网 +"发展水平综合指数逐年提升

当今世界正迎来百年未有之大变局，又正值新一轮科技变革，全球各经济体旨在将提升"互联网 +"发展水平、推进战略布局、抢占信息技术发展优势作为增强一国综合实力的重要组成部分，互联网普及率持续扩

大，互联网基础设施建设力度持续提升，互联网安全战略规划持续加码，互联网开放平台建设稳步推进。因此，全球"互联网＋"发展水平综合指数得分显著提升，本书考察的 125 个经济体得分均值从 1995 年的 16.79 分提升至 2020 年的 49.97 分（见图 3－1）。

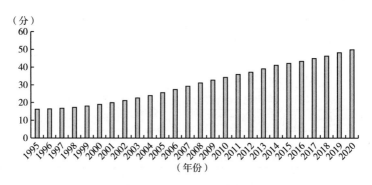

图 3－1　1995～2020 年世界 125 个经济体的"互联网＋"发展水平综合指数得分均值

（二）"互联网＋"发展水平综合指数呈现明显的阶梯状分布

2020 年，全球 125 个经济体"互联网＋"发展水平综合指数呈现分层次、阶梯状的分布特征，具体可分为领导型俱乐部、优质型俱乐部、发展型俱乐部、追赶型俱乐部、缓慢型俱乐部 5 个梯队（见表 3－3）。

表 3－3　　2020 年 125 个经济体"互联网＋"发展水平的俱乐部分类

俱乐部	得分	经济体
领导型俱乐部（13 个）	60 分及其以上	丹麦、荷兰、新加坡、美国、德国、爱沙尼亚、卢森堡、芬兰、英国、法国、爱尔兰、瑞士、瑞典
优质型俱乐部（23 个）	50（含）~60 分	捷克、中国香港、韩国、塞浦路斯、西班牙、葡萄牙、澳大利亚、比利时、马耳他、斯洛文尼亚、斯洛伐克、希腊、奥地利、加拿大、匈牙利、拉脱维亚、立陶宛、保加利亚、意大利、冰岛、日本、挪威、罗马尼亚
发展型俱乐部（30 个）	30（含）~50 分	克罗地亚、波兰、中国、新西兰、哥伦比亚、以色列、阿联酋、智利、沙特阿拉伯、泰国、越南、格鲁吉亚、俄罗斯、乌拉圭、文莱、特立尼达和多巴哥、巴拿马、塞尔维亚、马来西亚、阿曼、巴林、墨西哥、土耳其、摩尔多瓦、阿根廷、卡塔尔、秘鲁、乌克兰、毛里求斯、哈萨克斯坦

续表

俱乐部	得分	经济体
追赶型俱乐部（28个）	20（含）~30分	科威特、波黑、多米尼加共和国、阿塞拜疆、萨尔瓦多、亚美尼亚、牙买加、巴西、厄瓜多尔、突尼斯、巴拉圭、伊朗、摩洛哥、阿尔巴尼亚、吉尔吉斯斯坦、博茨瓦纳、蒙古、南非、菲律宾、黎巴嫩、阿尔及利亚、委内瑞拉、约旦、印度尼西亚、危地马拉、尼加拉瓜、埃及、洪都拉斯
缓慢型俱乐部（31个）	20分以下	玻利维亚、加纳、柬埔寨、斯里兰卡、科特迪瓦、纳米比亚、尼泊尔、印度、塞内加尔、孟加拉国、毛里塔尼亚、喀麦隆、塔吉克斯坦、冈比亚、尼日利亚、肯尼亚、马里、津巴布韦、贝宁、坦桑尼亚、巴基斯坦、赞比亚、卢旺达、刚果（布）、埃塞俄比亚、马达加斯加、莫桑比克、刚果（金）、马拉维、乌干达、布隆迪

注：表中各经济体按指数得分大小的顺序进行列示。

（三）"互联网＋"发展水平形成明显的区域发展格局

从五大洲的"互联网＋"发展水平综合指数得分均值看（见图3－2），由高到低分别是欧洲（53.88分）、大洋洲（53.52分）、美洲（32.02分）、亚洲（31.21分）和非洲（30.05分）。欧洲的"互联网＋"发展水平位列第一，欧洲国家在13个领导型俱乐部中占据11个名额，欧洲将继续夯实新一轮"互联网＋"发展的主动权。由于南北美洲之间存在较大差距，因此美洲仅排名第三，但美国在世界"互联网＋"发展中处于领导地位的局面短期内不会发生改变。亚洲虽然近年来经济发展迅速，区域不平衡也得到一定程度的改善，但与欧洲和大洋洲仍存在着明显差距。

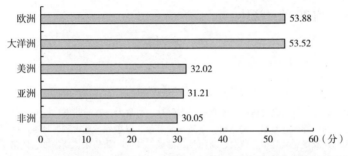

图3－2 2020年五大洲的"互联网＋"发展水平综合指数得分均值

根据世贸组织（WTO）和国际货币基金组织（IMF）等机构发布的资料，本书将125个经济体分为发达经济体和发展中经济体①。由图3-3可知，发达经济体和发展中经济体之间在"互联网＋"发展水平上仍然存在较深的"数字鸿沟"，"互联网＋"发展水平的落后对发展中经济体的整体发展构成严峻挑战。此外，发达经济体在各方面都处于领先地位，发达经济体在数字贸易规则治理上具有绝对话语权。

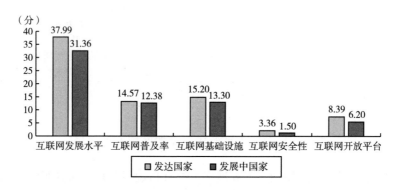

图3-3　2020年发达经济体与发展中经济体的"互联网＋"

发展水平及各一级指标指数得分均值

二、全球"互联网＋"发展水平指数一级指标比较分析

基于"互联网＋"发展水平指标体系，表3-4列出了互联网普及率、互联网基础设施、互联网安全性和互联网开放平台四个一级指标的2020年指数排名前20的经济体。

----

① 发达经济体包括澳大利亚、奥地利、比利时、加拿大、塞浦路斯、捷克、丹麦、爱沙尼亚、芬兰、法国、德国、希腊、匈牙利、冰岛、爱尔兰、以色列、意大利、日本、韩国、拉脱维亚、立陶宛、卢森堡、马耳他、荷兰、新西兰、挪威、波兰、葡萄牙、新加坡、斯洛伐克、斯洛文尼亚、西班牙、瑞典、瑞士、英国、美国。其他均为发展中经济体。

表 3-4　　　2020 年"互联网+"发展水平指数一级指标 20 强

排名	互联网普及率	互联网基础设施	互联网安全性	互联网开放平台
1	阿联酋	中国香港	美国	新加坡
2	卡塔尔	瑞士	丹麦	美国
3	英国	法国	荷兰	澳大利亚
4	德国	丹麦	新加坡	比利时
5	冰岛	德国	瑞士	奥地利
6	卢森堡	韩国	爱尔兰	保加利亚
7	挪威	荷兰	德国	克罗地亚
8	丹麦	挪威	爱沙尼亚	荷兰
9	新加坡	美国	芬兰	捷克
10	韩国	英国	中国香港	丹麦
11	美国	瑞典	捷克	法国
12	巴林	新加坡	冰岛	芬兰
13	瑞士	葡萄牙	斯洛文尼亚	爱沙尼亚
14	瑞典	阿联酋	保加利亚	德国
15	荷兰	卢森堡	立陶宛	爱尔兰
16	中国香港	希腊	卢森堡	匈牙利
17	西班牙	比利时	澳大利亚	希腊
18	加拿大	日本	加拿大	意大利
19	芬兰	加拿大	英国	拉脱维亚
20	沙特阿拉伯	冰岛	挪威	立陶宛

(一) 互联网普及率排名

随着互联网与人民生活的日益紧密,排名前列的经济体的互联网普及率都已经处在非常高的水平,其中,2020 年互联网普及率指数排名前 10 的经济体分别是阿联酋、卡塔尔、英国、德国、冰岛、卢森堡、挪威、丹麦、新加坡和韩国。中国在互联网普及率指数上排名第 79 位,如何提升互联网普及率是我国亟须解决的问题。

（二）互联网基础设施排名

各国高度重视网络基础设施建设，积极推进网络品质的升级，基础设施得分都在逐年提高，固定宽带订阅、移动蜂窝订阅比例持续提升。其中，2020年互联网基础设施指数排名前10的经济体分别是中国香港、瑞士、法国、丹麦、德国、韩国、荷兰、挪威、美国和英国，中国在125个经济体中排名第25位，而在1995～2010年，中国的互联网基础设施指数排名始终未能入榜全球60强，说明我国在互联网基础设施上取得了明显进步。

（三）互联网安全性排名

随着网络安全问题的重要性日益凸显，全球各经济体都在加强网络安全防护能力的建设，持续提升网络安全保障能力，推进网络安全产业快速发展。其中，2020年互联网安全性指数排名前10的经济体分别是美国、丹麦、荷兰、新加坡、瑞士、爱尔兰、德国、爱沙尼亚、芬兰和中国香港。中国的互联网安全性得分排名仅位于第60位，亟须加强网络安全方面的创新改革。

（四）互联网开放平台排名

经济全球化趋势不可逆转，构建区域贸易投资网络和互联网开放平台是发挥互联网规模经济的有效实施路径。其中，2020年互联网开放平台指数排名前十的经济体分别是新加坡、美国、澳大利亚、比利时、奥地利、保加利亚、克罗地亚、荷兰、捷克和丹麦。中国排名第34位，与先进经济体依然存在明显差距，中国迫切需要加快互联网行业的制度型改革。

三、重要经济体"互联网＋"发展水平指数分析

（一）丹麦"互联网＋"发展水平指数分析

2020年，丹麦在世界"互联网＋"发展水平指数中的得分排名居第1

位，其中，互联网普及率得分排名第 8 位，互联网基础设施得分排名第 4 位，互联网安全性得分排名第 2 位，互联网开放平台得分排名第 10 位。各一级指标得分见图 3-4。

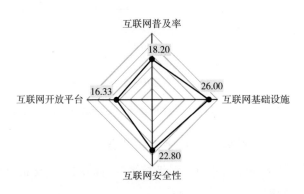

图 3-4 2020 年丹麦互联网发展水平指数一级指标得分

丹麦是全球互联网普及率最高的国家之一，超过 90% 的人口使用互联网，为互联网发展提供了强劲基础。同时丹麦的基础设施十分完善，宽带接入速度快且广泛覆盖。丹麦在数字经济方面表现出色，拥有较高的数字化程度和技术采用率，其数字技术和创新领域取得了显著进展。此外，丹麦政府也在积极推动数字化转型，提供高效的电子政务服务，包括在线纳税、政府服务和电子投票等。

（二）荷兰"互联网+"发展水平指数分析

2020 年，荷兰在世界"互联网+"发展水平指数中的得分排名居第 2 位，其中，互联网普及率得分排名第 15 位，互联网基础设施得分排名第 7 位，互联网安全性得分排名第 3 位，互联网开放平台得分排名第 8 位。各一级指标得分见图 3-5。

荷兰拥有先进的数字基础设施，包括高速宽带网络、广泛的无线网络覆盖和现代化的通信设施。荷兰的阿姆斯特丹是欧洲著名的科技创新中心，涌现出众多初创企业和科技公司。荷兰在电子商务和数字支付方面发

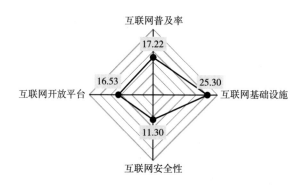

图 3 - 5 2020 年荷兰互联网发展水平指数一级指标得分

展迅速，有很高的在线购物和数字支付的普及率。荷兰推行开放数据政策，鼓励数据共享和开放创新，促进数字经济的发展，这也更有利于互联网开放平台的发展。

（三）新加坡"互联网+"发展水平指数分析

2020 年，新加坡在世界"互联网+"发展水平指数中的得分排名居第 3 位，其中，互联网普及率得分排名第 9 位，互联网基础设施得分排名第 12 位，互联网安全性得分排名第 4 位，互联网开放平台得分排名第 1 位。各一级指标得分见图 3 - 6。

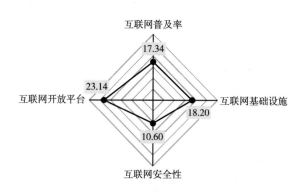

图 3 - 6 2020 年新加坡互联网发展水平指数一级指标得分

新加坡的营商环境一直处于全球前列，新加坡抢抓新一轮科技革命和产业变革机遇，对互联网发展相关的各项领域积极进行创新改革。

（四）美国"互联网＋"发展水平指数分析

2020 年，美国在世界"互联网＋"发展水平指数中的得分排名居第 4 位，其中，互联网普及率得分排名第 11 位，互联网基础设施得分排名第 9 位，互联网安全性得分排名第 1 位，互联网开放平台得分排名第 2 位。各一级指标得分见图 3－7。

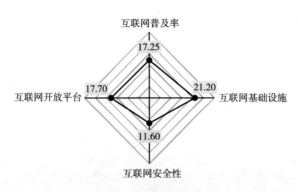

图 3－7 2020 年美国互联网发展水平指数一级指标得分

美国在人口基数较大的情况下，依然保持较高的互联网普及率，且在持续改善互联网基础设施建设。以 5G 项目为例，为促进本土 5G 技术研发并推广到国内外，美国先后发布《国家 5G 安全战略》《保障 5G 安全及其他法案》。在互联网普及率方面，为使边远地区同样以联网获取外界信息，并为人们提供更加优惠的宽带服务，SpaceX 公司已经提出卫星互联网计划并推动实施。然而，美国的数字鸿沟问题依然突出。美国布鲁金斯学会等机构指出，在新冠疫情期间，由于美国存在巨大数字鸿沟，部分有色人种、老年人、低收入人群以及部分农村地区人群无法获得某些数字产品和服务。

在互联网安全性方面，美国不断增强国家网络安全能力，网络安全水平保持全球领先地位。美国曾发生过比较多的网络安全事件，如微软 Exchange 软件漏洞、YouTube 受勒索攻击等。美国对此已采取多项防护措施，美国国务院甚至专门成立了网络安全和新兴技术局来应对网络安全和新兴技术威胁。美国总统签署了《关于改善国家网络安全的行政令》，要求美国联邦机构制定零信任安全架构的实施计划，以提升美国政府网络安全现代化、软件供应链安全、事件检测和响应能力以及应对威胁的整体抵御能力。

（五）德国"互联网＋"发展水平指数分析

2020 年，德国在世界"互联网＋"发展水平指数中的得分排名居第 5 位，其中，互联网普及率得分排名第 4 位，互联网基础设施得分排名第 5 位，互联网安全性得分排名第 7 位，互联网开放平台得分排名第 14 位。各一级指标得分见图 3－8。

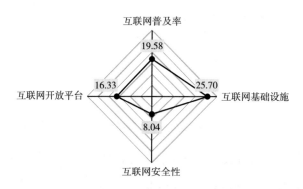

图 3－8　2020 年德国互联网发展水平指数一级指标得分

在互联网基础设施方面，德国在大力部署 5G 的同时，也在加快 6G 技术的研发。6G 接入、联网、自动化相关项目的资金由德国联邦教育和研究部直接提供支持。与此同时，德国在全球先进技术创新方面也走在世界前列，其重视发展创新集群，不断优化创新生态体系。

在网络安全方面，德国也是被攻击最多的经济体之一，联邦信息技术安全局发布的《2021 年信息技术安全报告》显示，在 2021 年，德国发现的恶意软件新变种数量达到 1.44 亿个，比 2020 年增加 22%。对此，2022 年德国联邦信息安全办公室发布了关于空间基础设施 IT 基线保护的概述文件，对卫星网络安全的保护要求进行了三个等级的划分，并嵌入卫星网络从建立开始的各个时期。

（六）中国"互联网＋"发展水平指数分析

2020年，中国在世界"互联网＋"发展水平指数中的得分排名居第39位，其中，互联网普及率得分排名第79位，互联网基础设施得分排名第25位，互联网安全性得分排名第60位，互联网开放平台得分排名第34位。各一级指标得分见图3－9。

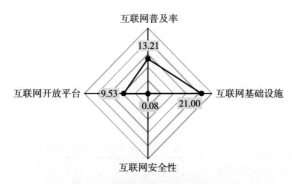

图3－9 2020年中国互联网发展水平指数一级指标得分

在互联网基础建设领域，中国移动在基础设施及应用设施的布局上正在有条不紊地推进。值得一提的是，中国的5G网络建设在全球已处于领先地位。目前我国5G网络已全面覆盖所有地级及以上城市。据国家互联网信息办公室公布的资料，截至2021年6月，全国5G基站数量已达到96.1万个。同时，随着中国科技创新的不断深化，自主创新能力日益增强，为互联网相关产业的发展注入了新的活力。在创新能力稳步提升的背景下，互联网技术在金融科技、产业数字化以及电子政务等多个领域都得到了广泛应用和深入体现。

在网络安全层面，习近平总书记多次出席世界互联网大会，并对网络安全提出了明确要求。国务院也发布了《携手构建网络空间命运共同体》，对网络安全的各个方面都作出了详尽的规定。得益于此，中国的网络安全保障能力持续提升，网络安全产业也在加速发展。根据相关数据，"十三五"期间，中国的网络安全产业展现出了高速增长的态势。涉足网络安全相关业务的企业数量急剧增加，其业务范围涵盖了网络安全设备、安全服务、安全软件以及安全集成等多个环节。

第四节 "互联网＋"背景下外贸新业态发展评价体系

本书从"互联网＋"的特征出发，在考虑制度保障的基础上，结合跨境电商、市场采购、外贸综合服务企业、保税维修、离岸贸易、海外仓等6种新业态新模式的特点，构建了"互联网＋"背景下外贸新业态发展评价体系（见表3-5）。

表3-5 　　　　　**"互联网＋"背景下外贸新业态发展评价体系**

一级指标	二级指标	衡量方式
互联网发展	信息化基础	光缆密度
		移动电话基站密度
	互联网普及率	互联网用户数
	互联网相关从业人员	计算机服务和软件从业人员占比
	互联网相关产出	人均电信业务总量
	互联网安全性	安全互联网服务器
	互联网开放平台	电子商务协定生效数
跨境电商	跨境电商规模	跨境电商出口额
	跨境电商结构	跨境电商出口总出口的比重
	政策支持	跨境电商综合试验区建设数量
		跨境电商零售进口试点城市数量
市场采购	市场采购规模	外国企业常驻代表机构
		外国采购商数量
	贸易便利化	环境政策透明度、规范性
		通关税收成本
		口岸效率

续表

一级指标	二级指标	衡量方式
外贸综合服务企业	融资支持	企业融资成本
		企业融资额
	贸易服务	贸易进出口额
		出口退税额
		海关通关效率
保税维修	保税服务	保税区数量
	技术创新	FDI 流入量占 GDP 比重
		专利产出数量
	产业结构升级	第三产业增加值与第二产业增加值的比值
离岸贸易	贸易规模	离岸贸易交易额
		离岸贸易货运量
	商品结构	分商品种类的离岸贸易额
	企业税负	企业离岸贸易税额占营业利润的比例
	人才队伍	离岸贸易企业本科以上人数
海外仓	境外仓规模	海外仓数量
		海外仓面积
	跨境分布	海外仓覆盖国家（或地区）数
政策环境	ICT 政策环境	推动信息技术产业发展以及促进营商安全的政策
	知识产权保护	知识产权保护指数
	区域贸易协定	区域贸易协定深度

第一，互联网发展。互联网发展可以降低国际贸易的搜寻成本和交流成本，减少信息不对称（Atkeson and Burstein，2008），提高沟通、交流效率，进而促进贸易规模的提升。本书参考刘军等（2020）和石薇等（2023）关于互联网发展水平的测度，从信息化基础、互联网安全性等维度综合测度互联网发展。

第二，跨境电商。电子商务背景下生产商可以直接与消费者接触，减少了因信息不对称所引起的中介交易成本（Gomez-Herrera and Turlea，2014）；同时，跨境电商对于互联网技术的运用，可大大缩短贸易距离，降低与此相关的各种交易成本（Anderson，2022），有利于贸易国际竞争力的提升。

第三，市场采购。市场采购拥有专业市场集群和较高的区域产业联动效率，区际专业分工提供规模经济效应，从而形成高效率的国际贸易。这种贸易形式需要较强的市场监管来保障产品质量，从而进一步推进贸易规范化、便利化、国际化（陆立军和杨海军，2007）。

第四，外贸综合服务企业。外贸综合服务企业能够为中小外贸企业提供或代办一系列的公共服务和商业服务。帮助中小企业解决业务流程复杂，能力、资源有限，成本高等问题，有效防范外部风险。本书根据外贸综合服务企业在报关、出口退税、融资等方面（王鑫，2015）的服务，制定相应评价指标。

第五，保税维修。保税区建设有利于促进城市内部产业链合理化，带动产业结构多样化；同时，外资企业进驻、产业链上下游高端关联，对企业间知识流动和技术创新起到显著积极作用（Zhang，2019）。因此，本书从产业结构优化、技术创新等方面制定了相应评价指标。

第六，离岸贸易。贸易中间商作为离岸贸易主体，利用其发达的贸易网络可以实现全球资源的优化配置（沈克华和彭羽，2013）。离岸贸易通过对相关服务的集成，实现交易环节成本最小化，对促进服务贸易结构升级，提高国际贸易地位具有重要作用。本书根据离岸贸易的主要特点从贸易规模、商品结构、企业负税、人才队伍等方面对其进行测度。

第七，海外仓。海外仓储可以大大缩短运输时间，降低物流成本，帮助企业抢占境外市场，提升企业国际竞争力（钱慧敏和何江，2016）。海外仓储水平可以从海外仓规模和跨境分布两个维度进行测度。

第八，政策环境。一方面，"互联网+背景下的贸易新业态"是以数字技术为支撑的。而信息通信技术（ICT）作为数字技术的基础，在促进产业结构升级，提升贸易竞争力方面具有重要作用（徐伟呈等，2022）。另一方面，全球价值链分工细化是当前国际贸易的重要特征。签订区域贸易协定有助于降低各种贸易成本，促进总贸易、中间品贸易与增加值贸易（许亚云等，2020）；同时区域贸易协定深度增加有助于成员向全球价值链上游攀升

（韩剑和王灿，2019）。此外，知识产权保护为创新产出提供保护，激励创新活动，促进创新能力、知识存量提升，从而提升产品质量与全球价值链分工水平（吴超鹏和唐菂，2016）；同时，知识产权保护制度可以在一定程度上对数据加以保护，促进互联网发展（欧忠辉等，2024）。

由于目前外贸新业态的发展仍处于初级阶段，因此国际权威组织对外贸新业态的六种模式的数据非常缺乏，因此，无法通过该评价体系进行具体量化并测度，本书仅尝试性地设计这一套评价体系。

第五节 本章小结

目前，国内外形势不确定性增加，新冠疫情、俄乌冲突、信息技术革命对全球经济社会发展、人类生产生活方式造成广泛而深远的影响。其中，互联网作为数字技术的主导力量之一，已经成为各国应对百年未有之大变局的重要推动力量。本章首先系统阐述了互联网信息技术的发展史，主要分为技术萌芽阶段、网络互联网发展阶段、互联网1.0阶段、互联网2.0阶段、移动互联网阶段以及"互联网＋"阶段。然后基于世界互联网发展形势，设立了4个一级指标，7个二级指标，建立"互联网＋"发展水平指数，测算出1995~2020年全球125个经济体"互联网＋"发展水平，客观全面地反映了世界各经济体"互联网＋"发展水平变化趋势和特征。"互联网＋"发展水平指数得分显示：（1）全球"互联网＋"发展水平综合指数得分得到显著提升，从1995年的16.79分提升至2020年的49.97分。（2）2020年，"互联网＋"发展水平指数呈现明显的阶梯状分布，具体分为领导型俱乐部（13个）、优质型俱乐部（23个）、发展型俱乐部（30个）、追赶型俱乐部（28个）、缓慢型俱乐部（31个），其中丹麦、荷兰、新加坡、美国、德国、爱沙尼亚、卢森堡、芬兰、英国和法国进入世界10强排行榜。（3）"互联网＋"发展水平指数也呈现出明显的区域发展格局，由高到低分别是欧洲、大洋洲、美洲、亚洲和非洲。同时，发达经济体与发展中经济体之间存在明显差距。(4) 2020 年,中国在全球"互联网 +"发展水平指数中的得分排名居第 39 位,处于全球第三梯队(发展型俱乐部)。其中,互联网普及率得分排名第 79 位、互联网基础设施得分排名第 25 位、互联网安全性得分排名第 60 位、互联网开放平台得分排名第 34 位,中国需要迫切对互联网发展相关的各项领域进行改革创新。

第四章

外贸新业态的发展现状分析

第一节　外贸新业态的国际比较分析

目前，关于外贸新业态国际测算指标尚未达成共识。腾讯研究院发布的《中国"互联网＋"指数报告（2018）》和中国信息通信研究院2020年发布的《中国数字经济发展白皮书》中将信息与通信技术（information and communications technology，ICT）贸易规模作为测算新型贸易方式的重要指标。同时，《中国数字贸易发展报告（2022）》指出，数字贸易是当今数字经济时代的重要贸易形态，它已成为国际贸易发展的新趋势和经济的新增长点。鉴于此，本书通过 ICT 货物贸易规模、ICT 服务贸易规模以及数字贸易发展情况三个方面分析全球外贸新业态的发展。

一、ICT 货物贸易发展

（一）快速发展阶段

21 世纪初，随着信息技术的高速发展和变革，全球货物贸易的发展注入了新动力。制造业服务化和服务业数字化趋势正在革新传统发展业态和模式，加速重构全球价值链。ICT 货物贸易成为了全球货物贸易的重心，2003～2014 年，全球 ICT 货物贸易总额从 2.07 万亿美元增长到 4.15 万亿美元，年均增长率为 6.50%，但其占全球货物贸易的比重缓慢下降，从 2003 年的 13.5% 下降至 2014 年的 10.9%（见图 4-1）。

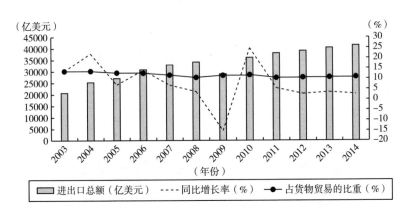

图 4-1 2003～2014 年全球 ICT 货物贸易进出口总额和同比增长率

资料来源：联合国贸发会议数据库。

欧美发达经济体利用自身经济基础和技术优势在新的全球贸易变革初期占据了领先位置。2003～2014 年，发达经济体的 ICT 货物贸易总额从 12032.32 亿美元增长到 16551.66 亿美元，年均增长率为 2.94%，在全球 ICT 货物贸易总额中的占比从 57.99% 逐步下滑至 39.90%。同时长期保持逆差，并不断扩大，从 2003 年的 912.42 亿美元增长到 2014 年的 3579.89 亿美元。发展中经济体正在利用信息化革命不断实现赶超，2003～2014 年，发展中经济体的 ICT 货物贸易总额从 8716.62 亿美元增长到 24933.27 亿美元，年均增长率为 10.23%，远超过发达经济体。从图 4-2 中可以清楚地看出 2008 年成为分界点，发展中经济体超过发达经济体，成为了 ICT 货物贸易的主体。

亚洲 ICT 货物贸易从 2003 年的 10323.15 亿美元上升到 2014 年的 26145.35 亿美元。2003 年以来，亚洲一直是全球 ICT 货物贸易占比最高

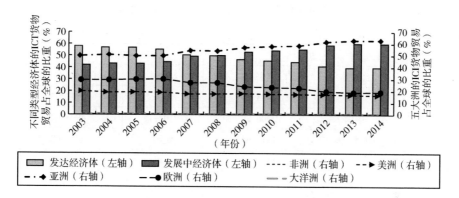

图 4 - 2　2003～2014 年全球 ICT 货物贸易分布情况

资料来源：联合国贸发会议数据库。

的洲，从 2003 年的 49.75% 上升至 2014 年 63.02%，同时保持了较好的增速，年均增长率为 8.82%。欧洲是全球 ICT 货物贸易的第二大洲，2003～2014 年的年均增长率仅为 2.49%，且占全球 ICT 货物贸易的比重一直在下降，从 2003 年的 29.24% 下降到 2014 年的 19.17%。美洲是全球 ICT 货物贸易的第三大洲，2003～2014 年的年均增长率为 4.71%，占全球 ICT 货物贸易的比重稳中有降，从 2003 年的 19.81% 下滑至 2014 年 16.44%。2003～2014 年，大洋洲和非洲的 ICT 货物贸易占全球 ICT 货物贸易的比重不足 2%，但是这两大洲保持了比较好的增速，非洲的年均增长率为 9.95%，领先于其他四大洲；大洋洲的年均增长率为 5.98%（见图 4-2）。

美国是信息通信技术的领导者，在 2005 年之前美国也一直是全球 ICT 货物贸易最大的经济体。中国是 ICT 货物贸易的快速增长者，并在 2005 年超越美国，成为全球第一。同时，2003～2014 年，中国的 ICT 货物贸易的年均增长率为 14.66%，远高于美国的 3.92%，逐渐成为 ICT 货物贸易的领导者。2003 年，ICT 货物贸易排名前 10 的经济体中，亚洲有 7 个，欧洲有 2 个；2013 年亚洲虽然只有 6 个，但排名更为靠前（见表 4-1）。

表 4 – 1   2003 年和 2014 年全球排名前 10 的 ICT 货物贸易经济体

单位：百万美元

排名	2003 年		2014 年	
	经济体	ICT 货物贸易总额	经济体	ICT 货物贸易总额
1	美国	2983.11	中国	9937.25
2	中国	2206.20	中国香港	4998.62
3	中国香港	1518.64	美国	4553.62
4	日本	1470.60	新加坡	2123.96
5	新加坡	1293.49	韩国	1734.06
6	德国	1215.74	中国台湾	1693.59
7	韩国	986.65	德国	1617.85
8	英国	918.76	日本	1492.49
9	中国台湾	907.64	墨西哥	1275.99
10	马来西亚	867.63	荷兰	1274.05

资料来源：联合国贸发会议数据库。

（二）全球化发展阶段

2015 年以来，全球 ICT 货物贸易总额一直保持较好的增速，年均增长率为 4.91%，在全球货物贸易总额中所占的比重也有所提升。2020 年新冠疫情暴发后，各个行业都更为广泛地应用机器人和人工智能，使得对信息与通信技术的需求越来越大，2020 年全球 ICT 货物贸易总额同比增长 14.06%，2021 年更是高达 16.21%（见图 4 – 3）。

随着信息化革命的不断深化，全球贸易的方式、内容和结构都发生了深刻的变化。发展中经济体正在利用信息化变革实现对发达经济体的赶超，2015 年发展中经济体的 ICT 货物贸易总额占全球的比重为 61.35%，逐步上升至 2021 年的 63.73%（见图 4 – 4），2015 ~ 2021 年的年均增长率为 6.82%，高于发达经济体的年均增长率 5.03%。

2015 ~ 2021 年全球 ICT 货物贸易总额在五大洲的分布保持稳定发展的态势，亚洲是全球 ICT 货物贸易第一大洲，在全球 ICT 货物贸易总额中的

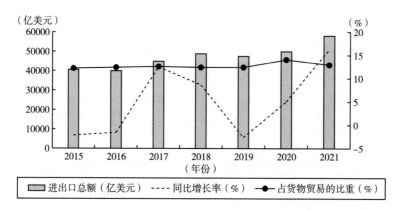

图 4 – 3　2015 – 2021 年全球 ICT 货物贸易进出口总额和同比增长率

资料来源：联合国贸发会议数据库。

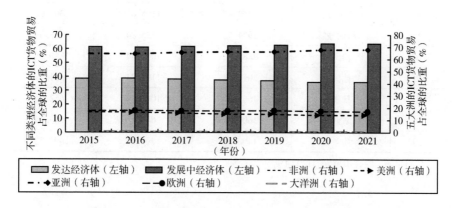

图 4 – 4　2015 ~ 2021 年 ICT 货物贸易全球分布情况

资料来源：联合国贸发会议数据库。

占比由 64.42% 逐步攀升至 67.90%，2015 ~ 2021 年的年均增长率为 7.08%；欧洲和美洲分别为全球 ICT 货物贸易第二大洲和第三大洲，在全球 ICT 货物贸易总额中的占比都呈现下滑趋势，2015 ~ 2021 年的年均增长率分别为 5.49% 和 3.36%。非洲和大洋洲在全球 ICT 货物贸易总额中的占比仍然不足 2%，并有进一步下降的趋势。2015 ~ 2021 年，大洋洲 ICT 货物贸易的年均增长率为 4.38%，而非洲 ICT 货物贸易是负增长，年均增长率为 – 3.69%。

伴随着信息化社会的到来，全球各经济体加速推动 ICT 货物贸易的发展。2021 年全球排名前 10 的 ICT 货物贸易经济体与 2014 年相比，变动并不大，前三名的经济体仍然是中国、中国香港和美国。中国以绝对优势位居榜首，为了抗击新冠疫情，中国促进"互联网 + 传统产业"的快速发展，推动了经济和贸易的复苏。2021 年全球排名前 10 的 ICT 货物贸易经济体中，亚洲有 7 个，欧洲 2 个（见表 4 - 2）。

表 4 - 2　　　　2021 年全球排名前 10 的 ICT 货物贸易经济体　单位：百万美元

排名	经济体	进出口总额	进口额	出口额
1	中国	14939.83	6364.79	8575.04
2	中国香港	8207.91	4103.13	4104.78
3	美国	5695.49	4106.23	1589.26
4	中国台湾	3459.67	1155.65	2304.02
5	新加坡	2924.92	1336.84	1588.08
6	韩国	2885.72	1005.44	1880.28
7	德国	2017.41	1196.23	821.18
8	日本	1661.80	1009.79	652.01
9	马来西亚	1607.30	644.16	963.14
10	荷兰	1490.33	797.83	692.50

资料来源：联合国贸发会议数据库。

二、ICT 服务贸易发展

（一）快速发展阶段

2005 ~ 2014 年，全球 ICT 服务贸易的出口规模保持较高的增速，从 2005 年的 1667.12 亿美元增长到 2014 年的 4492.25 亿美元，平均年增长率达到了 11.64%，超过了全球服务贸易出口的平均年增长率 7.72%。同时 ICT 服务贸易的出口额占服务贸易的出口额的比重从 2005 年的 6.20% 逐步上升至 2014 年的 8.56%。2008 年的金融危机同样导致 ICT 服务贸易 2009 年出现同比下降 - 1.92%，之后波动性上涨（见图 4 - 5）。

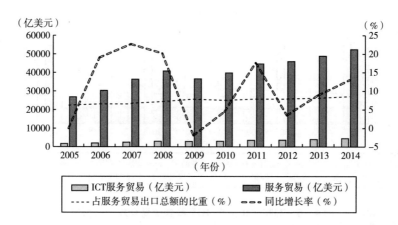

图4-5 2005~2014年ICT服务贸易出口额占服务贸易出口总额的比重和增长率

资料来源：联合国贸发会议数据库。

欧洲是全球服务贸易第一大洲，同时也是ICT服务贸易出口的第一大洲。欧洲ICT服务贸易的出口额从2005年的1080.14亿美元增长到2014年的2678.17亿美元，平均年增长率为10.62%，在全球ICT服务贸易总额中的占比从2005年的64.79%下滑至2015年的58.12%。亚洲的ICT服务贸易的出口额从2005年的349.86亿美元增长到2014年的1250.81亿美元，平均年增长率为15.21%，是全球增速最快的洲，同时在全球ICT服务贸易总额中的占比也从2005年的20.99%上升到2021年的29.30%（见图4-6）。

美洲是ICT服务贸易出口的第三大洲，从2005年的197.70亿美元增长到2014年的467.07亿美元，平均年增长率为10.02%，在全球ICT服务贸易总额中的占比保持在11%上下波动。大洋洲和非洲的ICT服务贸易出口在全球ICT服务贸易出口中的占比不足3%，并在2015年下降至2%以内，2005~2014年非洲年均增长率为13.02%，大洋洲年均增长率仅为6.17%，是全球增长最慢的洲（见图4-6）。

发达经济体ICT服务贸易的出口额从2005年的1324.07亿美元增长到2014年的3244.04亿美元，平均年增长率为10.47%，其中2007年发达经济体的增长率最大为21.54%。发展中经济体ICT服务贸易的出口额

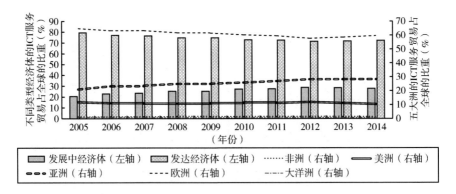

图 4 - 6 2005～2014 年 ICT 服务贸易全球分布情况

资料来源：联合国贸发会议数据库。

从 2005 年的 343.05 亿美元增长到 2014 年的 1248.21 亿美元，平均年增长率为 15.43%，高于发达经济体，其中 2006 年发达经济体的增长率最大为 32.31%。2005～2014 年，发达经济体在全球 ICT 服务贸易的出口额占有绝对的优势，但比重从 79.42% 下滑至 71.19%，发展中经济体虽然总体处于弱势，但占比不断上升（见图 4 - 6）。

全球信息化革命起源于美国，其领先的技术水平和良好的经济基础都为美国的 ICT 服务贸易的发展铺平了道路。2005～2014 年，美国一直是全球 ICT 服务贸易出口最大的经济体。爱尔兰的服务业发展基础好，服务贸易对外开放水平较高，代表着服务贸易发展方向的 ICT 服务贸易发展迅速，是 2005～2014 年 ICT 服务贸易的第二大经济体。相比于 2005 年，2014 年印度 ICT 服务贸易的排名从第 5 位上升到了第 3 位，中国从第 9 位上升到第 8 位，而荷兰（第 6 位）、法国（第 7 位）、瑞典（第 9 位）和新加坡（第 10 位）则是新上榜的经济体（见表 4 - 3）。

表 4 - 3 2005 年和 2014 年 ICT 服务贸易经济体排名 单位：亿美元

排名	2005 年		2014 年	
	经济体	进出口总额	经济体	进出口总额
1	美国	292.73	美国	672.56
2	爱尔兰	237.28	爱尔兰	586.23

续表

排名	2005 年		2014 年	
	经济体	进出口总额	经济体	进出口总额
3	德国	233.73	印度	582.28
4	英国	188.96	德国	524.60
5	印度	179.56	英国	387.79
6	比利时	69.32	荷兰	382.08
7	加拿大	69.27	法国	367.40
8	以色列	48.88	中国	309.21
9	中国	45.49	瑞典	232.85
10	日本	43.22	新加坡	231.85

资料来源：联合国贸发会议数据库。

2005～2014 年，全球 ICT 服务贸易排名前 10 的经济体中只有 2 个发展中经济体：印度和中国，同时这两个经济体的位次保持上升的态势。虽然全球 ICT 服务贸易由发达经济体主导，但发展中经济体呈现良好的增长态势。

（二）全球化发展阶段

随着全球信息化的快速发展，信息技术对各传统行业渗透和融合也不断加快，促进了 ICT 服务贸易的发展。全球 ICT 服务贸易的出口额从 2015 年的 4550.06 亿美元增长到 2021 年的 8484.11 亿美元，平均年增长率达到了 10.94%，远远高于全球服务贸易出口的年均增长率 3.25%，同时 ICT 服务贸易的出口额占服务贸易的出口额的比重从 2015 年的 9.08% 逐步上升至 2021 年的 13.97%。2020 年新冠疫情暴发，使得 ICT 服务贸易的出口额增速减缓，新冠疫情也加速了各行业信息化智能化的进程，使得 2021 年 ICT 服务贸易出口同比增长 19.70%，是 2008 年金融危机以来的最高增速（见图 4 -7）。

2015～2021 年，ICT 服务贸易出口在全球大洲的分布没有发生大变化。欧洲是全球 ICT 服务贸易出口的第一大洲，其出口额从 2015 年的 2644.31 亿美元增长到 2021 年的 4931.08 亿美元，平均年增长率为 10.94%，占全球

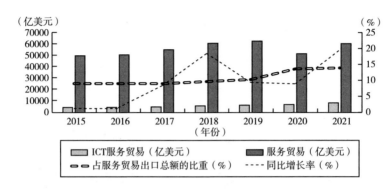

**图4-7 2015~2021年ICT服务贸易出口额占服务
贸易出口总额的比重和增长率**

资料来源：联合国贸发会议数据库。

ICT服务贸易出口总额的比重几乎维持在58%左右。亚洲ICT服务贸易的出口额从2015年的1332.97亿美元增长到2021年的2658.75亿美元，平均年增长率为12.20%，仍然是全球增速最快的洲，占全球ICT服务贸易出口总额的比重略有上升，从29.30%上升到31.34%（见图4-8）。

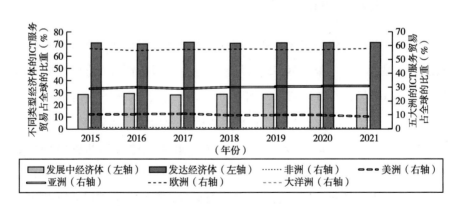

图4-8 2015~2021年ICT服务贸易全球分布情况

资料来源：联合国贸发会议数据库。

美洲ICT服务贸易的出口额从2015年的486.24亿美元增长到2021年的769.79亿美元，平均年增长率为7.96%，占全球ICT服务贸易出口总额的比重略有下降，从10.69%下降到9.07%。大洋洲和非洲ICT服务贸易出口在全球 ICT 服务贸易出口中的占比不足 2%，并有不断下降的趋势，2015～2021 年大洋洲年均增长率仅为 10.05%，非洲年均增长率仅为 4.04%，是全球增长最慢的洲。

ICT 服务贸易出口更为倚重，出口国自身的 ICT 产业发展、相关的政策法规使得发达经济体具有更大的优势。发达经济体 ICT 服务贸易的出口额从 2015 年的 3239.03 亿美元增长到 2021 年的 6061.09 亿美元，平均年增长率为 11.01%。发展中经济体 ICT 服务贸易的出口额从 2015 年的 1311.03 亿美元增长到 2021 年的 2423.02 亿美元，平均年增长率为 10.78%，略低于发达经济体。2015～2021 年，发达经济体 ICT 服务贸易的出口占全球的比重一直保持在 71% 左右，优势地位稳固（见图 4-8）。

由于部分经济体统计数据缺失，ICT 服务贸易经济体排名只能更新到 2019 年。2018 年爱尔兰 ICT 服务贸易总额超过美国，成为全球 ICT 服务贸易第一大经济体，并逐步拉大与第二大经济体美国的差距。相比于 2014 年，2019 年中国从第 8 位上升第 3 位，法国从第 7 位上升第 6 位，新加坡从第 10 位上升第 9 位。日本又重新回到全球 ICT 服务贸易排名的第 10 位（见表 4-4）。

表 4-4　　　　　2019 年 ICT 服务贸易排名前 10 位的经济体　　　单位：亿美元

排名	经济体	进出口总额
1	爱尔兰	1388.00
2	美国	852.73
3	中国	806.45
4	印度	737.89
5	德国	732.95
6	法国	417.33
7	英国	389.22
8	荷兰	378.51
9	新加坡	290.15
10	日本	278.50

资料来源：联合国贸发会议数据库。

三、可数字化交付的服务贸易发展

据联合国贸发会议（UNCTAD）统计，全球范围内以可数字化交付的服务贸易出口额从 2010 年 1.84 亿美元增长至 2022 年 3.94 亿美元，呈快速增长的态势，增长率高达 114%，年均增长 9.5%。与此同时，可数字化交付服务贸易占服务贸易总额的比重自 2010～2020 年呈现稳步增长的态势，2020 年占比达到峰值，高达 63.02%，但 2020 年之后，在新冠疫情的影响之下，比重有所下降（见图 4-9）。以上结果表明数字服务贸易逐渐成为数字经济时代重要的贸易形态。

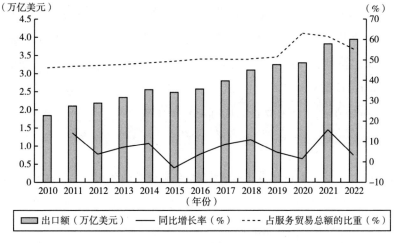

图 4-9 2010～2022 年全球可数字化交付的服务贸易出口情况

资料来源：联合国贸发会议数据库。

进一步地，本书按照发达经济体、发展中经济体进行分析，以更清晰地了解全球可数字化交付的服务贸易发展格局。由图 4-10 可知，2010～2022 年，发达经济体和发展中经济体可数字化交付的服务贸易出口额均呈现稳步增长的态势。其中，发达经济体增速达 99.73%，年均增长 8.31%；发展中经济体增速更是高达 176.75%，年均增长 14.73%。发展中经济体由于自身数字贸易体量小，发展空间巨大，而发达经济体在庞大数字服务贸易体量基础上仍然能够以较快的速度增长，这再次表明数字服务贸易正在逐渐成为国际贸易新业态。从可数字化服务贸易占服务贸易总额的比重来看，发达经济体以及发展中经济体的发展态势均与世界整体发展态势（见图 4-9 和图 4-10）保持一致。

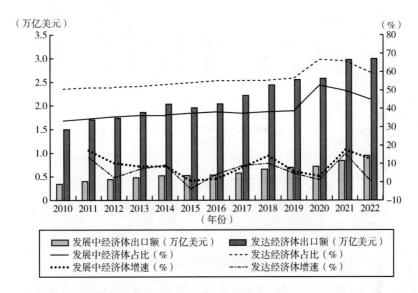

图 4-10 2010~2022 年发达经济体与发展中经济体可数字化交付的服务贸易发展情况
资料来源：联合国贸发会议数据库。

从五大洲的发展情况来看（见图 4-11），全球可数字化交付的服务贸易出口额主要以欧洲、亚洲以及美洲为主，相比之下，大洋洲和非洲体量较小。从增长速度来看，五大洲呈现出相似的波动发展态势。从可数字化服务贸易出口额占服务贸易出口额比重来看，五大洲呈现出相似的"增长—下降"态势（这与图 4-9 所示全球发展态势一致），下降拐点发生于 2020 年以及 2021 年，这说明新冠疫情对全球贸易产生了严重的负面影响。从占比的具体情况来看，非洲和大洋洲均处于 50% 以下，欧洲和美洲始终高于 50%，峰值达到 71.14%，亚洲于 2020 年达到最高 57.06%，但 2022 年回落至 49.75%。以上结果表明，世界各大洲可数字化交付的服务态势整体呈现较好的发展态势。

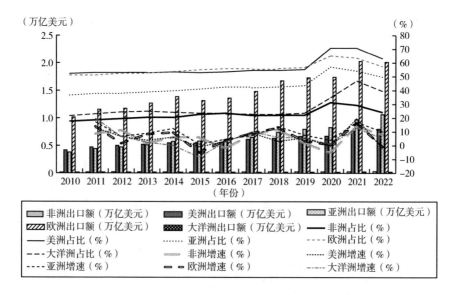

图4-11 2010～2022年五大洲可数字化交付的服务贸易发展情况

资料来源：联合国贸发会议数据库。

表4-5显示了2022年全球主要经济体可数字化交付的服务贸易规模及增速，美国可数字化交付的服务贸易总额以10.35亿美元高居全球第一，爱尔兰和英国分居第二、第三名，中国2022年贸易总额达3.64亿美元，表现较好。从增长速度来看，印度贸易总额增速高达22.7%，出口和进口增速分别为26%、15.5%，远远领先于其他经济体，与此同时，英国、法国以及日本在贸易总额、进口、出口三方面均出现负增长。中国在出口方面表现优秀，2022年增速高达7.2%，但进口有所下降，整体而言表现较好。

表4-5 2022年全球主要经济体可数字化交付的服务贸易规模及增速

经济体	进出口总额		出口额		进口额	
	金额 （亿美元）	同比增长 （%）	金额 （亿美元）	同比增长 （%）	金额 （亿美元）	同比增长 （%）
美国	10.35	5.9	6.46	4.9	3.88	7.6
爱尔兰	6.47	2.8	3.03	-0.6	3.44	5.9
英国	5.55	-2.0	3.75	-0.5	1.80	-4.8

续表

经济体	进出口总额		出口额		进口额	
	金额（亿美元）	同比增长（%）	金额（亿美元）	同比增长（%）	金额（亿美元）	同比增长（%）
德国	4.47	-2.7	2.32	-6.0	2.15	1.2
中国	3.64	3.1	2.05	7.2	1.59	-1.7
荷兰	3.36	1.5	1.66	3.2	1.70	0
印度	3.28	22.7	2.32	26.0	0.96	15.5
新加坡	3.03	2.3	1.64	4.2	1.39	0.1
法国	2.92	-0.5	1.48	-0.8	1.44	-0.2
日本	2.58	-4.1	1.13	-6.2	1.44	-2.4

资料来源：联合国贸发会议数据库。

第二节 我国外贸新业态的发展情况

一、跨境电商

（一）发展历程

自 2004 年起，我国跨境电商出口规模一直保持着稳健的增长态势。根据商务部发布的《中国跨境电商出口合规发展报告》，跨境电商出口历程可划分为三个阶段。

首先是行业探索期，这一阶段始于 2004 年并延续至 2011 年。在这一时期，我国跨境电商出口主体主要聚焦于交易服务的发展，实现从"黄页时代"到线上交易时代的跨越。跨境电商 B2B 出口企业逐渐从单纯的信息撮合模式转型为以交易佣金为主导，并辅以多种增值服务的盈利模式，例如阿里巴巴国际站、中国制造网等平台。同时，B2C 出口企业也如雨后春笋般涌现，如易宝（Deale Xtreme）、兰亭集势等，这些企业通过缩减出口贸易的中间环节，以佣金和服务费为主要盈利模式。

紧接着是快速扩张期，这一阶段从 2012 年持续到 2018 年。在此期间，行业生态不断完善，市场规模显著扩大，渠道、平台与品类均实现了快速拓展，全链路线上化成为主流。国内商家借助国内外跨境电商平台，如亚马逊、eBay 等，迅速打开国际市场。同时，跨境电商独立站也进入了成长期，随着对营销、交易、支付、通关、结算、物流、金融等功能的深入开发，大量外贸综合服务企业崭露头角，为我国品牌出海提供了有力支持。

最后是高质量发展新阶段，自 2019 年至今，我国跨境电商出口进入了一个全方位、立体化的发展阶段。在这一阶段，我国跨境电商出口加速构建品牌、渠道、供应链、营销等多方面的优势。然而，受世界秩序中的动荡因素影响，我国跨境电商出口也面临着需求变化、成本上涨、消费信心不足等挑战。为了应对这些挑战，各大跨境电商出口平台更加注重品牌培育，为商家提供全方位、一站式的外贸供应链服务，同时社交、直播、独立站等也成为跨境电商出口的重要推广方式。

（二）发展现状

1. 规模稳步增长

目前，我国跨境电商展现出蓬勃发展的良好态势，其中跨境出口业务占据核心地位。海关总署数据显示，2022 年我国跨境电商贸易规模已跃升至 2.11 万亿元，相较于 2021 年的 1.92 万亿元，实现了 9.8% 的同比增长（见图 4 - 12）。在贸易结构方面，2022 年我国跨境电商出口总额达到 1.55 万亿元，同比增长了 11.7%；而进口方面则为 0.56 万亿元，同比增长 4.9%。此外，根据海关总署的初步测算，2023 年我国跨境电商市场规模进一步攀升至 2.38 万亿元，其中出口跨境电商达到 1.83 万亿元，进口额为 0.55 万亿元。总体看来，我国跨境电商的进出口规模继续保持稳健增长的态势。

2. 消费品占比进一步提升

海关总署统计数据显示，2022 年我国出口跨境电商的产品构成中，

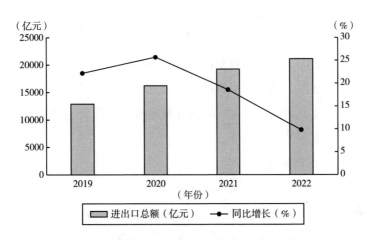

图 4 - 12　2019～2022 年中国跨境电商市场规模及同比增速

资料来源：中华人民共和国海关总署。

消费品占比高达 92.8%，较上年同期上升了 1 个百分点。具体来看，服饰鞋包类商品占据了 33.1% 的份额，手机等电子产品紧随其后，占到了 17.1%，而家居家纺用品则占据了 7.8% 的比例。在进口商品方面，消费品的占比更是高达 98.3%，较上年增加了 1.7 个百分点。其中，美妆及洗护用品占比达到 28.4%，食品生鲜和医药及医疗器械分别以 14.7% 和 13.9% 的占比位居其后，奶粉则占据了 12.9% 的份额。这一数据充分说明，跨境电商正在为全球消费者带来前所未有的购物选择和便利，越来越多的消费者能够享受到来自世界各地的优质商品。

3. 贸易对象多元化

从贸易伙伴的角度来看，我国跨境出口电商的合作伙伴正展现出日益多元化的趋势。海关总署数据显示，在出口目的地方面，2022 年美国以 34.3% 的出口额占比，稳居我国跨境出口电商的首要目的地，而英国、德国、马来西亚和俄罗斯则分别以 6.5%、4.6%、3.9% 和 2.9% 的份额紧随其后。此外，新加坡、日本、加拿大、法国、泰国、菲律宾、巴西、越南等国家的占比也在逐渐提升。随着一系列自由贸易协定及《区域全面经济伙伴关系协定》的落地实施，新兴市场正逐渐成为跨境卖家竞相挖掘的新宝藏，其中东南亚市场的崛起尤为引人注目。

而在进口来源地方面，日本以21.7%的占比成为中国跨境电商进口的重要货源地，美国、澳大利亚和法国也分别以17.9%、10.5%和7.5%的份额占据重要地位。同时，来自韩国、荷兰、德国、新西兰、瑞士、加拿大、英国、印度尼西亚、泰国、越南等贸易伙伴的货物也源源不断地通过跨境电商进入中国的广阔市场。

4. 区域集聚特征凸显

跨境电商行业呈现出鲜明的地域性特点，其繁荣程度与区域经济实力、地理优势及交通条件紧密相连。东部沿海地区无疑是跨境电商的集中发展区域，特别是在广东、浙江、福建、江苏等电子商务发展迅猛的地区。海关总署数据显示，2022年广东占中国跨境电商进出口总额的43.4%，处于全国领先地位，浙江、福建、江苏分别以13.5%、6.4%、5.4%的占比紧随其后，以上四省合计占据中国跨境电商进出口近七成的市场份额。

2022年11月，国务院正式批复同意在廊坊等33个城市和地区设立跨境电子商务综合试验区，这一举措进一步扩大了我国跨境电商综试区的覆盖范围。至此，除港澳台地区外，我国31个省级行政区均设立了跨境电商综试区。其中，广东、山东、江苏、浙江四省的跨境电商综合试验区数量尤为突出，占全国总数的37.58%，展现出强大的发展势头（见表4-6）。

表4-6　　　　　　　中国各省份跨境电商综合试验区分布

省份	数量	跨境电商综合试验区名称
广东	21	广州、深圳、珠海、东莞、汕头、佛山、梅州、惠州、中山、江门、湛江、茂名、肇庆、韶关、汕尾、河源、阳江、清远、潮州、揭阳、云浮
山东	16	青岛、威海、济南、烟台、东营、潍坊、临沂、淄博、日照、枣庄、济宁、泰安、德州、聊城、滨州、菏泽
江苏	13	苏州、南京、无锡、徐州、南通、常州、连云港、淮安、盐城、宿迁、扬州、镇江、泰州
浙江	12	杭州、宁波、义乌、温州、绍兴、湖州、嘉兴、衢州、台州、丽水、金华、舟山

续表

省份	数量	跨境电商综合试验区名称
江西	9	南昌、赣州、九江、景德镇、上饶、萍乡、新余、宜春、吉安
福建	8	厦门、福州、泉州、漳州、莆田、龙岩、南平、宁德
四川	8	成都、泸州、德阳、绵阳、南充、眉山、宜宾、达州
辽宁	6	大连、沈阳、抚顺、营口、盘锦、鞍山
安徽	6	合肥、芜湖、安庆、马鞍山、宣城、蚌埠
湖南	6	长沙、岳阳、湘潭、株洲、郴州、衡阳
内蒙古	5	呼和浩特、赤峰、满洲里、鄂尔多斯、包头
河北	5	唐山、石家庄、雄安新区、廊坊、沧州
河南	5	郑州、洛阳、南阳、焦作、许昌
湖北	4	武汉、黄石、宜昌、襄阳
黑龙江	4	哈尔滨、绥芬河、黑河、同江
吉林	4	长春、珲春、吉林市、延吉
云南	4	昆明、德宏、红河、大理
新疆	4	乌鲁木齐、喀什、阿拉山口、伊犁哈萨克
广西	4	南宁、崇左、贺州、柳州
陕西	3	西安、延安、宝鸡
山西	3	太原、大同、运城
贵州	3	贵阳、遵义、铜仁
海南	2	海口、三亚
甘肃	2	兰州、天水
青海	2	海东、西宁
宁夏	1	银川
西藏	1	拉萨
北京	1	北京
天津	1	天津
上海	1	上海
重庆	1	重庆
合计	165	

资料来源：根据公开资料整理所得。

二、市场采购

（一）发展历程

改革开放以来，我国各地的专业市场蓬勃发展，其中义乌小商品市场已跃居为全球最大的小商品交易与出口中心。其出口的小商品独具特色，表现为品种繁多、批次众多、批量较小，并常采用拼箱组货的方式进行出口，交易主体亦呈现多元化趋势。

在这种背景下，传统的一般贸易方式与义乌小商品贸易的特点并不契合。一般贸易方式涉及复杂的增值税票管理和单证提交流程，而市场采购贸易则更倾向于灵活拼箱出口，商品种类繁多且法检比例高。若强制采用一般贸易方式对所有品类进行商检和单证准备，不仅会显著增加通关时间和费用成本，还可能导致海关拥堵和出口交易成本的急剧上升。与此同时，"旅游购物商品贸易方式"亦面临诸多挑战。在我国外汇管制的环境下，单票5万美元的报关金额限制对小商品出口，尤其是高附加值商品的出口构成了阻碍。大量小商品因此无法正常结汇退税，从而削弱了其在市场上的竞争力。此外，旅游购物贸易方式中结汇征税环节的缺失，也助长了外贸公司偷税漏税的行为。

鉴于此，2011年国务院批准浙江义乌市开展"国际贸易综合改革试点"，旨在深化国际贸易领域的改革，探索市场采购贸易等新型贸易方式。2012年，国务院办公厅进一步印发相关分工方案，为改革试点提供有力支持。经过两年的精心筹备，商务部等八部门于2013年联合发文，批准义乌市自当年4月18日起正式试行市场采购贸易方式。2014年11月1日，义乌海关成功完成了首票以市场采购贸易方式申报出口的货物通关手续，标志着市场采购贸易方式在义乌正式落地实施。此后，国家根据试点成效，分别在2015年、2016年、2018年、2020年批准了第二、第三、第四、第五批试点，每批试点的数量也在稳步增加，显示了国家对新型贸易方式探索与推广的坚定决心与持续支持。

（二）发展现状

作为外贸新业态中规模较大的贸易方式，2021年我国市场采购贸易出口额达到了9303.9亿元，同比增长32.1%，占同期出口总值的4.3%，为出口增长贡献了1.3个百分点。在这一过程中，义乌市发挥了至关重要的作用，其"先行者"和"排头兵"的角色得到了有效展现。2021年，义乌市市场采购贸易出口额高达2901.5亿元，同比增长30.1%，占义乌全市出口总额的79.3%，更是占据了全国市场采购贸易总额的31.19%。

从市场采购贸易试点单位的角度看，截至2022年，全国已有39家试点单位，遍布东部、中部、西部21个省区市（见表4-7）。这些试点市场以较为成熟的地区小商品市场为主，涵盖了商品的集中生产地、集散地和边贸市场。多数试点市场在获批之前以内贸为主导，是各自区域或行业内的领军市场。这些试点的设立不仅为本地商品出口提供了便捷的通道，还吸引了周边地区的商品、产业等资源向本地汇聚，进一步促进了市场周边商圈的繁荣，使得出口集聚效应更加显著。通过这种方式，试点有效地连接了国内与国际两个市场，推动了内外贸的融合发展，并提升了企业在国内外双循环中的竞争力。

表4-7　　　　　　　　　　市场采购试点分布

批次	市场采购试点	设立时间
第一批	浙江义乌市场采购试点	2013年4月
第二批	江苏海门叠石桥国际家纺城、浙江海宁皮革城	2015年12月
第三批	江苏省常熟服装城、广东省广州花都皮革皮具市场、山东省临沂商城工程物资市场、湖北省武汉汉口北国际商品交易中心、河北省白沟箱包市场	2016年9月
第四批	浙江温州（鹿城）轻工产品交易中心、福建省泉州市石狮服装商城、湖南省高桥市场、广东省佛山市（顺德）亚洲国际家具材料贸易中心、广东省中山市立和灯饰博览中心、四川省成都市国际贸易中心	2018年11月

续表

批次	市场采购试点	设立时间
第五批	辽宁西柳服装城、浙江绍兴柯桥中国轻纺城、浙江台州路桥日用品及塑料制品交易中心、浙江湖州（织里）童装及日用消费品交易管理中心、安徽蚌埠中恒商贸城、福建晋江国际鞋纺城、山东青岛即墨国际商贸城、山东烟台三站批发交易市场、河南中国（许昌）国际发制品交易市场、湖北宜昌三峡物流园、广东深圳华南国际工业原料城、广东汕头市宝奥国际玩具城、广东东莞市大朗毛织贸易中心、云南昆明俊发·新螺蛳湾国际商贸城、云南瑞丽国际商品交易市场（边贸商品市场）、内蒙古满洲里市满购中心（边贸商品市场）、广西凭祥出口商品采购中心（边贸商品市场）	2020年9月

资料来源：根据公开资料整理所得。

三、外贸综合服务企业

在2000年之前，我国对"进出口经营权"的审批流程实施了严格的把控，直到2001年加入世贸组织，这一领域才逐步走向开放。这一审批制度的实施，使得我国的报关单据中特设了"经营单位"一栏。而在"经营单位"的申报上，我国又细分为"单抬头"与"双抬头"两种形式。其中，"单抬头"申报意味着"经营单位"直接作为外贸订单的发货人，是实际贸易的操作者，具备自主定价权。而"双抬头"申报则是指"经营单位"接受外贸订单发货人的委托，代为处理出口相关手续，此时它扮演着中介服务者的角色，并非实际贸易主体，无权自主定价，仅通过提供代理服务收取费用。实际上，"双抬头"申报方式下的"经营单位"正是早期外贸综合服务企业的雏形。

随着进出口经营权的逐步放开以及世贸组织的加入带来的外贸繁荣，传统代理公司依赖资质盈利的模式逐渐式微，取而代之的是更加市场化和专业化的外贸综合服务企业。2001年，深圳"一达通"服务有限公司应运而生，它是我国最早利用互联网技术优化进出口服务流程的外贸综合服务平台之一。与众多瞄准世界五百强的企业不同，"一达通"主要服务于中小型企业。深圳"一达通"的成立，迅速在我国东部沿海地区如广州、浙江、江苏等地引发了"外贸综合服务热潮"。截至 2023 年 5 月，全国外贸综合服务企业的数量已超过 2000 家。[①]

四、保税维修

（一）发展历程

中国的保税维修业务始于 20 世纪 90 年代设立的保税区、出口加工区等海关特殊监管区域，最初是为了满足机电产品的检测维修需求而开展的。加入 WTO 后，国内保税区得到了蓬勃发展，逐渐形成了以珠三角、长三角、渤海湾三大区域为主导的发展态势。2007 年，海关总署进一步放宽政策，允许相关企业在出口加工区内试点开展出口货物的售后维修服务。2012 年，这一政策得到了进一步的扩展，上海松江出口加工区等地开始试点内销货物的返区维修。到 2015 年，海关特殊监管区内的保税维修业务相关规章制度已逐步健全。2020 年，多个政府部门联合支持综合保税区内企业开展维修业务，进一步推动了保税维修业务的发展。2021 年，国务院发文明确支持自贸企业依据综合保税区维修产品目录开展保税维修业务；2024 年 2 月，商务部、生态环境部、海关总署三部门联合发布了《关于发布第三批综合保税区维修产品目录的公告》，这一公告进一步丰富了保税维修的目录范围，具体内容详见表 4-8。

表 4-8　　　　　　　　　第三批综合保税区维修产品目录

序号	商品编码	产品名称	备注
1	8407909090	其他往复或旋转式活塞内燃引擎	天然气发动机
2	8408100000	船舶用柴油发动机	船舶用柴油发动机
3	8408909390	功率≥132.39kW 其他用柴油发动机	柴油发动机
4	8419609090	其他液化空气或其他气体用的机器	油田制氮装置设备

---

① 王琛. 推动外贸新业态新模式跑出"加速度" [EB/OL]. (2023-05-17) [2024-10-08]. https://www.ndrc.gov.cn/wsdwhfz/202305/t20230517_1355918.html.

续表

序号	商品编码	产品名称	备注
5	8431100000	滑车、绞盘、千斤顶等机械用零件	石油钻机液压盘式刹车
6	8502131000	375KVA＜输出功率≤2MVA 柴油发电机组	柴油发电机组
7	8502200010	以沼气为燃料的装有点燃式活塞内燃发动机的发电机组	
8	8502200090	其他装有点燃式活塞发动机的发电机组	天然气发电机组、瓦斯气发电机组
9	8509809000	其他家用电动器具	扫地机器人
10	8525891900	其他非特种用途电视摄像机及摄像组件	
11	8525892200	非特种用途的单镜头反光型数字照相机	单反相机
12	8525892900	其他非特种用途的数字照相机	数字相机、相机、相机组件
13	8528591090	其他彩色的监视器	遥控器监视屏
14	8528622000	其他可直接连接且设计用于税目 84.71 的自动数据处理设备的彩色投影机	投影仪
15	8528691000	其他彩色的投影机	投影仪
16	8528699000	其他单色的投影机	投影仪
17	8529904100	特种用途的电视摄像机等设备用零件	
18	8529904900	摄像机、摄录一体机、数码相机的其他零件	
19	8543201000	输出信号频率＜1500Mhz 的通用信号发生器	射频发生器
20	8708409191	税目 87.03 所列车辆用自动换挡变速箱	汽车变速箱
21	8708409910	其他未列名机动车辆用变速箱	汽车变速箱
22	8711600010	电动自行车	
23	8806221019	仅使用遥控飞行的 250 克＜最大起飞重量≤7 千克的航拍无人机	航拍无人机
24	8807300000	飞机、直升机及无人驾驶航空器的其他零件	飞机发动机短舱、雷达罩、飞机舱门、登机梯、发动机吊舱、飞行控制面等
25	9018139000	核磁共振成像装置用零件	
26	9503008310	玩具无人机	遥控无人机
27	9503008390	带动力装置的玩具及模型	机器车

资料来源：中华人民共和国商务部。

此外，公告还在以下几方面作出了重要补充。首先，不同于此前只有自贸试验区内的综合保税区企业可以开展前述维修业务，本次修改取消了自贸试验区的限制，允许综合保税区内的企业开展其在国内销售的自产产品保税维修业务，维修后返回国内，不受维修产品目录限制。其次，来自国内的且属于综合保税区维修产品目录内货物维修后，不再必须原路返回至境内，而是可以直接出口至境外。最后，进一步明确了综合保税区管委会的权限，现在管委会可以对区内违规企业进行整改等处理，企业整改期间，不得开展保税维修业务。此前只是规定管委会可以进行"处理"，但是并没有说明处理的具体内容。

（二）发展现状

中国的保税维修业务始自保税区、出口加工区等海关特殊监管区，通过对保税区发展现状的分析，能够更好反映保税维修业务的发展情况。本书通过梳理 2020～2021 年中国保税区的贸易规模、数量以及地域分布三方面进行分析。

1. 贸易规模持续增长

图 4－13 清晰呈现了 2020 年和 2021 年我国各类保税区在进出口总值方面的变化情况。2020～2021 年，保税区的贸易总额由 6.26 万亿元攀升至 7.8 万亿元，增长率约为 25%，展现出强劲的增长势头。其中，综合保税区的增长尤为迅猛，贸易额从 3.43 万亿元跃升至 5.9 万亿元，增长率高达 72%，成为增长最快的领域。与此同时，一般保税区从 1.58 万亿元增长至 1.81 万亿元，其增速虽不及综合保税区，但依然维持了良好的增长趋势。值得一提的是，跨境工业区虽然整体规模相对较小，但其增速却达到了惊人的 130%，从 19.2 亿元猛增至 44.3 亿元，预示着巨大的发展潜力，然而保税港口的贸易额却出现了较大幅度的下降。从整体来看，综合保税区在各类保税区的进出口总值中占据了主导地位。2021 年其在保税区整体贸易额中的占比相较于 2020 年有了显著提升，从约 55% 增长至76%。这一数据充分说明了综合保税区在我国保税区贸易中的核心地位，

并且其重要性仍在不断增强。未来综合保税区有望长期引领我国保税区的发展方向，为我国的对外贸易贡献更多力量。

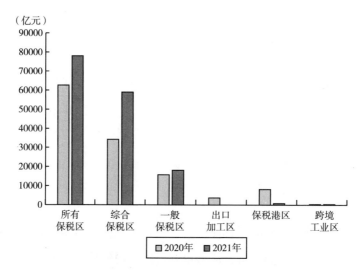

图4-13　2020年和2021年我国各类保税区进出口总值

资料来源：中华人民共和国海关总署。

本书进一步对2021年中国主要保税区的贸易规模进行了对比分析（见图4-14）。除上海外高桥保税区外，其他保税区贸易规模比较接近，这表明我国大型保税区之间的发展相对均衡。值得注意的是，成都高新综合保税区和郑州新郑综合保税区作为内陆地区的保税区，在进出口总值上取得了显著成绩，分别占据第二、第三的位置，这充分证明，我国大型保税区在区域发展上也呈现出较为均衡的态势，中西部地区同样具备了良好的对外进出口贸易环境。此外，在排名前七的保税区中，综合保税区占据了五个席位，而一般保税区则有两个，分别是上海外高桥保税区和深圳福田保税区。其中，上海外高桥保税区以超过1万亿元的进出口总值高居榜首，深圳福田保税区则以4400亿元的进出口值位列第四。这充分表明，我国的一般保税区同样拥有较高的发展水平，并在现阶段发挥着不可替代的作用。这些成果为我国保税区的整体发展增添了新动力，也为未来的国际贸易合作奠定了坚实基础。

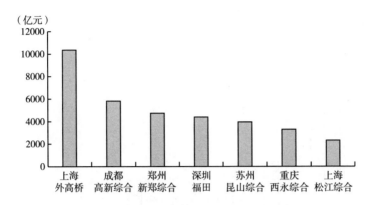

图 4 - 14　2021 年中国主要保税区贸易额排名

资料来源：中华人民共和国海关总署。

2. 各类保税区发展不平衡

总体来看，我国保税区共计 168 个。其中：综合保税区占据主导，数量达到 155 个；一般保税区有 9 个；保税港区 2 个；出口加工区和跨境工业区各占 1 个。结合图 4 - 13 所示的保税区贸易额，不难发现，综合保税区不仅在数量上占据绝对优势，从经济指标来看也同样是我国保税区的重要组成部分。尽管一般保税区的数量相对较少，仅占总数的约 5%，但它们却贡献了超过 23% 的进出口总值，这充分表明我国一般保税区在贸易水平和综合实力方面表现出色，对于我国保税区的发展同样具有不可忽视的重要作用。

3. 保税区地域分布差异大

图 4 - 15 揭示了 2021 年我国保税区的地域分布状况。华东地区以 72 个保税区领先于其他区域；紧随其后的是华南地区，以 24 个保税区位列第二。相比之下，西南、华中、华北和西北地区的保税区数量较为接近，分别达到 18 个、16 个、15 个和 14 个。东北地区在保税区数量上表现最为薄弱，仅有 9 个，是唯一未达到两位数的地区。这一现象表明，我国沿海区域在保税区建设上具备显著优势，而内陆地区尽管也取得了一定发展，但整体规模与沿海区域相比仍有较大差距。此外，东北地区保税区数量的不足也反映出该地区在相关贸易领域的发展相对滞后，有待进一步提升。

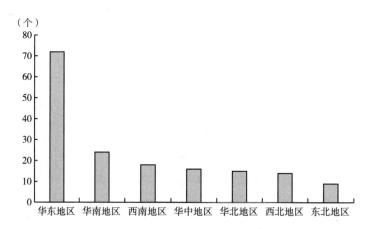

图 4 - 15   2021 年中国各地区保税区数量

资料来源：中华人民共和国海关总署。

五、离岸贸易

（一）发展历程

从全国离岸贸易的发展态势来看，随着我国经济质量的稳步提升和外贸竞争力的不断增强，越来越多的地区和企业投身于离岸贸易业务，进而推动了我国离岸贸易规模的迅速壮大。2013～2015 年，我国离岸转手买卖规模显著，其收支规模处于相对较高水平。然而由于离岸转手买卖伴随的高风险，以及部分企业利用该方式进行投机套利、虚假贸易及资金转移等违规行为，监管部门和金融机构相继收紧了相关政策，严厉打击了虚假离岸转手买卖行为，有效规范了其发展。因此，2016～2020 年，全国离岸转手买卖的收支规模整体呈现出下降趋势。自 2020 年起，随着一系列稳外贸稳外资政策的实施，以及对新型离岸贸易的日益关注，全国离岸转手买卖的收支状况逐渐趋稳，特别是 2021 年，全国离岸转手买卖的收支规模明显恢复。2021 年底，人民银行与外汇局联合发布的《支持新型离岸国际贸易发展有关问题的通知》，更是为离岸转手买卖的发展注入了新的动力，促使全国离岸转手买卖规模实现了较快的增长。

从地域视角来看，各地因经济发展水平、外贸企业特色及主营业务的不同，离岸转手买卖的收支规模存在显著差异。2021 年，北京、浙江、上海、江苏、陕西、福建、山东、海南、广东和辽宁等省份在全国离岸转手买卖中表现突出，这些地区均具备推动离岸贸易的独特优势和条件。例如，北京和上海拥有众多跨国公司的总部或地区总部，为离岸转手买卖提供了良好的环境。广东、江苏、浙江、山东、福建、海南、辽宁等沿海省份则凭借优良的港口等天然优势，在离岸贸易中占据有利地位。而陕西尽管没有临海的天然优势，但由于拥有跨国公司专门负责全球销售的子公司以及规模庞大的大宗商品贸易企业，其离岸转手买卖规模依然位居全国前列。随着企业业务种类的日益丰富和资源配置需求的不断升级，除了离岸转手买卖外，境外采购、委托境外加工等新型离岸国际贸易也逐渐崭露头角。特别是在人民银行与外汇局发布《支持新型离岸国际贸易发展有关问题的通知》后，2022 年 1～3 月，全国新型离岸贸易规模实现了快速增长，其在同期全国货物和服务贸易收支中的比重也显著上升，显示出强劲的发展势头。

（二）发展现状

1. 上海：开拓探索"白名单"＋"离岸通"监管机制

上海作为我国总部经济最为繁荣的地区，其跨国公司总部的集聚为离岸贸易的开展提供了坚实的支撑。2019 年 1 月，上海市商务委携手中国人民银行上海市分行，共同推出了"货物转手买卖贸易推荐企业白名单"，截至 2020 年 5 月，已有 299 家企业列入其中。[①] 为应对离岸贸易业务监管的复杂性，上海自贸试验区积极创新，推出了"离岸通"平台，该平台以

---

① 2020 年 5 月 16 日市政府新闻发布会问答实录 ［EB/OL］. （2022－05－30）［2024－10－18］. https：//www. shio. gov. cn/TrueCMS/shxwbgs/2020n _ 5y _ wdsl/content/e7ebd5be-6d7a-40c2-b882-04e93d81e54a. html.

大数据为基石，有效整合了境外海关报关、国际海运、港口装卸等数据，为商业银行提供了验证企业离岸转手买卖业务的便捷服务，确保贸易行为的真实性。借助"离岸通"，即便在合同、提单等资料不完整的情况下，企业和银行也能通过输入编号等信息，轻松查询到完整的境外物流流程，极大地提升了审核效率。

与此同时，临港新片区自 2021 年 6 月起，致力于构建离岸贸易创新发展实践区，通过实施专项奖励和税收优惠等措施，进一步推动了离岸贸易产业的集聚。值得一提的是，2021 年上海自贸试验区保税区内企业的离岸转手买卖项下收支总额达到了惊人的 475.58 亿美元，同比增长了68.47%，占全市的比重高达约91.36%，展现了强劲的发展势头。①

2. 北京：京津冀首个新型国际贸易服务平台

为解决离岸贸易中遇到的众多挑战，北京大兴自贸片区打造了"京贸兴"这一创新型的国际贸易服务平台，并于 2022 年 7 月正式投入运营。该平台紧密结合银行、企业及监管部门的需求，构建了四大核心服务板块，分别是贸易智能核验评估、数据查询辅助管理、风险监测动态预警以及业务数据发展统计分析。这些板块不仅提供多维度的数据跟踪服务，例如境外物流、报关等数据，以辅助银行验证业务真实性，还实现了国际相关数据的对接，包括反洗钱、反恐怖融资、反逃税等关键信息，有助于防范贸易风险。此外，"京贸兴"还具备风险监测和预警功能，以及数据统计和分析能力，为各方提供全面而深入的服务。利用"京贸兴"平台，银行能够更为精确地执行离岸业务真实性审核工作，进而大幅提升了离岸贸易企业在跨境资金结算环节的便利程度。以中国银行为例，利用该平台，为离岸贸易客户办理业务手续的时间大幅缩短，最短仅需 1 个工作日，最长不超过 10 个工作日，显著提高了业务处理效率。

---

① 第一财经. 离岸贸易真实性审核太难？上海"买卖全球"有了硬核支撑［EB/OL］.(2021 - 10 - 14)［2024 - 10 - 18］. https：//baijiahao. baidu. com/s？id = 1713590612754269465&wfr = spider&for = pc.

3. 海南：依托自贸港打造离岸贸易新高地

2020 年，海南自贸港获批成为离岸贸易的先行先试区，围绕离岸贸易的上下游产业链，海南积极对接三类关键企业，分别为具有跨境资金结算需求的央企、国企及世界 500 强跨国企业；提供跨境资金结算服务的境内外银行和金融机构以及离岸贸易提供理货、货代、保险、物流、保税等全方位配套服务的机构和企业。对于符合条件的离岸贸易企业，海南自贸港实施了优惠的税收政策，企业所得税率定为 15%，而参与洋浦全球贸易商计划的企业更可享受低至 10.8% 的优惠税率。同时，符合条件的离岸贸易人才被纳入海南自贸港高端紧缺人才清单，个人所得税超过 15% 的部分将予以免征。此外，在符合监管要求的前提下，银行可自主决定审核交易单证的种类，此举大幅缩短了外汇结算时间，效率提升了 80%。据统计，截至 2021 年 6 月，海南省新型离岸国际贸易业务的收支规模已达到 37 亿美元，较 2020 年同期迅猛增长，增长率高达 17 倍。[①]

4. 其他地区离岸贸易稳步发展

除了前述三个典型区域外，众多地区亦结合自身实际情况，积极探索并形成了各具特色的离岸贸易发展道路。以青岛自贸片区为例，针对离岸业务真实性问题，创新推出了"离岸达"服务平台，该平台深度融合了国际航运、物流、港口及全球多国海关数据，为银行机构提供了高效的企业业务真实性验证服务。2023 年，该平台已覆盖全球 6000 个主要港口数据、涵盖 23 万余条船舶资料、接入近 60 个经济体的海关数据，为离岸贸易的健康发展提供了有力支撑。[②]

浙江、福建两省的自贸区在离岸贸易方面也取得了稳步进展。浙江地区因商品经济发达，对离岸转手买卖、跨国公司全球采购等业务需求旺盛。

---

① 李学山. 海南新型离岸国际贸易上半年业务收支规模 37 亿美元［EB/OL］.（2021 - 07 - 21）［2024 - 10 - 18］. https：//baijiahao. baidu. com/s？id = 1705902228151308619&wfr = spider&for = pc.

② 贸易量全省占比超 80%！青岛自贸片区创新发展新型离岸贸易［EB/OL］.（2023 - 03 - 14）［2024 - 11 - 30］. http：//tradeinservices. mofcom. gov. cn/article/difang/maoydt/202303/146810. html.

2021 年上半年，在国家外管局的支持下，浙江积极开展离岸贸易试点，从外汇管理、跨境结算、信贷支持等多个方面推动离岸贸易的快速发展。政策支持下，浙江离岸贸易取得了显著成效。福建自贸试验区厦门片区同样获得了国家外管局的青睐，成为新型国际离岸贸易的试点地区之一。厦门作为开放前沿城市，在离岸转手买卖等方面已积累了丰富的经验。在外管局的支持下，厦门离岸贸易发展迅猛，进一步提升了厦门在国际经济合作中的地位。

六、海外仓

（一）发展历程

海外仓作为跨境电商的重要境外物流枢纽，对维持供应链的稳定与流畅具有至关重要的作用。为此，国家不断出台支持海外仓建设发展的政策，极大推动了海外仓数量的快速增长。2020 年，国务院发布了《关于推进对外贸易创新发展的实施意见》，旨在推动跨境电商零售进口业务的试点发展；2021 年 7 月，国务院发布了《国务院办公厅关于加快发展外贸新业态新模式的意见》，明确支持企业在重要市场进行海外仓的布局，并提出到 2025 年培育约 100 家优秀的海外仓企业，重点推动本土化经营，并在海外仓的数字化、智能化以及信息网络建设等方面实现多元化发展。与此同时，随着外贸新业态的蓬勃发展，境外电商业务对海外仓的需求也在急剧增加，跨境电商企业在建仓选址方面的选择也变得更加灵活多样。商务部数据显示，2021 年末，我国海外仓数量已突破 2000 个，总面积超过 1600 万平方米；2024 年初，我国企业建设的海外仓数量更是超过 2400 个，总面积也跃升至 2500 万平方米以上。随着海外仓等配套设施的快速布局与完善，2023 年我国跨境电商出口达到了 1.83 万亿元，同比增长 19.6%，占整体出口的比重超过 7%，展现出强大的发展势头和巨大的市场潜力，海外仓成为外贸新业态中发展速度最快、带动作用最强的领域之一。

（二）发展现状

近年来，随着跨境电商的迅猛发展，国内快递行业也紧跟其步伐，不断加大对海外仓的建设与布局力度。其中以邮政、顺丰、京东物流为代表的快递龙头企业，在海外仓建设方面尤为突出。中国邮政的统计数据显示，2022 年 5 月，中国邮政已在全球 10 多个国家和地区成功建立海外仓，其总面积达到 5.7 万平方米（见表 4-9）。顺丰在国际化快递业务方面亦取得显著进展，不仅投入大量资金购置自营和租赁的全货机超过 80 架次，还积极加强空港建设投入，同时在美、日、英、德、俄、泰、澳等多个国家上线运营海外仓。[①] 京东物流也积极组建机队，计划在 2030 年前完成由不少于 100 架次货运飞机组成的储备机组力量建设，以进一步提升其全球物流服务能力。[②]

表 4-9　　　　　　　　　　中国邮政海外仓布局

国家	城市	国家	城市
美国	洛杉矶、亚特兰大、纽约、新泽西	德国	法兰克福
加拿大	多伦多	波兰	马拉舍维奇
澳大利亚	墨尔本	俄罗斯	莫斯科
日本	大阪、东京	捷克	詹尼克
泰国	曼谷	意大利	都灵
英国	伯明翰	西班牙	马德里

资料来源：根据中国邮政官网、行行查行业研究数据库等资料整理。

在邮政、顺丰、京东国际物流等企业先行开展海外仓业务布局的同时，菜鸟、极兔等物流企业也紧随其后，展现出强烈的追赶势头。其中，菜鸟致力于拓展全球供应链网络体系，它通过整合海外仓资源、物流干线包机等海外优势，积极布局 eWTP、eHub 等海外物流枢纽，并加强智能仓储网络建设，与海内外优质合作伙伴共同构建高效的供应链网络。极兔快

---

① 资料来源：根据顺丰国际官网、行行查行业研究数据库等资料整理。
② 资料来源：京东官网。

递海外仓布局迅速发展，其海外仓自营站点主要集中在中东和拉美地区，特别是在沙特和阿联酋两国以及墨西哥等核心区域，配送网络已覆盖墨西哥各州重要区域，并建立了 12 个转运中心和 26 个集散点（见表 4 - 10）。综上所述，无论是老牌快递企业还是新兴的快递企业，都在积极布局境外市场的仓储网络和供应链体系，努力开创物流出海的新篇章。这些企业正通过不断的创新和努力，推动中国物流行业向更广阔的全球市场迈进。

表 4 - 10　　　　　　　　　极兔海外仓布局

项目	菲律宾	马来西亚	印度尼西亚	泰国	美国 + 墨西哥	荷兰
仓库面积（平方米）	5000	7850	20000	10000	4500	5000
日订单最大处理能力（件）	20000	40000	80000	60000	10000	50000

资料来源：根据极兔速递官网、行行查行业研究数据库等资料整理。

第三节　外贸新业态的政策比较

一、跨境电商

（一）国内政策

近年来，国家政策在跨境电商领域的扶持力度逐步增强。回顾过去，2019 年和 2020 年的国务院政府工作报告均明确指出了对跨境电商等新业态的扶持政策进行改革与完善，并强调加快其发展的重要性。为了推动跨境电商的稳健发展，国家相继出台了一系列相关政策，这些政策大致可分为支持类与规范类两大类，共同为跨境电商的健康发展提供有力保障。

1. 支持类政策

（1）针对推动跨境电子商务综合试验区的政策。自 2015 年杭州成为中国首个跨境电商综合试验区以来，我国先后出台了六批政策文件，持续扩大跨境电商综合试验区的试点范围。这一举措使得我国跨境电商综合试验区数量达到 165 个，实现了除港澳台外，境内 31 个省份的全面覆盖。

为支持试验区发展，国务院各部委相继出台了多项政策措施，其中最具含金量的主要包括以下四个方面：首先，实施无票免税政策，对于符合相关要求的企业，即使没有取得有效的进货凭证，也能享受出口免征增值税和消费税的优惠。其次，推出所得税核定征收政策，通过统一应税所得率的方式核定征收企业所得税，并允许符合条件的小型微利企业享受相应的优惠政策。再其次，为提升通关效率、降低通关成本，实施了通关便利化政策，采用"清单核放，汇总申报"的监管验放方式。最后，放宽进口监管条件，对不执行首次进口许可批件、注册或备案要求的商品，按个人自用进境物品进行监管。这些政策措施的实施，为我国跨境电商综合试验区的发展提供了有力支持，进一步推动了我国跨境电商产业的健康发展。

（2）针对推动跨境电商进口发展的政策。一方面，为进一步推动跨境电商零售进口的发展，商务部等六部委联合发布了《关于扩大跨境电商零售进口试点的通知》，将试点范围从原先的 37 个城市大幅扩展至海南全岛及其他 86 个城市（地区），覆盖了我国 31 个省份。另一方面，为了更好地满足国内消费者的多元化需求，我国也对跨境电子商务零售进口商品清单进行了优化调整。2022 年 2 月 21 日，商务部等八部门联合发布了新的商品清单公告，在原有基础上新增了滑雪用具、家用洗碟机、番茄汁等 29 项热销商品。同时，根据税则税目的变化，对部分商品的税则号列进行了调整，并根据监管要求对清单商品的备注进行了优化。这一系列的调整不仅丰富了国内市场供给，也为跨境电商的发展注入了新的活力。

此外，财政部、海关总署和税务总局对跨境电商零售进口的税收政策进行调整：一是提高了年度交易限值和单次交易限值，为消费者提供更大的购物空间；二是明确了超出单次交易限值但符合年度交易限值的商品进口规则，为跨境电商的灵活运营提供政策支持；三是严格规定了电商进口商品不得再次销售，保障了市场的公平性和规范性。这些政策的出台进一步丰富了国内市场供给，更好地满足了人民日益增长的美好生活需要，同时也为我国与世界共享市场机遇提供了有力保障。

2. 规范类政策

（1）加强知识产权保护。2018 年 8 月，为深化电子商务领域知识产权保护工作，国家知识产权局发布了《关于深化电子商务领域知识产权保护专项整治工作的通知》，明确提出了加大电子商务重点区域的整治力度，增强对重点案件的打击与曝光力度，并强化线下源头的追溯与打击力度。这一系列举措旨在构建更为严密的知识产权保护网，为电子商务的健康发展提供有力保障。

进入 2022 年，我国在知识产权保护方面再迈新步伐。商务部联合五部门共同发布了《关于高质量实施区域全面经济伙伴关系协定（RCEP）的指导意见》。该文件明确提出要依照 RCEP 知识产权规则，在著作权、商标、专利等领域提供更高水平的保护。此举不仅凸显了我国在知识产权保护方面的坚决态度，更深化了国内电子商务知识产权保护体系的健全与发展，为我国电商行业的健康发展奠定了坚实的基础。同时，也为国内消费者提供了更加安全、可靠的购物环境，进一步满足了人民日益增长的美好生活需要。

（2）加强跨境电商进出口监管工作。2018 年 11 月，商务部携手其他五部门共同印发了《关于完善跨境电子商务零售进口监管有关工作的通知》，这一举措为跨境电商零售进口商品设定了明确的监管标准，从而确保了监管措施在过渡期后依然保持连续性与稳定性。

2020 年 6 月，海关总署又发布了《关于开展跨境电子商务企业对企业出口监管试点的公告》，这标志着自 2020 年 7 月 1 日起，跨境电商 B2B 出口货物正式纳入全国通关一体化管理体系，企业可通过"跨境电商"模式实现便捷转关，这一举措进一步提升了跨境电商出口货物的通关效率与便利性。此次试点首先在北京、天津、南京、杭州、宁波、厦门、郑州、广州、深圳、黄埔等海关启动，旨在通过实践探索与经验总结，为全国范围内的海关推广提供有力支撑。这一系列的创新举措不仅有助于外贸企业进一步拓展出口渠道，也为整个外贸行业的持续发展注入了新的活力。

（二）国外政策

1. 美国

在法律体系方面，美国构建了健全的电子商务法律体系，包括《互联网商务标准》等关键法规，为跨境电子商务提供了坚实的法律保障。同时，美国通过其《全球电子商务纲要》所确立的五大原则（互联网的独特性、企业自主、政府避免不当干预、政策可预测性和全球视野），试图主导国际电子商务规则的制定。

在政策体系上，美国出台的《全球电子商务框架》报告为电子商务的发展提供了明确的政策导向。该报告详细规范了电子商务的关税、电子支付、安全性、隐私保护、基础设施建设以及知识产权保护等方面，特别指出无形商品或网上服务交易应免税，而有形商品的网上交易则按现行规定处理。

在监管体系上，美国海关和边境保护局（CBP）针对跨境电商的迅猛增长和复杂性，制定了一系列监管措施。其中，"3D式"执法操作方案旨在通过监测高风险商业活动、加强进口产品定位和检查以及迅速审查指控，打击商业欺诈和不合规行为，维护公平的贸易环境。此外，CBP还制定了电子商务战略方针，围绕加强法律和监管、调整业务环节、推动私营部门合规以及促进国际标准提升等目标展开工作，以应对电子商务带来的挑战。

特别值得一提的是，美国"321条款"为跨境电商提供了低额豁免的便利，允许每人每日进口货物累计金额不超过800美元的部分免收关税。CBP利用这一条款加强了对低额度交易的监管力度，以识别和锁定高风险货物，同时也为合规的参与者提供了快速通关的便利。此外，CBP还发布了《电子商务合规指南》，为国外出口商提供了明确的合规指引，以减少被拦截和扣留的风险，促进快速清关。

2. 日本

作为全球电商市场的重要一员，日本在2021年已凭借其高达1880亿美元的市场收入，紧随中国和美国之后位列第三。日本政府深知电子商务对于提振经济、释放活力的重要性，因此将其视为国家发展的重要战略，并采取了一系列措施来推动其发展，取得了显著成效。

首先，日本政府推出了《数字化日本之发端行动纲领》，旨在消除跨国界电子商务在语言、司法管辖和适用法律等方面的障碍。为此，政府草拟了适用于跨国界电子商务的格式合同文本，并建立了更加迅速、低成本的纠纷处理程序，以替代传统的司法审判。此外，日本国际经贸部还与企业界紧密合作，在经济活动的各个环节中积极推广电子商务的应用，并实施了名为 CALS 的计划，推动研发到生产全过程的数字化。

其次，日本政府针对电子商务企业进行了分类扶持。将商家与客户之间的电子商务定义为客户电子商务，商家与商家之间的电子商务则称为公司电子商务。为此，政府专门增加了相关预算支出用于支持电子商务企业发展。

在解决投诉纠纷方面，日本通过建立跨境消费者中心，为消费者提供法律咨询，在线帮助消费者解决交易纠纷。此外，跨境消费者中心还与其他国家和地区的电子商务交易纠纷解决机构签订了跨境纠纷解决合作备忘录，共同采用统一流程和标准处理跨境电子商务交易纠纷，有效保护了本国消费者的权益，并提升了日本电子商务企业的国际声誉。

在支付方式上，日本电子商务展现出极大的灵活性。消费者可以选择现金支付、信用卡、转账、会员制等不同的支付方式。特别值得一提的是，会员支付是日本独特的支付方式，消费者将资金存入销售网站或指定银行，或按照每月账单到指定地点缴纳现金，为电子商务交易提供了更多便利。

在货运支持层面，日本邮政联手新加坡邮政，为日本的电子商务企业推出了一项创新的电子商务贸易商交付服务，旨在助力其海外销售业务。此服务由日本在新加坡的子公司负责管理，旨在向有海外销售需求的客户提供全方位的货运支持。通过这一站式物流服务，电子商务贸易商能够简化从仓储到配送的各个环节，有效降低小规模交易的外包成本，为中小型电商企业开展跨境贸易提供了高效便捷的运输通道。

3. 欧盟

欧盟发展跨境电子商务的做法全面而深入，涵盖了从法律制定、数据保护、税制改革、资质管理到海关监管策略等多个方面。

首先，欧盟通过制定一系列法律框架，如《电子商务行动方案》《电子签名指令》《电子商务指令》等，为跨境电子商务的发展提供坚实的法律基础。这些法律不仅明确了电子商务的基本原则和规则，还规定了跨境电子商务中各方的权利和义务，为商家和消费者提供了明确的法律指引。

其次，欧盟十分注重数据保护，通过实施《一般数据保护条例》来保护个人信息和数据安全。这一举措有助于增强消费者对跨境电商的信任度，同时也为跨境电商企业提供了规范的数据采集和利用标准，有助于促进行业的健康发展。

在税制改革方面，欧盟采取了一系列措施来简化税收流程，降低合规成本和费用。例如，通过拓宽一站式征税制度的覆盖范围，卖家仅需在一个欧盟国家完成注册，并填写统一的增值税申报表，即可全面履行其在所有欧盟国家的税收责任。这样，不仅简化了税务管理流程，还降低了卖家在多个欧盟国家经营时的税收合规难度。此外，欧盟还取消了低价商品的进口增值税豁免政策，以提供一个更加公平的竞争环境。

资质管理也是欧盟跨境电商发展的重要一环。通过要求经济主体注册号码（economic operators registration and identification，EORI），欧盟可以更有效地监管跨境电商活动，确保税收的合规性，并提升边境贸易的效率。

最后，欧盟设立的海关联盟和"一地清关"服务为跨境电商提供了极大的便利。这一举措不仅降低了货物进入欧盟市场的成本，还缩短了递送周期，使得跨境电商在欧盟的发展更加便捷高效。

（三）国外经验启示

1. 健全跨境电商法律法规体系

构建完善的法律法规体系，对于跨境电子商务信用体系而言，无疑是坚实的后盾。不论是美国的《互联网商务标准》或是欧盟的《电子商务指令》，均为电商市场的稳健发展提供了有力支撑，为跨境电商的规范化运营奠定了坚实基础。这些法律不仅妥善解决了征信数据环境、失信惩戒机制、公平受信权利等核心难题，还进一步保障了政府、电商企业、消费者及中介服务机构等各方主体在法治框架内规范有序地运行，确保了整个信用体系的健康发展。然而，当前我国跨境电商法律法规体系建设与跨境电商规模迅猛增长的情况并不相符，缺乏系统完善的跨境电商法律体系，未来我国亟须对跨境电商法律法规体系进一步进行完善。

2. 探索跨境电子商务税收征管模式

跨境电商在全球贸易中实现了无障碍交流，这给我国现有的税收征管体系带来了前所未有的挑战。传统的课税凭证正逐渐失去其原有的影响力，这使得税务登记管理所面临的挑战日益加剧。与此同时，课税对象的界定日益模糊，导致纳税地点的确定也变得愈发复杂和困难。因此，我们需要不断探索新的税收管理手段和方法，以适应这一变化，确保税收工作的顺利进行。

3. 强化跨境电子商务的规范化监管

跨境电商的全球化发展并非单一经济体所能完成，需要不同区域、不同文化、不同体制的监管合作，汇聚全球各地的力量。为了有效保障消费者在跨境电商服务中的权益，并促进其稳健有序的发展，我国亟须主动探索适应跨境电子商务独特性的新型国际合作监管模式，以确保市场的公平、透明和高效运行。同时，我们更应主动投身于跨境电子商务的多边谈判中，力求在国际跨境电子商务规则制定中彰显中国智慧，为中国企业参与国际竞争提供坚实的规则保障。

4. 创新跨境电子商务安全支付方式

跨境电商的发展在很大程度上受到支付安全问题的制约。当前，我国银行业与国际第三方支付机构的合作尚存短板，这导致了本土支付企业在跨境结算服务方面能力有限，未能广泛获得境外买家的认可。我国支付企业在国际舞台上的表现仍有待加强，国际化水平需进一步提升。为推动跨境电商的持续健康发展，我国应尽快完善跨境电子支付、清算、结算服务体系的建设，并加大对银行机构和支付机构跨境支付业务的扶持力度，确保支付安全性的有效提升，进而促进跨境电商的稳步前行。

5. 优化跨境电子商务国际物流布局

跨境电商在迅猛发展的同时，物流成本却异常高昂，甚至出现商品价格低于运费的现象。随着跨境电商在中国蓬勃兴起以及境外市场准入门槛的提升，出口商品的物流瓶颈问题愈发凸显，迫使跨境电商必须寻求境外建仓的解决方案，以确保其持续发展。

二、市场采购贸易

我国的"十四五"规划着重强调市场采购贸易等新型贸易模式的加速发展，而政府工作报告亦连续十年强调外贸新业态的发展重要性。此外，《国务院办公厅关于加快发展外贸新业态新模式的意见》等文件均对市场采购贸易方式的政策框架优化和便利化水平提升提出了明确要求。这些政策文件的密集出台，不仅增强了市场采购贸易参与主体的发展信心，也为市场采购贸易方式的创新发展指明了方向。

为深入贯彻习近平总书记关于稳住外贸外资基本盘的指示精神，并落实党中央、国务院的决策部署，2022 年海关总署采取了一系列措施，以进一步支持市场采购贸易。具体措施包括：首先，扩大预包装食品出口试点范围，基于厦门、杭州、长沙海关的成功经验，允许更多地方在风险可控的前提下开展市场采购预包装食品出口工作。其次，简化并优化小额小批量出口的条件，放宽企业适用范围，使更多企业能够享受快速签发电子底账等便利，充分释放政策红利。最后，优化风险布控检查指令，更加精准地聚焦在打击禁限类商品夹藏夹带、侵犯知识产权等违法行为上，提高风险防控的有效性。

三、外贸综合服务企业

我国关于外贸综合服务企业的政策性文件历经了从地位确认到发展鼓励，再到法律地位明确的演进过程。以下是涉及外贸综合服务企业的主要政策文件概览。

首先，国务院为外贸综合服务企业提供了原则性的政策支持。2013年，促进外贸发展的"国六条"正式提出外贸综合服务企业的概念，强调对其在融资、通关、退税等方面对中小民营企业出口的支持作用。随后，2015年国务院发布《关于促进跨境电商发展的意见》，强调加强综合服务体系建设，重点培育具备竞争力的跨境电商综合服务企业。进入"十四五"时期，《"十四五"对外贸易高质量发展规划》进一步明确了外贸综合服务企业的引领角色，要求完善其政策框架，鼓励各地创新措施，支持其服务更多中小企业，并提升风险管控能力，构建高效的外贸服务平台。

此外，商务、海关、税务、质检、外汇等部门也为外贸综合服务企业提供了具体支持。在试点方面，2016年商务部等5部门选定了一批企业作为外贸综合服务试点，旨在探索更加适宜的管理模式。在出口退税政策上，2014年国家税务总局发布相关公告，明确了外贸综合服务企业代理中小企业出口货物的退（免）税规定。随后，国家税务总局又在2017年调整了退税政策，明确了代办退税中违法行为的责任归属。在2021年的《关于加快外贸新业态新模式的意见》中，政府强调了代办退税备案工作的落实与效率提升，同时指导外贸综合服务企业规范风险管理，并进一步完善了海关"双罚"机制，确保了综服企业与其客户在合理审查义务下的责任划分。

四、保税维修

2023年8月16日，海关总署发布了《推动综合保税区高质量发展综合改革实施方案》，其中特别强调了对保税维修业务的提质升级支持。为更好地满足企业需求，该方案提出了建立定期调研机制，通过深入了解企业诉求，推动相关部委适时调整保税维修产品目录，从而推动区内保税维修业务的蓬勃发展。此外，2019 年，国务院发布了《关于促进综合保税区高水平开放高质量发展的若干意见》，明确指出，位于综合保税区内的融资租赁企业进口的飞机、船舶、海洋工程结构物等大型设备，可在境内区外按照现有规定开展保税检测维修业务，无须进行实际进出境操作，这为企业实现降本增效提供了有力支持。由此可以看出，针对开展保税维修业务的企业，我国制定了一系列扶持政策，旨在简化审批流程、提高办理效率，进而大幅减少企业的各项成本。具体而言，我国在提升维修业务质量、优化审批流程、支持区内企业开展保税检测维修业务等方面明确了保税维修政策，为保税维修行业的健康发展提供了有力保障。

五、离岸贸易

（一）国内政策

1. 内地的政策

我国内地的离岸贸易政策目前主要集中在跨境资金结算方面，鼓励银行优化内部管理，实施客户分类，提升服务水平。同时，我国内地也更加注重交易的真实性、合法性和商业合理性。在监管上，我国内地加强了贸易背景审核，从源头上防范风险，并注重风险监测管理，以防范跨境资金流动风险。尽管我国内地离岸贸易起步较晚，在外汇监管、税收减免和金融服务等方面仍存在不足，但借鉴国际先进经验，我国内地正逐步采取更加开放的政策，以推动离岸贸易的发展。2024 年 2 月，财政部和税务总局发布了关于在上海自由贸易试验区及临港新片区试点离岸贸易印花税优惠政策的通知，明确了对符合条件的企业免征印花税的政策。这是我国内地针对离岸业务的首条税收优惠政策，标志着我国内地在离岸税制探索和实践上迈出了重要的一步。

2. 香港地区的政策

香港地区在推动离岸贸易发展时，格外注重贸易中间商。中间商在离岸贸易中发挥着举足轻重的作用，他们不仅管理、整合和优化供应链，还推动与贸易相关的服务外包产业的壮大，这些外包产业作为服务贸易的关键环节，进一步细分了传统服务贸易产业，催生了新的服务贸易部门，从而促进了我国香港服务业的转型升级和市场要素的汇聚。

香港地区对离岸业务给予了充分的政策支持，其中最显著的举措是免征离岸贸易企业所得税及其相关税费。此外，香港在投资市场准入方面表现出极大的开放性，没有绝对禁止的行业，不限制外资股比，允许投资者完全控股。在离岸金融领域，香港秉持开放原则，对境内外金融机构一视同仁，放宽金融市场准入条件。在监管方面，香港以《证券及期货条例》《保险公司条例》《银行业条例》等为基础，建立了完善的金融监管法律体系，为离岸金融行业的规范发展提供了有力保障。

（二）国外政策

1. 新加坡

新加坡自1989年起，便着手实施针对离岸贸易的"特许石油贸易商"与"特许国际贸易商"项目，随后于2001年整合为"全球贸易商计划"，旨在吸引跨国贸易商将新加坡视为离岸贸易中心，并在此拓展国际服务贸易业务。新加坡的主要策略聚焦于稳定国内金融市场与政策以及吸引离岸资金两个方面。首先，为确保国内金融市场秩序的稳定及金融货币政策的顺畅实施，新加坡采纳了以内外分离型为基础的渗透型离岸金融模式，允许有条件地实现离岸与在岸账户间的双向渗透。这种业务模式的分割，有效地防止了资本在该国金融市场的频繁流动，从而降低了离岸金融业务对该国金融货币政策稳定性的潜在冲击。其次，为吸引更多的离岸资金并满足离岸金融业务的发展需求，新加坡推出了一系列具有市场竞争力的创新政策和优惠措施。在税收方面，新加坡取消了亚洲货币单位的存款准备金要求，免除了与汇票、信用证和存款证相关的印花税，并对非居民外汇存款利息实施免税政策。同时，商业银行从事离岸金融业务的盈利税被设定为盈利额的 10%，而非本地居民从特定基金获取的离岸收入及贷款合同印花税也得以免征。在外汇管理方面，新加坡逐步放宽并最终取消了外汇管制，极大地促进了离岸金融与外汇业务的蓬勃发展。此外，新加坡还实行了有管理的浮动汇率制度，有效降低了投资风险，提升了投资资金的安全性。

2. 阿联酋

阿联酋的迪拜吸引离岸业务的主要原因在于其无外汇管制和零税率的政策。在税收方面，迪拜国际金融中心确保了零税率优惠政策的实施，同时要求注册的公司和金融机构在本地设立实体部门，进行日常运营，从而在营造优质营商环境的同时，实现对入驻单位和本地金融市场的有效监管。此外，外汇管制的放宽大大减少了政治风险，吸引了大量专业金融资本流入迪拜市场，提升了资本的流动性，形成了积极的"滚雪球效应"，进一步巩固了迪拜作为自由贸易港的地位。迪拜国际金融中心对金融秩序的监管同样重视，金融服务管理局作为综合性管理机构，集证券发行、期货交易、金融犯罪监管等多种职能于一身，具备独立监管、集中高效的特点，为迪拜离岸经济的发展创造了良好的金融市场环境。在市场规则方面，迪拜积极与国际最高标准对接，采纳欧美先进的金融监管方式和准则，建立起高度市场化、法治化、国际化的金融监管制度体系。这些高标准、高透明度的市场规则为入驻迪拜国际金融中心的公司和金融机构提供了明确的行为指导，确保市场主体依法合规运营，从而为迪拜国际金融中心的高速发展奠定了坚实的基础。

3. 日本

20 世纪 80 年代，日本创立了内外分离型离岸金融市场——JOM（Japanese Offshore Market），这一举措通过宽松的政策和有利的营商环境，成功吸引了包括中国香港地区在内的众多国际离岸金融中心的海外资产。其优惠政策涵盖多个方面：在利率管理上，实行市场化改革，取消了存款利率的管制，让市场根据资金供求关系自主决定利率水平；在存款保险方面，借鉴美国银行制度，仅要求商业银行参加国内账户的存款保险，而离岸账户则豁免此项要求；在存款准备金上，废除了离岸市场的法定存款准备金制度，从事离岸业务的商业银行无须向日本银行缴纳准备金，仅当离岸账户向国内账户转账时，按规定比例缴纳一定准备金；在税收政策上，对商业银行的离岸金融业务实行免税政策，免征利息税并减免法人税。然而，离岸金融作为一种制度创新，在带来发展机遇的同时，也伴随着市场风险。为防范金融风险与危机，日本政府实施了金融"防火墙"制度，强化对出入境资金的监管。目前，东京 JOM 实施的离岸金融管制措施主要有：严格限定交易对象为非居民和其他离岸账户，且参与银行需经审批；对离岸账户与国内账户间的资金流动实施严格管控，包括流动资金数额和存贷款限制等方面的规定；禁止利用离岸账户资金进行外汇、票据和证券买卖，以及掉期交易等金融活动。这些措施旨在确保离岸金融市场的健康、有序发展。

（三）国际经验启示

通过深入分析国际离岸业务的先进发展经验，不难发现开放性政策和市场监管政策是推动离岸业务快速发展的两大关键因素。

1. 更具包容性的开放政策吸引离岸业务

在开放性政策方面，各地普遍聚焦于税务、货币和外汇三大领域，不仅免除了外币存款准备金，而且普遍实行无利率和外汇管制政策。同时，针对离岸业务所得税、预扣税、利息税、印花税等税收，多数国家（地区）均采取了放宽或取消的措施。另外，在外资准入方面，没有绝对禁止的行业，允许投资者完全控股，外资金融企业与境内金融机构一视同仁，极大放宽金融市场的准入条件，这些开放性的政策措施大力吸引了离岸贸易的进入。

2. 离岸贸易自由化和离岸市场有效监管协调发展

在监管方面，中国香港地区、新加坡、阿联酋的迪拜和日本等地均建立了完善的离岸市场监管体系，这些体系在追求市场开放的同时，也注重有效监管，确保两者之间的利益均衡。通过不断创新离岸业务制度，并配套完善事中事后监管制度，这些地区有效地限制了离岸交易对象，控制了离岸账户资金流动，禁止了随意使用离岸账户内资金，并实现了境内货币账户与外币账户的分离管控。这些措施为稳定本地离岸市场秩序提供了有力保障，使离岸贸易自由化与离岸市场有效监管在动态平衡中实现了对立统一。

六、海外仓

近年来，我国政府对于海外仓的发展给予了充分支持。2015 年 5 月，商务部发布的《"互联网＋流通"行动计划》中明确提出要将积极推动建设百个电子商务海外仓的战略目标；2016 年的国务院政府工作报告更是将"增设跨境电商试验区，并助力企业构建系列海外仓"作为重要的工作方向；随着"一带一路"倡议的推进，2017 年海关总署表示将大力"鼓励企业在共建国家建设海外仓，以促进贸易便利化"；2021 年，国务院办公厅发布《关于做好跨周期调节进一步稳外贸的意见》，进一步强调"要深化海外仓的布局与影响，并增加财政扶持，推动其高质量发展"；2022 年的国务院政府工作报告再次提及"要加快外贸新模式的推广，特别是海外仓的建设与发展"。这些政策的连续出台，无疑为海外仓的发展注入了强大的动力。

海外仓的建设具备多重显著优势。首先，它沿用了传统的外贸物流模式，通过规范的清关流程进行进口，大幅减少了清关过程中的障碍。其次，依托本地物流网络，海外仓有效降低了物流成本，为卖家迅速抢占海外市场提供了有力支持。再其次，通过本地发货配送，不仅减少了转运环节，降低了商品破损和丢包的风险，而且海外仓内备有各类商品库存，使得退换货服务更为便捷，为消费者带来了更为优质的购物体验。最后，海外仓的本土化运营策略有助于规避目标市场国的贸易壁垒，实现销售的本土化。因此，海外仓的本土化运营策略无疑将成为未来跨境电商发展的一个重要趋势。

第四节　外贸新业态的未来发展趋势

在"互联网＋"的背景下，外贸新业态正经历着前所未有的变革。随着信息技术的迅猛发展，全球贸易结构和运作方式正在被重新塑造。这些变化不仅影响着企业在国际市场中的竞争，也重塑着政策制定者应对新兴贸易的挑战策略。在本节中，课题组将针对"互联网＋"背景下外贸新业态的未来发展趋势进行分析，包括外贸的数字化转型、跨境电商的扩展、供应链的全球化与本地化并行、外贸专业化增值服务不断优化、离岸贸易业务新模式不断涌现和保税维修赋能加工贸易转型等方面。

一、外贸的数字化转型

数字化转型正在快速改变现代外贸的面貌，使得全球贸易流程更为高效、透明和可预测。随着信息技术的不断进步，尤其是大数据、人工智能（AI）、云计算和物联网（IoT）的广泛应用，外贸企业能够更好地适应快速变化的市场需求，提高运营效率，同时降低成本和风险。

（1）数据的广泛应用已经重塑了传统的国际贸易模式，使得企业，尤其是中小企业，能够通过电子商务平台如阿里巴巴、亚马逊等进入国际市场，这不仅减少了企业的资本需求，同时也提高了其市场响应速度和业务范围。数据流动不仅支持信息和想法的交换，还促进了货物、服务、金融和人员的跨境交易，从而为各类企业提供了全新的国际化商业模式和增长机会。然而，这种转变也带来了新的政策挑战。随着数据流的增加，如何保护个人隐私、确保数据安全以及处理跨境数据流动引发的法律和规范问题成为政策制定者需要关注的重点。此外，数据的不对等流动可能会加剧发达经济体和发展中经济体之间的数字鸿沟，影响后者从数字经济中获益。为了充分发挥数据在服务贸易中的作用，各经济体、国际组织及私营部门需合作建立更加公平、透明的国际规则，包括制定支持数据自由流动的国际协议，同时确保这种流动不会损害任何经济体的经济安全和社会稳定。

（2）大数据技术的应用允许外贸企业从海量的交易数据中提取有价值的洞察，以优化决策过程和市场战略。通过对历史交易数据、市场趋势和消费者行为的深入分析，企业可以更精准地预测未来的市场动向，从而制定更有效的产品定位和营销策略。此外，大数据还助力企业实时监控供应链，预测潜在的供应中断问题，及时调整生产和物流计划，以减少库存积压和提高资源利用率。

同时，人工智能技术正逐渐成为外贸企业不可或缺的工具。AI 的运用不仅限于自动化简单的重复任务，更在复杂的决策制定中发挥作用。例如，AI 可以在跨境电商平台上自动处理客户询问和订单处理，提升服务效率和客户满意度。更进一步，AI 在风险管理中的应用也显著提升了企业应对市场波动的能力，通过对全球市场事件的实时分析，AI 帮助企业预测并规避潜在的贸易风险。

此外，云计算为外贸企业提供了强大的数据处理能力和无缝的全球网络连接。通过云服务，小型及中型企业能够无须巨大投资即可享受到高效的数据处理和存储服务，使其能够与大企业在更平等的条件下竞争。此外，云计算的弹性和可扩展性使得企业能够快速适应市场变化，灵活调整其 IT 资源，以应对不同的业务需求和市场机遇。

（3）物联网技术通过将传感器和智能设备集成到贸易产品和运输工具中，为外贸企业提供了前所未有的货物跟踪能力。实时数据的获取不仅优化了货物管理，减少了运输途中的损失，还提高了客户对供应链透明度的满意度。此外，IoT 技术的应用还促进了智能仓库的发展，通过自动化和优化库存管理，显著提升了仓库操作的效率和准确性。

二、跨境电商的扩展

在"互联网+"的背景下，跨境电商的持续扩展是全球经贸一项重要的发展趋势。进入21世纪以来，随着互联网技术的快速进步，跨境电子商务已成为推动国际贸易增长的重要模式。特别是在中国，跨境电商在推动国际贸易方面起着日益重要的作用，这在很大程度上得益于政府对相关政策的积极支持和推动。

在宏观层面，跨境电商可以显著降低交易成本，这不仅促进了商品和服务的跨国流通，还提升了国际贸易的效率和规模，推动了全球贸易的增长和国际经济的整合。据联合国贸发会的数据，全球电商销售在2019年达到了26.7万亿美元，约占全球生产总值的30%；中国的跨境电商销售额在同年达到了2.6万亿美元，约占全球电商销售额的1/3。

在中观层面，跨境电商的扩展改变了传统贸易的行业结构和市场参与者。政府和企业都在积极构建符合跨境电商发展的政策和标准体系。例如，中国政府已经形成了41项跨境电商的国家标准，这些标准旨在规范跨境电商的运作，降低企业的合规成本，同时保护消费者的利益和权益。此外，各种数字化平台如eWTP等，为中小企业提供了一站式的合规解决方案，使其能够更有效地参与到国际市场中去。

在微观层面，跨境电商为个体企业和消费者创造了新的机遇和挑战。企业可以通过直接访问国际市场来增加销售和扩大其市场份额，而无须通过传统的多层次分销系统。消费者则因为跨境电商的便利性和多样性，享受到了更广泛的商品选择和更具竞争力的价格。例如，中国的快手平台通过其国际部门，利用直播加跨境电商的模式，在东南亚市场进行商业化运作，这不仅促进了企业的国际扩展，也改变了消费者的购物习惯。

三、供应链全球化与本地化并行

在"互联网+"的背景下，全球供应链的全球化与本地化并行转变正变得尤为重要。这一转变不仅补充了过去几十年的全球化供应链模式，而且为应对诸多新兴的经济与社会挑战提供支撑。全球化供应链面临的挑战包括政治风险上升、国际贸易紧张、自然灾害频发及全球性公共卫生事件的影响，这些因素促使企业和国家重新考虑供应链的结构，转向更注重弹性而非单纯追求效率的供应链管理模式。

首先，全球化供应链的问题在于其高度依赖于跨国边界的生产和供应活动，这在全球面临封锁和交通限制时尤为脆弱，在新冠疫情期间，全球许多国家的封锁措施严重影响了国际供应链的正常运作，尤其是那些依赖于全球分散供应链的制造业和零售业受到了极大影响。

其次，供应链的本地化趋势通过在消费市场附近制造和运输商品，有效降低了对全球贸易的依赖，增强了对市场变化的快速响应能力。这一策略不仅提高了供应链的安全性和可靠性，也减少了运输成本和时间，使企业能够更灵活地应对突发事件和市场需求的变化。

最后，技术进步如云计算、物联网和人工智能的应用极大地支持了供应链的本地化。现代化的仓储管理系统（WMS）和订单管理系统（OMS）使企业能够实时监控库存和订单状态，预测需求变化，并优化库存管理。这些技术提高了供应链的透明度和效率，使企业能够更有效地管理资源，降低成本，同时提高客户满意度。进一步地，数字化技术的应用还促进了供应链决策的数据驱动化。企业可以通过分析大数据来优化供应链决策，例如通过预测分析来优化库存水平和生产计划，以及通过实时数据来追踪和管理供应链风险。这种数据驱动的方法不仅提升了供应链管理的精准度，也增强了企业的市场竞争力。

综上所述，"互联网+"时代的供应链管理正逐步从全球高效率转向全球和本地并重的高弹性体系。这种转变是对传统全球供应链模式的重要补充，它不仅应对了当前的全球挑战，也为企业提供了更多在变化莫测的市场环境中生存和发展的机会。

四、外贸专业化增值服务不断优化

在"互联网＋"背景下，外贸综合服务企业的模式与功能正在经历显著的变革。这些企业利用互联网技术实现了多方面的优化和扩展，从而提高了外贸操作的效率和效果。随着数字经济的逐步成熟，多个行业开始出现创新的多业态整合，进一步深化了社会分工。

在国际贸易和跨境电商领域，物流和商务活动日益融合，使得某些产业界限变得越来越模糊，整合了从市场分析、采购、销售到物流、关税和售后服务等环节的一站式服务平台应运而生。这些外贸综合服务企业作为"代理人"参与到对外贸易流程中，利用其进出口业务和数字技术的优势，为外贸企业提供物流、报关、商检、融资和供应等全流程业务，让外贸企业能够集中资源于品牌创新、技术开发和产品研究等核心环节，构建了一种新的专业化分工模式，极大地提高了运营效率和客户满意度。

数字技术的应用不仅加速了产业的数字化生态系统升级，还促进了集成供应链管理的发展。外贸综合服务企业通过提供先进的供应链管理服务，帮助客户优化整个供应链，包括供应商的选择和管理、库存控制、生产计划调度以及物流和配送。通过使用互联网技术，外贸综合服务企业能够有效促进供应链内各方的信息共享和协作，以增强整个供应链的协同效应。通过部署集成的供应链管理系统，所有供应链成员如供应商、制造商、物流提供商和分销商都能实时分享关键信息，从而协同作业，减少资源浪费，提高响应速度。

此外，外贸综合服务企业还可以利用深入的市场知识和数据分析能力，帮助企业制定有效的市场切入策略，并提供合规性和法律支持。凭借外贸综合服务企业对目标市场的深入了解，相关企业可以使用市场趋势分析、目标市场消费者行为研究、竞争对手分析以及定价策略等手段帮助客户避免常见的市场进入障碍；同时，外贸综合服务企业可以通过提供法律咨询和合规性支持，帮助企业确保在不同的法律环境中的业务操作符合当地和国际法规，从而规避潜在的风险，大大提高外贸企业在全球市场从商的安全性。

数字技术的应用不仅加速了产业的数字化生态系统升级，还促进了集成的供应链管理和境外仓储服务的发展，为外贸和物流公司提供了专业化的数字平台技术和定制化的物流解决方案，为外贸创新发展注入了新动力。

五、离岸贸易业务新模式不断涌现

在"互联网＋"的背景下，离岸贸易的业务模式经历了显著的演变，这些新型离岸贸易模式通过利用互联网技术和全球化商业策略，提高了交易效率，减少了成本，并使企业能够更灵活地应对国际市场和政治的变化，帮助企业及时适应全球产业链和供应链的快速重构。随着全球供应链的继续演进和数字化工具的进一步发展，预计这些模式将进一步优化，为全球贸易带来更多的机遇和挑战。以下几种新型离岸贸易模式是现阶段对传统模式的扩展和创新。

第一，离岸转手买卖模式。这一模式允许企业在不将商品进口到国内的情况下，在境外进行购买和销售活动。企业通过在境外市场上购买商品后直接转卖，利用国际市场价格差异获取利润。例如，企业可以基于电子提单或仓单进行大宗商品的买卖，而这些交易完全在互联网平台上完成，大大提高了交易效率和透明度。

第二，全球采购贸易模式。在这一模式下，企业通过其境外分支机构整合全球资源，进行原料或产品的采购和销售。这种模式常见于那些因地理或政策限制不能直接出口整机或大型设备的企业。例如，一家企业可能在中国组装机械主件，然后将其运输到越南或其他经济体完成最终的组装和销售，以此绕过贸易壁垒。

第三，委托境外加工模式。企业购买境外的原材料，并委托境外工厂进行加工，最终产品销售至全球各地。这种模式下，企业可以根据成本、专业技术或市场接近度优势选择最合适的生产地。这种模式特别适合那些高度依赖进口原材料和技术的行业，如电子和汽车制造业。

第四，承包工程境外购买货物模式。在这一模式中，承包工程企业直接在境外购买工程实施所需的材料和设备，资金从境内企业跨境支付至第三国的供应商。这种模式适用于国际工程承包，尤其是在基础设施和建筑行业中，企业可以利用本地资源优势，同时降低物流成本。

六、保税维修赋能加工贸易转型

近年来，全球制造业加速向服务型制造延伸转型，保税维修业务应运而生。保税维修也被称为"全球修"，作为外贸新业态之一，它是指企业以保税方式，将来自境外或者境内综保区外的存在零部件损坏、功能失效、质量缺陷等问题的货物运至综保区内进行检测、维修，维修完成后根据其来源复运至境外或者境内综保区外的一种维修方式。作为加工制造产业链上的重要一环，从本质上看，保税维修仍属于加工贸易的一种，能够有效帮助企业以较低的成本整合产业链，在促进业务订单增长的同时，也有利于降低企业境外产品售后压力，提高产品全球市场竞争力。对于采取保税维修的企业而言，其审批时间更短，通关更为便捷，不仅可以大幅降低运营成本，还有助于其深度参与国际市场分工，在市场渠道拓展、品牌竞争力提升等方面赢得优势。在"互联网＋"的背景下，保税维修业务模式经历了显著的发展和变革，这些变革极大提升了维修效率和质量，扩展了服务范围，使保税维修成为跨国公司在维护和修复产品过程中的优选方案。

首先，借助互联网技术的进步，特别是智能传感器和物联网技术的应用，保税维修服务能实现设备的远程诊断与实时监控。这种技术革新不仅减少了对现场检查的依赖，也显著缩短了响应时间及维修周期，从而大幅提高维修作业的效率。其次，数字化管理平台的引入极大提高了保税维修操作的透明度和管理效率。这些平台整合了维修订单管理、客户服务、库存管理和财务处理等多项功能，使企业能够实时跟踪维修进度，优化库存管理，并提供卓越的客户服务。此外，随着全球环保意识的提升，保税维修领域也逐渐强调可持续性发展。互联网技术的利用使得维修服务能够更精确地识别所需材料和零件，减少资源浪费，同时，数字化操作优化了维修过程中的能源使用和废物生成，以符合环保要求。这些技术和管理上的创新不仅优化了保税维修服务的质量和效率，还有助于企业在全球市场中保持竞争力，同时响应环保和可持续发展的全球趋势。

第五节　本章小结

本章从外贸新业态的国际发展、国内发展以及政策比较、未来发展趋势等角度对外贸新业态的发展现状进行了深入分析。

（1）从国际比较来看：首先，新一轮科技革命和产业变革促使互联网技术不断融入各领域，"互联网＋外贸"正赋予外贸新动能，全球 ICT 货物贸易发展迅速，中国已成为 ICT 货物贸易第一大贸易国。其次，互联网技术的不断迭代更新加速融入服务行业，"互联网＋外贸"正赋予外贸新动能，全球 ICT 服务贸易发展迅速，中国已成为 ICT 服务贸易第三大贸易国。最后，数字服务贸易逐渐成为数字经济时代重要贸易形态，中国在数字服务贸易方面呈稳定发展的态势。

（2）从国内外贸新业态的发展情况来看，我国六种不同的外贸新业态在近年均实现了较大发展。跨境电商作为我国外贸新业态的主要业态模式，发展表现最为亮眼。

（3）从国内外外贸新业态政策比较情况来看，跨境电商政策方面，我国虽然已经制定了支持类政策和规范类政策，但与电子商务贸易强国相比仍然存在差距。未来仍需要从法律法规、税收、监管、支付、物流领域进一步完善我国跨境电商政策。离岸贸易方面，我国的政策主要集中于跨境资金结算方面，未来同样需要对标离岸贸易发达的经济体，进一步完善外汇监管、税收减免和金融服务政策。

（4）"互联网＋"背景下外贸新业态发展的未来趋势将表现在以下几方面：外贸的数字化转型、跨境电商的扩展、供应链全球化与本地化并行、外贸专业化增值服务不断优化、离岸贸易业务新模式不断涌现和保税维修赋能加工贸易转型。

第五章

全球货物贸易发展的比较分析

国际贸易始于奴隶社会，其产生的前提是具有可供交换的剩余产品和独立政权的社会实体。16 世纪至 18 世纪中叶，工场手工业的发展大大提高了劳动生产率，同时航海技术的发展最终构建了世界市场，国际贸易的规模得以扩大。18 世纪 60 年代的第一次产业革命，使得英国迅速成为了全球贸易中心，推动了国际贸易加速发展，同时纺织品成为了重要的贸易商品。这种良好的发展态势一直保持到第一次世界大战之前。在两次世界大战之间，全球经历了三次经济危机，国际贸易遭受了重创。二战之后，国际贸易开始恢复发展。

第一节　全球货物贸易规模发展史

一、战后复苏阶段（1948~1967 年）

（一）全球货物贸易发展

第二次世界大战之后，战后重建成为了西方各国的首要任务。西方主要工业国家不遗余力地推动本国经济的复苏和发展，成为了战后国际贸易得以发展的根本原因。同时，以美国为首的西方国家在第二次世界大战之后主导构建了新的国际经贸秩序，《关税与贸易总协定》（General Agreement on Tariffs and Trade, GATT）于 1948 年 1 月 1 日正式生效，旨在通过降低关税等手段来推动国际贸易的发展，这标志着全球贸易的发展进入了新阶段。1948 年，全球货物贸易进出口总额为 1209.22 亿美元，到 1967 年，全球货物贸易进出口总额为 4474.17 亿美元，增长了 270%，年均增长率为 7.13%（见图 5 - 1）。

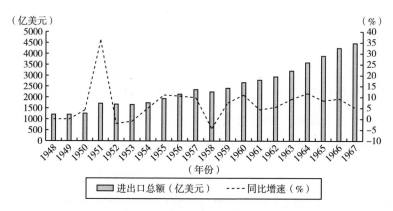

图 5 - 1 1948 ~ 1967 年全球货物贸易进出口总额和同比增速

资料来源：联合国贸发会议数据库。

从图 5 - 1 中可以看出，在这复苏发展的 20 年中，货物贸易规模整体呈现增长的态势。前半阶段（1948 ~ 1958 年），全球货物贸易的年均增长率为 6.39%。由于战后美国希望通过开拓国外市场来解决自身产能过剩的问题，同时帮助西欧国家进行战后经济重建，美国于 1947 年开始实施"马歇尔计划"（The Marshall Plan），具体向西欧国家提供美元援助，使得欧洲经济得以迅速复苏，尤其是 1951 年，欧洲进出口总额同比增长率达到了 38.05%。但由于各国战后复苏和发展的进度不一，使得全球货物贸易的发展呈现波动式上涨。后半阶段（1959 ~ 1967 年），全球货物贸易的年均增长率为 7.95%。美国战后的经济繁荣催生了一大批中产阶级，他们对电视、汽车等高档产品的需求增强，消费支出的激增进一步推动国内生

产的蓬勃发展，同时也促进了美国对外贸易的发展。欧洲经济共同体
（European Economic Community，EEC）以及欧洲自由贸易联盟（European
Free Trade Association，EFTA）的成立，使得欧洲内部的关税和其他贸易
壁垒逐步取消，实现了区域内贸易自由，极大地推动了货物贸易的发展。
1962 年美国通过《扩大贸易法》（Trade Expansion Act），旨在通过谈判降
低与欧洲经济体之间的关税壁垒。欧美各国推动自由贸易的各项努力使得
这一阶段的全球货物贸易加速增长。

（二）五大洲比较

战后欧美国家的发展重心和政策导向，使得美洲和欧洲的货物贸易进
出口总额在 1948 ~ 1967 年占据了全球货物贸易总额的 75% 左右。其中欧
洲货物贸易进出口总额从 1948 年的 509.09 亿美元增长到 1967 年的
2403.96 亿美元，年均增长率达到了 8.51%，在全球货物贸易进出口总额
中占比从 1948 年的 42.10% 逐步上升至 1967 年的 53.73%，始终保持全球
货物贸易第一大洲；美洲货物贸易进出口总额从 1948 年的 409.57 亿美元
增长到 1967 年的 1084.82 亿美元，年均增长率达到了 5.26%，在全球货
物贸易进出口总额中占比从 1948 年的 33.87% 逐步下滑至 1967 年的
24.25%，但始终是全球货物贸易第二大洲（见图 5-2）。

以发展中经济体为主的亚洲、非洲和大洋洲在第二次世界大战后经
济发展相对缓慢，战争的重创和欧美列强殖民统治，使得这三大洲的大
部分经济体经历了长期缓慢的经济复苏过程。得益于日本和中国战后经
济的快速发展，亚洲货物贸易进出口总额从 1948 年的 155.71 亿美元增
长到 1967 年的 660.49 亿美元，年均增长率达到了 7.90%，在全球货物
贸易进出口总额中占比保持在 14% 左右，是全球货物贸易第三大洲。非
洲货物贸易进出口总额从 1948 年的 93.69 亿美元增长到 1967 年的
222.93 亿美元，年均增长率达到了 4.67%，在全球货物贸易进出口总
额中占比从 1948 年的 7.75% 逐步下滑至 1967 年的 4.98%，是全球货物
贸易第四大洲。大洋洲货物贸易进出口总额从 1948 年的 41.17 亿美元

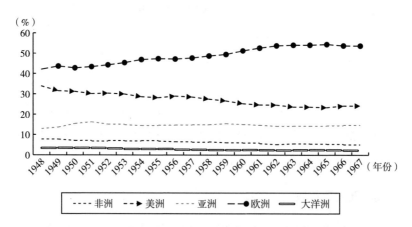

图 5 - 2　1948 ~ 1967 年五大洲货物贸易进出口总额在全球的占比

资料来源：联合国贸发会议数据库。

增长到 1967 年的 101.97 亿美元，年均增长率达到了 4.89%，在全球货物贸易进出口总额中占比从 1948 年的 3.40% 逐步下滑至 1967 年的 2.28%，是全球货物贸易第五大洲（见图 5 -2）。

（三）不同类型经济体比较

由于正确的政策导向和良好的经济基础，发达经济体战后迅速复苏。20 世纪 50 年代初，西欧和日本等发达经济体已经恢复甚至超越战前经济水平。美国凭借二战中积累的生产力一跃成为了全球最大经济体，并积极拓展国际贸易，"马歇尔计划"和布雷顿森林体系推动美元成为国际货币，并促进了国际经济新秩序的构建。发达经济体货物贸易进出口总额从 1948 年的 828.37 亿美元增长到 1967 年的 3561.70 亿美元，年均增长率达到了 7.98%，在全球货物贸易进出口总额中占比从 1948 年的 68.50% 逐步上升至 1967 年的 79.61%，牢牢掌握了全球货物贸易的主导权（见图 5 -3）。

发展中经济体经济基础薄弱，战后还面临政治独立和民族独立等问题，因此战后经济复苏缓慢。发展中经济体货物贸易进出口总额从 1948

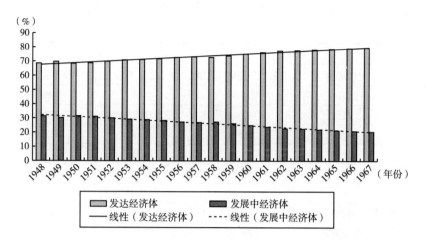

图 5 - 3　1948 ~ 1967 年发达经济体和发展中经济体货物
贸易进出口总额在全球的占比

资料来源：联合国贸发会议数据库。

年的 380.86 亿美元增长到 1967 年的 912.46 亿美元，年均增长率达到了
4.71%，在全球货物贸易进出口总额中占比从 1948 年的 31.50% 逐步下跌
至 1967 年的 20.39%，与发达经济体之间的差距越来越大（见图 5 - 3）。

（四）各经济体间的比较

　　美国的经济实力在第二次世界大战中得到显著提升，战后美国实施
"马歇尔计划"，推动建立布雷顿森林体系，在全球市场中积极推动经济扩
张，构建国际政治经济新秩序。1948 ~ 1967 年，美国货物贸易进出口总额
位居全球第一。西欧战后接受美国援助，实现快速经济复苏，构建欧洲经
济共同体和欧洲自由贸易联盟，推动货物贸易迅速发展，西欧大部分经济
体在 1967 年已经进入全球前 20 位。日本货物贸易在这一阶段也有大幅提
升，从 1948 年的第 31 位一跃成为 1967 年的第 5 位。从排名上也可以看出
发达经济体与发展中经济体之间的差距，1967 年全球货物贸易进出口总
额前 20 位的经济体中发展中经济体仅有 4 个（见表 5 - 1）。

表 5 -1　1948 年和 1967 年全球货物贸易进出口总额前 30 名的经济体

单位：亿美元

排名	1948 年		1967 年	
	经济体	货物贸易进出口总额	经济体	货物贸易进出口总额
1	美国	207.34	美国	596.87
2	英国	149.75	德意志联邦共和国	393.06
3	加拿大	59.42	英国	322.93
4	法国	55.63	法国	244.69
5	比利时	36.75	日本	221.04
6	荷兰	33.32	加拿大	218.19
7	阿根廷	31.90	意大利	185.34
8	澳大利亚	29.90	荷兰	182.36
9	印度	27.22	苏联	181.89
10	南非	27.22	比利时	143.68
11	意大利	26.16	瑞典	92.28
12	苏联	25.07	瑞士	75.35
13	瑞典	24.84	澳大利亚	74.01
14	巴西	23.10	德意志民主共和国	67.35
15	德意志联邦共和国	21.91	南非	57.91
16	瑞士	19.28	丹麦	56.91
17	委内瑞拉	17.36	捷克斯洛伐克	55.44
18	新加坡	15.36	波兰	51.71
19	捷克斯洛伐克	14.34	西班牙	48.03
20	埃及	13.06	中国	45.57
21	丹麦	12.82	委内瑞拉	45.22
22	古巴	12.37	挪威	44.85
23	墨西哥	11.98	印度	43.85
24	挪威	11.65	奥地利	41.18
25	波兰	11.13	匈牙利	34.78
26	马来西亚	10.78	中国香港	33.45
27	芬兰	9.88	巴西	33.21
28	新西兰	9.68	芬兰	31.89
29	菲律宾	9.54	罗马尼亚	30.65
30	荷属安的列斯	9.49	伊朗	30.48

资料来源：联合国贸发会议数据库。

二、快速发展阶段（1968～1980 年）

（一）全球货物贸易发展

第二次世界大战结束后，全球范围内掀起了第三次科技革命的浪潮，这是继蒸汽机革命和电力革命之后的一次重大技术飞跃，主要涉及原子能、电子计算机、空间技术和生物工程的发明和应用。劳动生产率的提高不再单纯依靠劳动强度的提升，更多依赖生产技术的进步和劳动者素养的提升，这极大地推动了人类社会经济领域的变革和发展。20 世纪 60 年代末期到 80 年代，全球货物贸易进入快速发展阶段，货物贸易进出口总额从 1968 年的 4958.48 亿美元增长到 1980 年的 41411.35 亿美元，增长了735%，年均增长率为 19.35%（见图 5-4）。

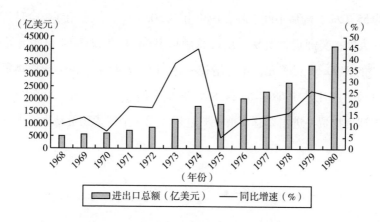

图 5-4 1968～1980 年全球货物贸易进出口总额和同比增速

资料来源：联合国贸发会议数据库。

20 世纪 60 年代以来，全球市场汇率稳定，国际贸易壁垒逐步取消，各国不断开辟国际合作新领域，这些因素促进了全球货物贸易快速平稳的发展。70 年代初，美元贬值造成了金融市场的波动，1973 年 1 月，以美元为中心的布雷顿森林体系宣告瓦解。同年，第四次中东战争导致了石油价格飞涨，引发了二战之后全球最大的经济危机。此次经济危机造成了西方国家陷入经济滞胀，使得全球市场需求减少，各国贸易保护主义抬头，贸易摩擦加剧，从而使得 1975 年全球贸易增长率剧烈下跌，之后经历了较长时间的缓慢增长。

（二）五大洲比较

20 世纪 60 年代，宽松的全球贸易环境和相对稳定的政治经济局势，使得欧美货物贸易进出口总额在 1970 年达到巅峰，占据全球货物贸易进出口总额的 83.70%。之后席卷全球的美元危机和石油危机使欧美市场陷入经济滞胀，市场萧条与通货膨胀并存，使得其占据全球货物贸易进出口总额的比重不断下降，到 1980 年，占比为 70.59%。欧洲货物贸易进出口总额从 1968 年的 2649.13 亿美元增长到 1980 年的 20743.61 亿美元，年均增长率达到了 18.71%，在全球货物贸易进出口总额中占比在 1972 年到达顶峰，为 55.72%，随后不断下降，1980 年为 50.09%，但它始终是全球货物贸易第一大洲；美洲货物贸易进出口总额从 1968 年的 1233.54 亿美元增长到 1980 年的 8490.52 亿美元，年均增长率达到了 17.44%，在全球货物贸易进出口总额中占比从 1968 年的 24.88% 逐步下滑至 1980 年的 20.50%。1979 年，美洲货物贸易进出口总额被亚洲赶超，成为全球货物贸易第三大洲（见图 5-5）。

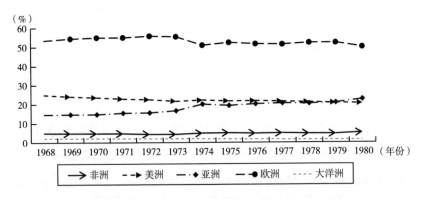

图 5-5 1968~1980 年五大洲货物贸易进出口总额在全球的占比

资料来源：联合国贸发会议数据库。

20 世纪 70 年代，日本凭借先进的技术设备和科学的管理过程，实现工业生产的高度机械化和自动化，使得日本的劳动生产率达到了世界领先水平。同时亚洲的韩国和新加坡，以及中国的台湾和香港地区，承接了西方发达国家劳动密集型产业，吸引外资和技术，大力推动出口贸易。亚洲货物贸易进出口总额从 1968 年的 724.60 亿美元增长到 1980 年的 9390.09 亿美元，年均增长率达到了 23.80%，在全球货物贸易进出口总额中占比从 1968 年的 14.64% 逐步上升至 1980 年的 20.74%，超越了美洲，是全球货物贸易第二大洲（见图 5-5）。

非洲货物贸易进出口总额从 1968 年的 243.18 亿美元增长到 1980 年的 2178.68 亿美元，年均增长率达到了 20.05%，在全球货物贸易进出口总额中占比从 1968 年的 4.90% 缓慢上升至 1980 年的 5.26%，是全球货物贸易第四大洲。大洋洲货物贸易进出口总额从 1968 年的 108.03 亿美元增长到 1980 年的 608.45 亿美元，年均增长率达到了 15.49%，在全球货物贸易进出口总额中占比从 1968 年的 2.18% 进一步下滑至 1980 年的 1.47%，是全球货物贸易第五大洲（见图 5-5）。

（三）不同类型经济体比较

20 世纪 70 年代，美元危机和石油危机最终造成的 1973~1975 年经济危机从英、美、日逐步蔓延至其他西方发达经济体，对发达经济体的经济造成重大打击。发达经济体的生产下滑严重，1975 年后生产回升，但速度缓慢。同时经济危机造成的通货膨胀持续发酵，使得发达经济体进入了滞胀阶段，即经济停滞、高通胀率和高失业率并存时期。由于市场需求下降，各经济体的贸易保护主义抬头，贸易摩擦加剧。发达经济体货物贸易进出口总额从 1968 年的 3395.76 亿美元增长到 1980 年的 30702.00 亿美元，年均增长率达到了 20.14%，在全球货物贸易进出口总额中占比从 1968 年的 80.58% 逐步上升至 1972 年的 82.11%，随后下滑至 1980 年的 74.14%，仍然在全球货物贸易中占据绝对优势（见图 5-6）。

20 世纪 60 年代，大部分发展中经济体通过发展国有经济与制订经济

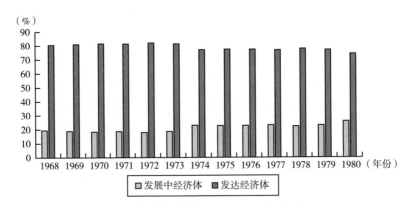

图 5 - 6 1968～1980 年发达经济体和发展中经济体货物

贸易进出口总额在全球的占比

资料来源：联合国贸发会议数据库。

计划加速自身的工业化进程。70 年代，在全球范围内发生了以劳动密集型产业为主的产业转移，由发达经济体向发展中经济体转移。发展中经济体货物贸易进出口总额从 1968 年的 962.72 亿美元增长到 1980 年的 10709.35 亿美元，年均增长率达到了 22.23%，超过了发达经济体的年均增长率；同时，在全球货物贸易进出口总额中占比从 1968 年的 19.42% 逐步上升至 1980 年的 25.86%，与发达经济体之间的差距都逐步减小（见图 5 - 6）。

（四）各经济体间的比较

在这一阶段，美国虽然仍是货物贸易的全球第一大国，其进口额和出口额都位居第一，但是与第二名的差距明显缩小。美国也由上一阶段的贸易顺差，逐步变为贸易逆差，并且差额不断加大。联邦德国和日本的崛起，使得全球货物贸易逐步形成美国、欧洲、日本三足鼎立的形态。从表 5 - 2 中可以看出，1980 年全球货物贸易额前 3 位的分别是美国、联邦德国和日本；第 4～10 位中除了沙特阿拉伯这个石油输出大国，其他都是欧洲国家。第 11～20 位则分布更为广泛：非洲经济体两个，南非主要出口矿产品和贵金属及其制品，尼日利亚主要出口石油；亚洲经济体两个——新加坡和中国香港地区；北美洲为加拿大；南美洲为巴西；欧洲三个经济体；大洋洲为澳大利亚。同时，亚洲地区货物贸易发展迅速，除了日本，中国等7个经济体也进入全球前30名。

表 5 - 2　　　**1980 年全球货物贸易进出口总额前 30 名的经济体**　　单位：亿美元

排名	经济体	进出口总额	进口额	出口额
1	美国	4825.51	2569.85	2255.66
2	德意志联邦共和国	3808.62	1880.02	1928.60
3	日本	2717.37	1412.96	1304.41
4	法国	2539.54	1375.31	1164.23
5	英国	2256.82	1155.45	1101.37
6	意大利	1788.45	1007.41	781.04
7	荷兰	1733.66	884.19	849.47
8	苏联	1450.15	685.15	765.00
9	沙特阿拉伯	1392.49	301.66	1090.83
10	比利时	1364.00	718.60	645.40
11	加拿大	1302.77	625.44	677.33
12	瑞士	659.73	363.41	296.32
13	瑞典	643.43	334.38	309.05
14	西班牙	547.98	340.78	207.20
15	南非	451.23	195.98	255.25
16	巴西	450.93	249.61	201.32
17	澳大利亚	443.42	223.98	219.44
18	新加坡	433.82	240.07	193.75
19	中国香港	433.17	229.94	203.23
20	尼日利亚	426.28	166.60	259.68
21	奥地利	419.33	244.44	174.89
22	伊拉克	402.90	139.41	263.49
23	墨西哥	401.74	221.43	180.31
24	韩国	398.04	222.92	175.12

续表

排名	经济体	进出口总额	进口额	出口额
25	中国台湾	395.96	197.54	198.42
26	中国	380.40	199.41	180.99
27	德意志民主共和国	376.70	190.80	185.90
28	波兰	361.40	191.20	170.20
29	丹麦	360.89	193.40	167.49
30	挪威	354.68	169.26	185.42

资料来源：联合国贸发会议数据库。

在贸易差额方面，前50位的经济体中仅有17个是贸易顺差，其中大部分都是石油出口国，尤其是70年代石油危机之后，这些经济体实现了贸易顺差。联邦德国战后受益于"马歇尔计划"迅速恢复经济发展，并成为了主要的贸易顺差国。

三、波动发展阶段（1981～2002 年）

（一）全球货物贸易发展

20世纪80年代以来，全球货物贸易呈现波动发展的态势。经历了70年代的长期经济滞胀后，80年代初欧美发达经济体的需求急剧下降，各经济体的贸易保护主义抬头，全球货物贸易发展呈现负增长，其中，1982年全球货物贸易总额同比下跌了6.25%。从1983年开始，随着发达经济体的经济回暖，全球货物贸易恢复正增长，1987年全球货物贸易总额同比增长率达到了17.37%。1987年美国股灾引发全球主要股票市场连续大幅下挫，引发经济危机，使得1989～1993年全球货物贸易增长率放缓。随着90年代初苏联解体，俄罗斯市场逐渐开放，同时中国的改革开放进一步加深，推进了全球化的进程。然而，1997年爆发的亚洲金融危机，几乎席卷了中国以外所有的亚洲地区，使得亚洲货物贸易受到了极大的冲击，从而全球货物贸易再次滑向低谷（见图5-7）。

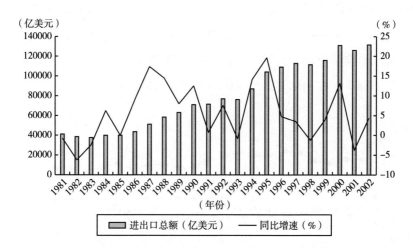

图 5 − 7　1981 ~ 2002 年全球货物贸易进出口总额和同比增速

资料来源：联合国贸发会议数据库。

货物贸易进出口总额从 1981 年的 41093. 58 亿美元增长到 2002 年的 131636. 29 亿美元，增长了 220%，年均增长率为 5. 70%。80 年代和 90 年代的年均增长率几乎持平，整个阶段比上一阶段增速放缓约 13. 65%，随着世界经济的动荡发展而呈现波动式增长态势（见图 5 − 7）。

（二）五大洲比较

从图 5 − 8 中可以明显看出，1981 ~ 2002 年，欧洲货物贸易全球第一的优势逐步缩小，亚洲逐渐拉开了与美洲的距离，非洲和大洋洲的货物贸易全球份额进一步降低。80 年代以来全球经济发展不平衡进一步加剧，欧洲外部面对美国和日本的压力，内部面临各国利益纷争，80 年代初期其货物贸易额占全球的比重在 47% 上下波动。1986 年，欧洲经济共同体 12 个成员国签订了《欧洲单一法案》，根据该法案，欧洲将在 1992 年底初步建立统一大市场，实现人员、物资、资本和服务业的完全自由流动，同时将成员国的合作拓展到经济、社会、文化、政治等方方面面，将原有的欧洲经济共同体改名欧洲共同体。这一重大利好迅速推动了欧洲货物贸易的发展，其货物贸易进出口总额由 1985 年的 20743. 61 亿美元，增长到

1996 年的 49242.24 亿美元，年均增长率达到 8.17%，其间受到美国股灾的影响，1991～1993 年增速放缓，甚至出现负增长。1997 年的亚洲金融危机同样影响了欧洲，1997～2002 年欧洲货物贸易总额年均增长率仅为 3.24%，2002 年在全球货物贸易中的占比也滑落到44%以下。

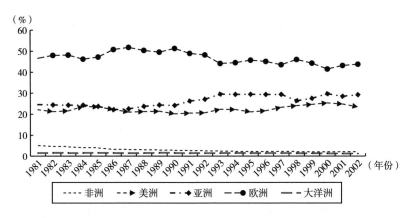

图 5 - 8　1981～2002 年五大洲货物贸易进出口总额在全球的占比

资料来源：联合国贸发会议数据库。

日本经济的腾飞、亚洲"四小龙"的发展和中国的改革开放共同推动了这一时期亚洲货物贸易的发展。日本的劳动密集型产业和亚洲"四小龙"所承接的发达经济体劳动密集型产业，由于自身条件的限制，开始向中国和东盟等其他亚洲发展中经济体转移，逐步形成了一种相互依存、相互补充的雁阵型发展格局。亚洲货物贸易进出口总额从 1981 年的 10091.77 亿美元增长到 2002 年的 38498.08 亿美元，年均增长率达到了 6.58%，是这一阶段全球货物贸易进出口总额增长最快的洲，在全球货物贸易进出口总额中占比从 1981 年的24.56%逐步上升至 2002 年的29.25%，是全球货物贸易第二大洲（见图 5 - 8）。

美国在 80 年代采用减税和缩减政府预算等手段刺激经济，逐步走出 70 年代经济滞胀的阴影，推动美洲货物贸易的加速发展，甚至在 1986 年，美洲货物贸易总额占全球的比重达到22.23%，短暂地超越亚洲。1986 年为了应对欧洲统一大市场，美国和加拿大签订了《美加自由贸易协定》，随后与墨西哥谈判，并最终于 1994 年和加拿大、墨西哥共同成立北美自由贸易区，实现区域内货物自由流通并减免关税。美洲货物贸易进出口总额从 1981 年的 9090.56 亿美元增长到 2002 年的 30874.57 亿美元，年均增长率达到了 6.00%，在全球货物贸易进出口总额中占比在 20% ~ 25% 间波动，是全球货物贸易第三大洲（见图 5 - 8）。

非洲和大洋洲的货物贸易总额在全球的占比持续走弱。非洲货物贸易进出口总额从 1981 年的 2101.20 亿美元增长到 2002 年的 2808.43 亿美元，年均增长率仅为 1.39%，在全球货物贸易进出口总额中占比持续下降至 2.13%，是全球货物贸易第四大洲。大洋洲货物贸易进出口总额从 1981 年的 646.91 亿美元增长到 2002 年的 1782.24 亿美元，年均增长率达到了 4.94%，在全球货物贸易进出口总额中占比从 1981 年的 1.57% 波动下滑至 2002 年的 1.35%，是全球货物贸易第五大洲（见图 5 - 8）。

（三）不同类型经济体比较

图 5 - 9 显示，1981 ~ 2002 年，在全球货物贸易中，发达经济体继续占有绝对优势，发展中经济体的地位虽然有所提升，但并不明显。1981 年发达经济体的货物贸易进出口总额达到 29887.09 亿美元，占全球货物贸易总额的 72.73%，到 1986 年提升至全球的 79.97%，随后受到 90 年代初美国股灾的影响，占比不断下滑至 2002 年的 71.73%。这一阶段发达经济体货物贸易总额的年平均增速为 5.63%。

80 年代贸易保护主义抬头，发达经济体以维护消费者、生产者和保护环境的名义，制定了各种产品的安全、卫生和环境保护标准和技术规定，这些复杂苛刻的标准和规定起到重要的保护本国产业的作用，对于自由贸易所造成的阻碍远大于关税壁垒，尤其是发展中经济体的货物贸易受到了极大的影响。1981 ~ 1986 年，发展中经济体的货物贸易进出口总额从 11206.49 亿美元下落至 8718.61 亿美元，下跌了 22.20%。从 1987 年开始，发展中经济体的货物贸易恢复增长，从 10271.51 亿美元增长到 2002 年的

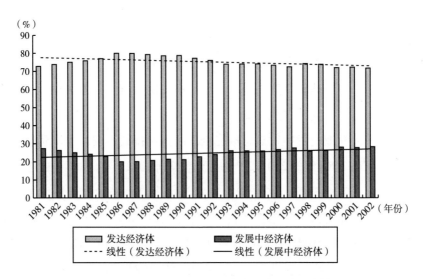

图 5 - 9　1981~2002 年发达经济体和发展中经济体货物

贸易进出口总额在全球的占比

资料来源：联合国贸发会议数据库。

37211.02 亿美元，年均增长率达到了 8.96%，其间受到亚洲金融危机的影响，在 1998 年出现了短暂的下滑（见图 5 - 9）。

（四）各经济体间的比较

从表 5 - 3 中可以看出，和上一阶段相比，2002 年全球货物贸易总额前 3 位的经济体没有发生变化，前 10 位经济体中有 6 个是欧洲国家，全球货物贸易仍然维持欧、美、日三足鼎立的局面。中国在这一阶段表现最为抢眼，由 1980 年的第 26 位上升至 2002 年第 6 位，也是进入前 10 位的唯一发展中经济体。同时相比于 1980 年，亚洲"四小龙"的排名都有所提高，且都进入前 20 位。北美自由贸易区的加拿大和墨西哥分别位列全球第 8 位和第 12 位，相比 1980 年的第 11 位和第 23 位，发展较快。90 年代初苏联解体，俄罗斯在 2002 年只位列全球第 19 位。

在 2002 年贸易差额方面，美国以 5071.27 亿美元高居贸易逆差榜首，其次是英国和西班牙分别以 838.79 亿美元和 394.17 亿美元位列第 2 位和第 3 位。德国以 1255.48 亿美元位居贸易顺差第 1 位，其后是日本和俄罗斯，它们的贸易顺差分别为 795.32 亿美元和 463.35 亿美元。中国的贸易顺差为 304.26 亿美元，位居全球第 5 位。

表 5 - 3　　　　2002 年全球货物贸易总额前 30 名的经济体　　单位：亿美元

排名	经济体	进出口总额	进口额	出口额
1	美国	18933.33	12002.30	6931.03
2	德国	11061.12	4902.82	6158.30
3	日本	7539.20	3371.94	4167.26
4	法国	6609.81	3292.62	3317.19
5	英国	6442.69	3640.74	2801.95
6	中国	6207.66	2951.70	3255.96
7	意大利	5014.41	2470.15	2544.26
8	加拿大	4798.93	2274.99	2523.94
9	荷兰	4633.22	2192.64	2440.58
10	比利时	4144.38	1983.11	2161.27
11	中国香港	4098.95	2079.68	2019.27
12	墨西哥	3337.68	1730.86	1606.82
13	韩国	3145.97	1521.26	1624.71
14	西班牙	2907.91	1651.04	1256.87
15	中国台湾	2484.10	1133.30	1350.80
16	新加坡	2416.18	1164.41	1251.77
17	瑞士	1788.88	871.89	916.99
18	马来西亚	1738.20	797.60	940.60
19	俄罗斯	1682.67	609.66	1073.01
20	奥地利	1569.71	782.99	786.72
21	瑞典	1484.53	669.54	814.99
22	爱尔兰	1406.63	523.98	882.65
23	澳大利亚	1377.22	726.89	650.33
24	泰国	1327.53	646.45	681.08
25	巴西	1101.60	497.22	604.38
26	丹麦	1078.14	503.20	574.94

续表

排名	经济体	进出口总额	进口额	出口额
27	印度	1057.67	565.17	492.50
28	沙特阿拉伯	1047.46	322.93	724.53
29	印度尼西亚	975.06	383.40	591.66
30	波兰	964.30	552.98	411.32

资料来源：联合国贸发会议数据库。

四、全球深化阶段（2003～2014 年）

（一）全球货物贸易发展

进入 21 世纪，经济全球化和区域经济一体化已经成为了世界经济发展的重要特征。WTO 于 2001 年启动多哈回合多边贸易协定谈判，成员方之间经济发展水平的较大差异导致利益诉求差距大，尤其是在农业和非农产品市场准入问题上分歧严重，使得谈判迟迟无法取得进展。因此，区域经济合作受到越来越多经济体的关注和重视，希望通过紧密的区域经济合作，实现区域贸易自由化。世界三大区域贸易组织——欧盟、北美自由贸易区和东盟，都有不断扩张的趋势。同时，科学技术的进步尤其是信息化革命，推动全球生产力迅速发展，构建了以高科技、信息和知识为基础的国际分工新体系。90 年代的金融危机迫使各经济体进行金融改革，形成更加稳定的国际金融市场，极大提高了资本在国际上流动的速度。这些都为全球货物贸易的高速发展提供了便利条件。2003～2008 年，全球货物贸易进出口总额从 15.37 万亿美元增长到 32.62 万亿美元，翻了一番，年均增长率达到了 16.24%（见图 5－10）。

2008 年美国发生次贷危机，引发全球金融市场动荡，使得 2009 年全球货物贸易进出口总额下跌至 25.25 万亿美元，同比下跌－22.57%，这是二战以来全球货物贸易发展的最大跌幅。次贷危机对全球经济造成了深远影响，货物贸易进出口总额直到 2011 年才恢复到金融危机前的数值。

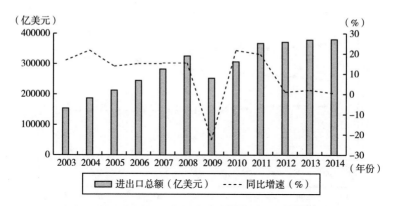

图 5 – 10　2003 ～ 2014 年全球货物贸易进出口总额和同比增速

资料来源：联合国贸发会议数据库。

随后，2009 ～ 2014 年间全球货物贸易的年平均增长率为 8.55%，显著低于 2003 ～ 2008 年的增长率（见图 5 – 10）。

（二）五大洲比较

进入 21 世纪以来，全球贸易中心向亚洲转移。中国、亚洲"四小龙"和东盟国家保持良好的经济增长态势，推动了亚洲经济实力的增强。中国成为了"世界制造基地"，不断深化改革开放政策；亚洲"四小龙"和东盟各国则大力发展外向型经济。亚洲地区科技实力取得长足增长，半导体技术、航天技术、芯片技术、机器人技术等领域具有世界领先水平。2003 ～ 2014 年间，亚洲货物贸易总额的年平均增长率为 11.31%，亚洲货物贸易总额占世界货物贸易总额的比重逐年增长，从 2003 年的 29.86% 上升到 2014 年的 39.19%，并在 2012 年超过欧洲，成为全球货物贸易的第一大洲（见图 5 – 11）。

20 世纪末，欧盟快速扩张，到 2004 年，欧盟已经有 25 个成员。2002年，欧元正式流通，开始刺激欧洲货物的强劲发展。2003 ～ 2008 年，欧洲货物贸易进出口总额从 6.92 万亿美元增长到 13.89 万亿美元，年平均增长率达到了 14.95%，占全球货物贸易总额的比重从 45.03% 下滑至42.59%。2008 年美国次贷危机爆发后，欧洲经济受到严重影响，陷入衰

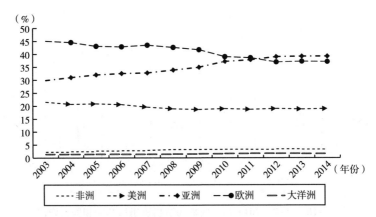

图 5 - 11　2003 ~ 2014 年五大洲货物贸易进出口总额在全球的占比

资料来源：联合国贸发会议数据库。

退边缘，2009 ~ 2014 年欧洲货物贸易进出口总额年均增长率仅为 2.65%，占全球货物贸易总额的比重快速滑落至 2014 年的 37.08%，不再是全球货物贸易第一大洲（见图 5 - 11）。

美洲货物贸易在 2003 ~ 2008 年间高速发展，年均增长率达到了 13.23%，随后受到 2008 年次贷危机的影响，货物贸易发展滞缓。美洲的货物贸易进出口总额在 2003 ~ 2014 年间的年平均增长率为 7.36%，在世界货物贸易进出口总额的占比总体呈下降趋势，从 2003 年的 21.51% 下降至 2014 年的 18.98%，仍然是全球货物贸易第三大洲。非洲和大洋洲的整体比重下降，但在这一阶段的发展呈上升趋势，非洲货物贸易进出口总额占世界货物贸易进出口总额的比重从 2003 年的 2.24% 上升至 2014 年的 3.19%，年平均增长率为 12.12%，是全球货物贸易第四大洲。大洋洲货物贸易的全球份额则从 2003 年的 1.36% 增长至 2014 年的 1.55%，年平均增长率为 9.94%，是全球货物贸易第五大洲（见图 5 - 11）。

（三）不同类型经济体比较

进入 21 世纪以来，随着经济全球化的深化、科技的进步以及劳动生产率的提高和需求结构的变化，发达经济体的经济结构有了显著变化，第三产业比重上升，第一、第二产业比重逐渐下跌。发达经济体制造业大批向发展中经济体转移，使得发达经济体货物贸易在全球货物贸易中所占的比重锐减，从 2003 年的 71.30% 下跌至 2014 年的 58.86%。发达经济体货物贸易进出口总额由 2003 年的 10.96 万亿美元增长到 2014 年的 22.41 万亿美元，年均增长率达到了 6.71%，比上一阶段高出 1.08%，可见整体发展加速，尤其是 2003～2008 年，年均增速高达 14.12%（见图 5-12）。

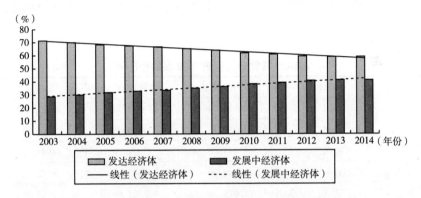

图 5-12　2003～2014 年发达经济体和发展中经济体货物贸易进出口总额在全球的占比

资料来源：联合国贸发会议数据库。

发展中经济体在 21 世纪成为了全球货物贸易的重要力量。经过战后 60 多年的发展，发展中经济体努力推进工业化进程，已经取得了显著的成果。中国和部分东南亚国家已经在全球货物贸易中起到了举足轻重的作用。发展中经济体货物贸易进出口总额从 2003 年的 44114.91 亿美元增长到 2014 年的 156602.23 亿美元，年均增长率达到了 12.21%，比发达经济体年均增长率高一倍，在全球货物贸易进出口总额中占比从 2003 年的 28.70% 增至 2014 年的 41.14%。进入 21 世纪后，发展中经济体在货物贸易方面迅速发展，与发达经济体差距逐渐减少（见图 5-12）。

（四）各经济体间的比较

中国经济加速发展，进出口贸易的增长速度快于世界主要经济体和新兴经济体，2007 年中国货物贸易出口额超过美国，成为全球货物贸易出口第一大国，许多重要的工农业产品产量位居世界前列。2010 年中国国内生产总值超过日本，成为世界第二大经济体。2013 年中国货物贸易总额超过美国，成为全球货物贸易第一大国，打破了长久以来美国一直位居榜首的局面。2014 年中国、美国、德国和日本分别位居全球货物贸易总额前 4 位，中国香港和韩国分别位居第 8 位和第 9 位，使得前 10 位中有 4 个亚洲经济体、5 个欧洲经济体，全球货物贸易的发展呈现多元格局态势（见表 5 - 4）。

表 5 - 4　　　　　　　2014 年货物贸易总额前 30 名的经济体　　　　单位：亿美元

排名	经济体	进出口总额	进口额	出口额
1	中国	43015. 26	19592. 33	23422. 93
2	美国	40330. 78	24125. 47	16205. 31
3	德国	27014. 06	12071. 93	14942. 13
4	日本	15024. 10	8122. 08	6902. 02
5	荷兰	12619. 79	5895. 69	6724. 10
6	法国	12580. 09	6766. 17	5813. 92
7	英国	12049. 15	6941. 26	5107. 89
8	中国香港	11248. 95	6007. 65	5241. 30
9	韩国	10986. 54	5255. 63	5730. 91
10	意大利	10041. 90	4743. 94	5297. 96
11	加拿大	9516. 18	4753. 18	4763. 00
12	比利时	9258. 91	4537. 00	4721. 91
13	墨西哥	8084. 92	4115. 81	3969. 11
14	俄罗斯	8046. 84	3078. 77	4968. 07
15	新加坡	7932. 92	3779. 14	4153. 78
16	印度	7856. 02	4629. 09	3226. 93
17	西班牙	6833. 92	3588. 60	3245. 32
18	阿联酋	6190. 61	2760. 25	3430. 36
19	中国台湾	6019. 41	2818. 49	3200. 92
20	瑞士	5869. 43	2757. 40	3112. 03

排名	经济体	进出口总额	进口额	出口额
21	沙特阿拉伯	5162.65	1738.33	3424.32
22	澳大利亚	4773.25	2373.51	2399.74
23	巴西	4616.86	2407.63	2209.23
24	泰国	4552.09	2277.48	2274.61
25	波兰	4436.08	2235.56	2200.52
26	马来西亚	4427.77	2088.50	2339.27
27	土耳其	4176.46	2511.42	1665.04
28	奥地利	3602.98	1820.75	1782.23
29	印度尼西亚	3544.70	1781.78	1762.92
30	捷克	3292.58	1542.37	1750.21

资料来源：联合国贸发会议数据库。

全球货物贸易的集中度较高，2014年排名前3的中、美、德三个经济体的货物贸易出口总额占全球货物贸易出口总额的28.72%，它们的进口总额占比为29.26%，几乎占据了全球货物贸易的三成。同时全球货物贸易进口前10位的经济体和出口贸易前10位的经济体分别占全球货物贸易进口总额和出口总额的52.20%和50.21%。贸易差额方面，2014年中国是全球最大的贸易顺差经济体，顺差额为3830.6亿美元，德国位居第二，顺差额为2870.2亿美元；美国是全球最大的贸易逆差经济体，逆差额高达7920.16亿美元，英国位居第二，逆差额为1833.37亿美元。

五、"互联网+外贸"阶段（2015年至今）

（一）全球货物贸易发展

经受了2008年美国次贷危机对全球经济的冲击后，2010年全球开始经济缓慢复苏，但全球市场的有效需求不足，使得全球货物贸易增长滞缓。全球货物贸易总额在2011年恢复到危机之前的规模，但呈现锯齿状走势。2013年世界贸易组织的159个成员一致达成了"巴厘一揽子协定"，成为 2001 年以来多哈回合谈判的首个成果，也是世界贸易组织成立 18 年以来的首个多边协定，力图推动全球贸易加速回暖，但收效甚微。受到世界经济下行的压力，全球市场持续萎缩，2015 年，全球货物贸易进出口总额的同比增长 – 12.54%，进出口总额为 33.29 万亿美元，2016 年继续下跌 3.15%，跌破 2008 年的全球货物贸易进出口总额，这是继 2009 年之后再次出现下降（见图 5 – 13）。

2016～2018 年全球货物贸易出现恢复性增长，但 2020 年初暴发的新冠疫情，使得全球贸易再次受到冲击。多数经济体为了应对疫情采取各种限制性的措施，使得正常的经济活动暂停，从而影响产业链、供应链，最终影响全球经济和贸易。2020 年货物贸易进出口总额为 35.53 万亿美元，同比增长 – 7.37%。2015～2020 年间，全球进出口总额的年平均增长率仅为 1.31%。2021 年，新冠疫情得到有效控制，全球货物贸易进出口额达到了 44.91 万亿美元，创下新高，超越了疫情前的水平（见图 5 – 13）。

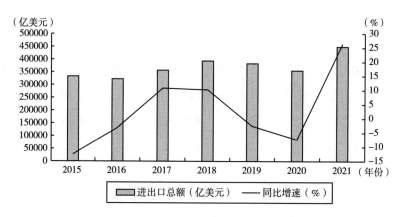

图 5 – 13　2015～2021 年全球货物贸易进出口总额和同比增速

资料来源：联合国贸发会议数据库。

（二）五大洲比较

现阶段，世界经济复苏乏力，前期次贷危机的影响尚未完全消除，又受到新冠疫情的冲击，使得全球市场的有效需求不足，货物贸易增长速度放缓。2013 年中国提出建设"丝绸之路经济带"和"21 世纪海上丝绸之路"的合作倡议，简称"一带一路"，推动了中国与共建"一带一路"国家的经贸合作。在"一带一路"倡议的推动下，亚洲区域统一大市场加速形成。2015～2021 年，亚洲占世界货物贸易的比重稳步提升，从 2015 年的 39.40%上升到 2021 年的 41.03%，6 年间货物贸易进出口总额的年均增长率为 5.83%，是全球货物贸易的第一大洲（见图 5–14）。

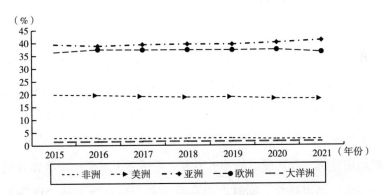

图 5–14　2015～2021 年五大洲货物贸易进出口总额在全球的占比

资料来源：联合国贸发会议数据库。

欧洲经济缓慢复苏，石油价格的持续下跌和量化宽松的货币政策，为企业营造了良好的经营环境，希腊债务危机的缓解增强了欧元区经济的稳定性，同时欧元汇率下行也提高了欧元区商品的国际竞争力。为推动欧洲克服欧债危机对增长和就业的影响，欧盟于 2014 年底出台了大规模的投资计划——容克计划，进一步拉动欧洲经济增长，推动货物贸易发展。2015 年后，欧洲货物贸易所占全球的比重几乎没有变化，保持在 36%左右，货物贸易进出口总额的年平均增长率为 5.17%，是全球货物贸易第二大洲（见图 5–14）。

2015 年以来，美洲货物贸易占全球的比重缓慢下落，从 2015 年的 19.86%下降到 2021 年的 18.21%，6 年间进出口总额的年平均增长率为 3.61%，增长率低于亚洲和欧洲，保持全球货物贸易第三大洲的水平。非洲和大洋洲的货物贸易进出口总额占全球的比重没有较大改变。非洲货物贸易占世界比重从 2015 年的 2.89% 下降至 2021 年的 2.65%，进出口总额年平均增长率为 3.58%，是全球货物贸易第四大洲。大洋洲货物贸易所占世界比重从 2015 年的 1.48% 上升到 2021 年的 1.62%，进出口总额的年均增长率为 6.78%，是全球货物贸易的第五大洲（见图 5 - 14）。

（三）不同类型经济体比较

在这一阶段，发展中经济体和发达经济体货物贸易占全球的比重几乎保持不变。发展中经济体货物贸易进出口总额从 2015 年的 13.69 万亿美元增长到 2021 年的 19.19 万亿美元，年均增长率达到了 5.78%，在全球货物贸易进出口总额中占比从 2015 年的 41.13% 升至 2021 年的 42.71%。相比于上一阶段，发展中经济体的年均增长率下跌了 6.43%（见图 5 - 15），可见发展中经济体受到疫情的冲击更大。疫情之下发展中经济体普遍遭遇了资本外流，出口减少，同时由于自身公共卫生系统和社会保障能力较弱，应对疫情可以采取的措施单一，使得经济体内经济和社会生活受到重创。

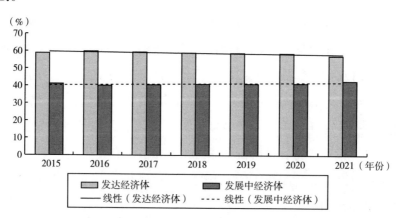

图 5 - 15　2015～2021 年发达经济体和发展中经济体货物
贸易进出口总额在全球的占比

资料来源：联合国贸发会议数据库。

发达经济体货物贸易进出口总额由 2015 年的 19.60 万亿美元增长到 2021 年的 29.73 万亿美元，年均增长率达到了 4.64%，在全球货物贸易进出口总额中占比从 2015 年的 58.87% 降至 2021 年的 57.29%。相比上一个阶段，发达经济体货物贸易的增长率下滑了 2.07%（见图 5-15）。

（四）各经济体间的比较

新冠疫情使得缓慢复苏的全球经济再次遭受重创。在这一阶段，中国经济增长虽然放缓，但仍然能够保持合理增幅，呈现缓中趋稳的积极态势，同时产业转型升级和新的增长点都在为推动经济增长积蓄力量。中国具有较为完备的产业链和供应链，使得中国经受住了疫情的冲击，并迅速为全球抗击疫情提供物资保障。2021 年中国货物贸易进出口总额达到 60524.68 亿美元，保持全球第 1 名的位置，而排名第 2 位的美国进出口总额为 46896.14 亿美元，中国与美国之间的进出口总额差距逐渐拉大（见表 5-5）。

表 5-5　　　　**2021 年货物贸易进出口总额前 30 名的经济体**　　　　单位：亿美元

排名	经济体	进出口总额	进口额	出口额
1	中国	60524.68	26886.33	33638.35
2	美国	46896.14	29353.14	17543.00
3	德国	30520.60	14201.29	16319.31
4	荷兰	15944.97	7579.86	8365.11
5	日本	15250.06	7689.75	7560.31
6	中国香港	13822.60	7123.57	6699.03
7	法国	12988.69	7141.02	5847.67
8	韩国	12594.93	6150.93	6444.00
9	意大利	11678.08	5575.24	6102.84
10	英国	11619.50	6937.73	4681.77
11	比利时	10554.91	5102.08	5452.83
12	墨西哥	10172.18	5224.54	4947.64
13	加拿大	10116.30	5040.16	5076.14

续表

排名	经济体	进出口总额	进口额	出口额
14	印度	9683.33	5729.09	3954.24
15	新加坡	8635.83	4062.26	4573.57
16	中国台湾	8297.93	3821.01	4476.92
17	西班牙	8011.68	4181.76	3829.92
18	俄罗斯	7978.14	3039.94	4938.20
19	阿联酋	7726.88	3475.29	4251.59
20	瑞士	7042.62	3240.69	3801.93
21	波兰	6762.48	3383.40	3379.08
22	越南	6675.10	3315.81	3359.29
23	澳大利亚	6059.93	2611.64	3448.29
24	泰国	5388.88	2668.82	2720.06
25	马来西亚	5370.07	2379.79	2990.28
26	巴西	5155.04	2346.90	2808.14
27	土耳其	4966.42	2714.25	2252.17
28	捷克	4379.14	2115.08	2264.06
29	沙特阿拉伯	4290.28	1528.49	2761.79
30	印度尼西亚	4258.90	1960.41	2298.49

资料来源：联合国贸发会议数据库。

  2021年，中、美、德仍然位居排行榜的前3位，但日本从第4位滑落到了第5位，和荷兰互换了排位，量化宽松的货币政策并没有使得日本经济走出疲软。中国香港从2014年的第8位上升至第6位，而英国从2014年的第6位下滑至第10位，"脱欧"使英国的政治、经济和社会生活都面临着重构，减少了英国与欧盟的贸易，同时提升了英国企业的出口成本，使得英国货物贸易受创。前10位的经济体没有发生变化，亚洲有4个、欧洲有5个，再加上美国，但是排名有所调整。

  贸易差额方面，2021年中国是全球最大的贸易顺差经济体，顺差为6752.02亿美元，德国位居第二，顺差额为2118.02亿美元；美国是全球最大的贸易逆差经济体，逆差额高达11810.14亿美元，英国位居第二，逆差额为 2255.96 亿美元。

第二节　全球货物贸易结构发展特征

一、分类方法说明

在全球经济日益一体化的背景下，随着技术的持续革新，不同经济体的货物出口贸易的产品结构频繁调整与变动。对于产品结构的传统分类方法，主要是基于 SITC 的一位数分类，其中第 0～4 类归为初级产品，第 6 类和第 8 类为劳动密集型产品，而第 5 类和第 7 类则属于资本密集型产品。然而，这种分类方式较为宽泛，难以精准地评估经济体的出口结构层次。为了更细致地分析出口产品的技术构成，拉奥（Lall，2000）按照技术密集度的差异，将出口产品细分为五个类别：初级产品（PP）、资源性产品（RP）、低技术产品（LT）、中技术产品（MT）以及高技术产品（HT）。在此基础之上进一步将四大类制成品细化为九个更为具体的类别。而岳敏等（2016）则采用了 SITC REV.3 的两位数分类标准，涵盖了 62 类商品。他们根据商品的要素密集度特性，将这些商品划分为四大类，即资源密集型产品、劳动密集型产品、资本密集型产品和技术密集型产品（见表 5－6）。本书将基于此方法研究 1995～2021 年间全球货物贸易进出口格局的动态变化。

表 5－6　　　　　　　　　　　货物贸易结构分类

要素密集度	技术密集度	细分产品	SITC REV.3
资源密集型	初级产品	—	00～09，21，22，23，24，27，28，32，34
	资源性产品	农业加工产品	11，12，29，41，42，43，63
		其他资源性产品	33，68
劳动密集型	低技术产品	纺织服装产品	25，26，61，65，83，84，85
		其他低技术产品	57，58，62，64，66，69，82，89

续表

要素密集度	技术密集度	细分产品	SITC REV. 3
资本密集型	中技术产品	汽车工业产品	78, 79
		中技术加工产品	52, 53, 55, 56, 59, 67, 81
		工程机械产品	72, 73, 74, 77
技术密集型	高技术产品	电子电力产品	71, 75, 76, 88
		其他高技术产品	51, 54, 87

注：（1）由于 SITC 第 9 类产品从技术角度区分困难，所以本书不对此类产品进行研究。（2）由于部分经济体缺失第 35 类产品的贸易数据，所以第 35 类产品未进行分类。（3）表中其他资源性产品为包括石油制品、有色金属制品等产品在内的其他资源性产品；其他低技术产品为包括橡胶制品、塑料制品、家具等产品在内的其他低技术产品；中技术加工产品为包括肥料、染料等无机化学制品在内的中技术加工产品；其他高技术产品为包括医药制品、有机化学制品、专业科学仪器在内的其他高技术产品。

二、进出口格局变化

（一）资源密集型产品

1. 出口

从资源密集型产品的出口格局看，美国在 1995～2021 年间一直位居第一，且优势显著，占据了全球资源密集型产品出口总额的 10% 左右。1995 年全球资源密集型产品出口前 10 位经济体的份额占据了全球的 50.84%，前 20 位经济体的份额占据了全球的 71.41%，出口格局集中化。2021 年，全球资源密集型产品出口前 10 位经济体的份额占据了全球的 48.89%，前 20 位经济体的份额占据了全球的 68.96%，虽然相比 1995 年比重略有下降，但整体仍呈现出口集中的态势（见表 5 – 7）。

表 5 – 7   资源密集型产品出口格局变化（1995 年和 2021 年）

排名	1995 年			2021 年		
	经济体	出口额（百亿美元）	出口额占世界比重（%）	经济体	出口额（百亿美元）	出口额占世界比重（%）
1	美国	9.56	10.02	美国	49.20	9.35
2	荷兰	5.95	6.23	俄罗斯	29.40	5.59

排名	1995 年			2021 年		
	经济体	出口额（百亿美元）	出口额占世界比重（%）	经济体	出口额（百亿美元）	出口额占世界比重（%）
3	加拿大	5.53	5.80	澳大利亚	28.10	5.35
4	法国	5.47	5.73	阿联酋	24.80	4.73
5	德国	4.94	5.18	加拿大	24.80	4.71
6	沙特阿拉伯	4.33	4.53	沙特阿拉伯	22.20	4.22
7	英国	3.99	4.18	荷兰	20.30	3.85
8	澳大利亚	3.06	3.20	德国	19.70	3.75
9	比利时	2.98	3.12	巴西	19.70	3.75
10	挪威	2.73	2.85	中国	18.90	3.59
11	印度尼西亚	2.65	2.77	挪威	13.20	2.50
12	意大利	2.34	2.45	印度	12.20	2.31
13	中国	2.32	2.43	印度尼西亚	12.00	2.28
14	巴西	1.98	2.08	法国	11.20	2.14
15	马来西亚	1.95	2.05	西班牙	10.80	2.05
16	西班牙	1.86	1.95	意大利	10.10	1.92
17	墨西哥	1.71	1.79	英国	9.84	1.87
18	新加坡	1.64	1.72	比利时	9.53	1.81
19	委内瑞拉	1.64	1.71	马来西亚	8.53	1.62
20	丹麦	1.55	1.62	墨西哥	8.25	1.57

资料来源：联合国商品贸易数据库。

由于资源密集型产品的出口更依赖于出口的资源禀赋，因此全球资源密集型产品的主要出口国变动并不明显。相比于 1995 年，2021 年全球资源密集型产品出口前 20 位经济体中新上榜的经济体只有三个：俄罗斯、阿联酋和印度；落榜的是 1995 年最后三位经济体：新加坡、委内瑞拉和丹麦（见表 5-7）。

1995 年，中国资源密集型产品的出口额为 232 亿美元，位居全球第 13 位，2021 年中国资源密集型产品的出口额上涨至 1890 亿美元，年均增长率达到 8.40%，位居全球第 10 位（见表 5-7）。

2. 进口

1995 年,全球资源密集型产品进口最大的经济体是日本,由于自身资源匮乏以及当时日本经济高度发达,使得其进口额高达 1500 亿美元,占全球的 13.70%。2021 年,全球资源密集型产品进口最大的经济体是中国,高速发展的经济使得中国对资源型产品的需求巨大,其进口额为 10300 亿美元,占全球的 19.11%,比第二名美国高出近 1 倍(见表 5 – 8)。

表 5 – 8 　　　 资源密集型产品进口格局变化(1995 年和 2021 年)

排名	1995 年			2021 年		
	经济体	进口额(百亿美元)	进口额占世界比重(%)	经济体	进口额(百亿美元)	进口额占世界比重(%)
1	日本	15.00	13.70	中国	103.00	19.11
2	美国	13.50	12.37	美国	54.60	10.09
3	德国	10.30	9.42	德国	32.20	5.95
4	法国	6.24	5.72	日本	31.50	5.83
5	意大利	5.44	4.98	印度	23.40	4.33
6	英国	4.91	4.50	韩国	23.40	4.32
7	荷兰	4.31	3.95	荷兰	18.20	3.37
8	韩国	3.97	3.64	英国	17.70	3.28
9	比利时	3.63	3.33	法国	16.70	3.08
10	西班牙	3.17	2.91	意大利	16.20	3.00
11	中国	2.31	2.12	西班牙	12.10	2.25
12	加拿大	2.31	2.11	比利时	11.70	2.16
13	中国香港	2.06	1.89	新加坡	9.72	1.80
14	新加坡	1.98	1.81	泰国	7.37	1.36
15	巴西	1.46	1.34	马来西亚	7.04	1.30
16	印度	1.33	1.22	波兰	6.63	1.23
17	瑞士	1.16	1.06	阿联酋	6.54	1.21
18	瑞典	1.14	1.04	越南	6.49	1.20
19	泰国	1.13	1.04	印度尼西亚	6.11	1.13
20	奥地利	1.11	1.02	巴西	5.28	0.98

资料来源:联合国商品贸易数据库。

1995 年，全球资源密集型产品进口前 10 位经济体的份额占据了全球的 64.52%，前 20 位经济体的份额占据了全球的 79.17%，对资源密集型产品的需求相对集中。2021 年，全球资源密集型产品出口前 10 位经济体的份额占据了全球的 62.36%，前 20 位经济体的份额占据了全球的 76.98%，虽然相比 1995 年的比重略有下降，但整体进口需求仍表现出集中的态势（见表 5 - 8）。

2021 年全球资源密集型产品进口前 20 位经济体中发展中经济体从 1995 年的 3 个上升至 9 个，其中中国和印度进入前 10 位，其他七个经济体位列第 14 ~ 20 位，发达经济体仍然在资源密集型产品进口中占据主导地位（见表 5 - 8）。

（二）劳动密集型产品

1. 出口

劳动密集型产品属于低技术产品，是发达经济体向发展中经济体转移的主要产业。从表 5 - 9 可以发现，1995 年全球劳动密集型产品出口前 10 位经济体中发展中经济体只有中国（第 5 位），前 20 位中只有四个发展中经济体：中国、泰国（第 15 位）、印度（第 18 位）和墨西哥（第 20 位）。随着全球产业链布局的深化，劳动密集型产业不断在发展中经济体布局，2021 年全球劳动密集型产品出口前 10 位经济体中发展中经济体就有四个：中国（第 1 位）、印度（第 5 位）、越南（第 8 位）和波兰（第 10 位），其中中国以绝对优势位居榜首，占据全球的比重高达 26.89%；前 20 位发展中经济体还有泰国（第 17 位）、阿联酋（第 18 位）、墨西哥（第 19 位）和捷克（第 20 位）。

1995 年，全球劳动密集型产品出口前 10 位经济体的份额占据了全球的 61.27%，前 20 位经济体的份额占据了全球的 79.99%，其中发展中经济体仅占 11.21%，劳动密集型产品出口全球分布集中，发达经济体占有优势。2021 年，全球劳动密集型产品出口前 10 位经济体的份额占据了全球的 61.83%，前 20 位经济体的份额占据了全球的 78.79%，其中发展中经济体占 40.66%。劳动密集型产品出口中，发展中经济体已经逐步赶超发达经济体，成为出口主力军（见表 5 - 9）。

表 5 - 9 　　　　劳动密集型产品出口格局变化（1995 年和 2021 年）

排名	1995 年			2021 年		
	经济体	出口额（百亿美元）	出口额占世界比重（%）	经济体	出口额（百亿美元）	出口额占世界比重（%）
1	德国	10.90	9.42	中国	106.00	26.89
2	美国	10.50	9.05	德国	28.90	7.35
3	意大利	9.09	7.85	美国	26.10	6.64
4	中国香港	8.57	7.40	意大利	17.30	4.39
5	中国	7.49	6.47	印度	12.10	3.07
6	法国	5.93	5.12	荷兰	11.80	3.00
7	比利时	5.05	4.36	法国	11.30	2.88
8	日本	4.83	4.17	越南	10.40	2.64
9	英国	4.79	4.14	韩国	9.83	2.50
10	韩国	3.81	3.29	波兰	9.73	2.47
11	加拿大	3.78	3.27	中国香港	8.48	2.16
12	荷兰	3.51	3.03	西班牙	8.32	2.12
13	西班牙	2.15	1.86	日本	8.31	2.11
14	瑞士	1.97	1.70	比利时	7.16	1.82
15	泰国	1.92	1.66	英国	6.29	1.60
16	奥地利	1.91	1.65	加拿大	6.15	1.56
17	瑞典	1.87	1.61	泰国	5.69	1.45
18	印度	1.75	1.51	阿联酋	5.66	1.44
19	芬兰	1.49	1.28	墨西哥	5.49	1.40
20	墨西哥	1.33	1.15	捷克	5.12	1.30

资料来源：联合国商品贸易数据库。

中国劳动密集型产品出口从 1995 年的 749 亿美元增至 2021 年的 10600 亿美元，年均增长率达到了 10.73%，成为全球劳动密集型产品出口的最大经济体，占全球的比重高达 26.89%（见表 5 - 9）。

2. 进口

1995～2021 年，美国一直是全球劳动密集型产品进口的最大经济体，随着劳动密集型产业不断外移，其占全球劳动密集型产品进口的比重从15.47%上升至18.49%。相比1995年，2021年全球劳动密集型产品进口最大的五个经济体中美国（第1位）、德国（第2位）、法国（第4位）和英国（第5位）均保持位次不变，中国由1995年的第10位上升至2021年的第3位。前10位的经济体中只有波兰（第10位）是新上榜的经济体，前20位中新上榜的经济体也只有4个，因此劳动密集型产品进口主体经济体整体较为稳定，变化不大（见表5-10）。

表5-10　　劳动密集型产品进口格局变化（1995年和2021年）

排名	1995年			2021年		
	经济体	进口额（百亿美元）	进口额占世界比重（%）	经济体	进口额（百亿美元）	进口额占世界比重（%）
1	美国	17.70	15.47	美国	65.50	18.49
2	德国	11.80	10.29	德国	27.30	7.70
3	中国香港	7.78	6.81	中国	24.30	6.87
4	法国	6.88	6.03	法国	16.40	4.62
5	英国	6.72	5.88	英国	13.20	3.73
6	日本	6.56	5.74	日本	11.30	3.19
7	意大利	4.48	3.92	荷兰	11.20	3.17
8	比利时	4.44	3.89	意大利	11.20	3.15
9	荷兰	3.60	3.15	中国香港	9.41	2.66
10	中国	3.43	3.00	波兰	8.74	2.47
11	加拿大	3.29	2.88	西班牙	8.26	2.33
12	瑞士	2.63	2.30	印度	7.91	2.23
13	西班牙	2.28	2.00	韩国	7.54	2.13
14	奥地利	2.06	1.80	越南	6.61	1.87
15	韩国	1.91	1.67	比利时	6.39	1.80
16	墨西哥	1.90	1.66	俄罗斯	6.07	1.71

续表

排名	1995 年			2021 年		
	经济体	进口额 （百亿美元）	进口额占世界 比重（%）	经济体	进口额 （百亿美元）	进口额占世界 比重（%）
17	新加坡	1.73	1.51	瑞士	6.04	1.71
18	澳大利亚	1.38	1.21	阿联酋	5.85	1.65
19	瑞典	1.36	1.19	澳大利亚	5.76	1.63
20	泰国	1.19	1.04	奥地利	5.03	1.42

资料来源：联合国商品贸易数据库。

1995 年，全球劳动密集型产品进口前 10 位经济体的份额占据了全球的 64.18%，前 20 位经济体的份额占据了全球的 81.44%，对劳动密集型产品的需求相对集中。2021 年，全球劳动密集型产品出口前 10 位经济体的份额占据了全球的 56.05%，前 20 位经济体的份额占据了全球的 74.53%，相比 1995 年比重呈现下降的趋势，但整体进口需求仍较为集中（见表 5 – 10）。

1995 年全球劳动密集型产品进口前 20 位经济体中发展中经济体有 3 个：中国（第 10 位）、墨西哥（第 16 位）和泰国（第 20 位），2021 年发展中经济体有 6 个：中国（第 3 位）、波兰（第 10 位）、印度（第 12 位）、越南（第 14 位）、俄罗斯（第 16 位）和阿联酋（第 18 位），劳动密集型产品的进口需求仍主要集中在发达经济体（见表 5 – 10）。

（三）资本密集型产品

1. 出口

资本密集型产品属于中等技术产品，主要包括汽车工业产品、工程机械产品、肥料、染料等无机化学制品等，是发达经济体继劳动密集型产业之后，将制造业向外转移的产业。1995 年全球资本密集型产品出口前 10 位经济体中没有发展中经济体，前 20 位中只有 4 个发展中经济体：墨西哥（第 14 位）、中国（第 17 位）、马来西亚（第 18 位）和巴西（第 20

位)。随着产业链全球化布局以及发展中经济体技术水平的不断提高,2021 年全球资本密集型产品出口前 10 位经济体中发展中经济体有 2 个:中国(第 1 位)和墨西哥(第 9 位),其中中国以占全球出口 16.94% 的绝对优势占据榜首,前 20 位还有马来西亚(第 15 位)、波兰(第 16 位)、捷克(第 18 位)、泰国(第 19 位)和印度(第 20 位)5 个发展中经济体(见表 5 - 11)。

表 5 - 11　　资本密集型产品出口格局变化(1995 年和 2021 年)

排名	1995 年			2021 年		
	经济体	出口额 (百亿美元)	出口额占世界 比重(%)	经济体	出口额 (百亿美元)	出口额占世界 比重(%)
1	日本	25.30	14.84	中国	118.00	16.94
2	德国	24.80	14.58	德国	75.10	10.77
3	美国	22.80	13.35	美国	50.60	7.25
4	法国	11.80	6.94	日本	44.40	6.37
5	意大利	8.99	5.28	韩国	35.60	5.11
6	英国	8.27	4.85	中国香港	31.70	4.55
7	加拿大	6.89	4.04	意大利	22.70	3.25
8	比利时	5.84	3.43	法国	22.60	3.24
9	韩国	5.77	3.38	墨西哥	21.40	3.07
10	荷兰	4.24	2.49	新加坡	21.10	3.02
11	西班牙	3.99	2.34	荷兰	19.10	2.74
12	新加坡	3.73	2.19	英国	13.50	1.94
13	中国香港	3.42	2.01	西班牙	12.90	1.85
14	墨西哥	3.15	1.85	加拿大	11.60	1.66
15	瑞士	2.94	1.73	马来西亚	11.50	1.65
16	瑞典	2.83	1.66	波兰	11.10	1.58
17	中国	2.74	1.61	比利时	10.70	1.53
18	马来西亚	2.22	1.30	捷克	10.30	1.48
19	奥地利	2.15	1.26	泰国	9.36	1.34
20	巴西	1.23	0.72	印度	9.03	1.29

资料来源:联合国商品贸易数据库。

1995 年，全球资本密集型产品出口前 10 位经济体的份额占据了全球的 73.18%，前 20 位经济体的份额占据了全球的 89.85%，其中发展中经济体仅占 5.48%，资本密集型产品出口全球分布高度集中，发达经济体占有显著优势。2021 年，全球资本密集型产品出口前 10 位经济体的份额占据了全球的 63.57%，前 20 位经济体的份额占据了全球的 80.63%，其中发展中经济体占 27.37%。资本密集型产品出口仍主要集中在发达经济体，发展中经济体有着良好的增长趋势（见表 5-11）。

中国资本密集型产品出口从 1995 年的 274 亿美元上涨到 2021 年的 11800 亿美元，年均增长率达到了 15.57%，成为全球劳动密集型产品出口的最大经济体，2021 年的出口额占全球的比重高达 16.94%（见表 5-11）。

2. 进口

1995 年，美国是资本密集型产品进口的全球第一大经济体，占全球的比重高达 16.33%，比第二大经济体德国高出 1 倍多。2021 年，中国超过美国，成为了全球资本密集型产品进口的全球第一大经济体。相比 1995 年，2021 年全球资本密集型产品进口前 10 位的经济体中，新上榜的经济体有中国香港（由第 11 位上升至第 4 位）和荷兰（由第 12 位上升至第 10 位）；前 20 位中新上榜的经济体还有 5 个：越南（第 12 位）、波兰（第 14 位）、印度（第 15 位）、俄罗斯（第 16 位）和澳大利亚（第 20 位），相比于劳动密集型产品，资本密集型产品进口的分布调整较为明显（见表 5-12）。

表 5-12　　资本密集型产品进口格局变化（1995 年和 2021 年）

排名	1995 年			2021 年		
	经济体	进口额（百亿美元）	进口额占世界比重（%）	经济体	进口额（百亿美元）	进口额占世界比重（%）
1	美国	27.10	16.33	中国	95.20	14.32
2	德国	13.60	8.18	美国	87.80	13.20
3	法国	9.34	5.63	德国	46.10	6.93
4	英国	8.65	5.21	中国香港	33.30	5.00

续表

排名	1995 年			2021 年		
	经济体	进口额（百亿美元）	进口额占世界比重（%）	经济体	进口额（百亿美元）	进口额占世界比重（%）
5	加拿大	7.28	4.39	法国	23.60	3.55
6	意大利	6.33	3.81	韩国	20.60	3.09
7	日本	6.26	3.77	英国	18.00	2.71
8	新加坡	5.35	3.22	新加坡	17.20	2.59
9	中国	5.25	3.17	日本	16.80	2.53
10	韩国	5.06	3.05	荷兰	16.80	2.53
11	中国香港	4.99	3.00	意大利	16.30	2.45
12	荷兰	4.37	2.64	越南	13.00	1.96
13	比利时	4.31	2.60	西班牙	12.10	1.82
14	马来西亚	4.30	2.59	波兰	12.00	1.81
15	西班牙	3.83	2.31	印度	11.50	1.74
16	泰国	3.46	2.08	俄罗斯	11.10	1.67
17	墨西哥	2.85	1.71	比利时	10.80	1.62
18	瑞士	2.63	1.58	马来西亚	10.20	1.53
19	奥地利	2.43	1.46	泰国	9.89	1.49
20	瑞典	2.28	1.37	澳大利亚	9.42	1.42

资料来源：联合国商品贸易数据库。

1995 年，全球资本密集型产品进口前 10 位经济体的份额占据了全球的 56.76%，前 20 位经济体的份额占据了全球的 78.10%；2021 年，全球资本密集型产品进口前 10 位经济体的份额占据了全球的 56.45%，前 20 位经济体的份额占据了全球的 73.96%，相比 1995 年变化趋势不明显，但整体进口需求仍较为集中（见表 5 - 12）。

1995 年全球资本密集型产品进口前 20 位经济体中发展中经济体有 4 个：中国（第 9 位）、马来西亚（第 14 位）、泰国（第 16 位）和墨西哥（第 17 位），占全球的比重为 15.86%。2021 年前 20 位经济体中发展中经济体有 7 个：中国（第 1 位）、越南（第 12 位）、波兰（第 14 位）、印度（第 15 位）、俄罗斯（第 16 位）、马来西亚（第 18 位）和泰国（第 19

位），占全球的比重提升到 24.52%（见表 5 - 12）。资本密集型产品的进口需求虽然主要集中在发达经济体，但随着发展中经济体技术的提升和经济的发展，其对资本密集型产品的需求日益增加。

（四）技术密集型产品

1. 出口

技术密集型产品是高技术产品，主要包括电子电力产品、医药制品、有机化学制品、专业科学仪器等。1995 年，美国是技术密集型产品出口的全球第一大经济体，第二大出口经济体是日本，两者占全球的比重达到了 28.94%。前 10 位的经济体全部都是发达经济体。2021 年，中国成为了全球技术密集型产品出口的全球第一大经济体，占全球的比重高达 22.31%，几乎是第二大出口经济体德国的 3 倍。相比 1995 年，2021 年全球技术密集型产品出口前 10 位的经济体中，新上榜的经济体有中国（由第 11 位上升至第 1 位）、爱尔兰（由第 16 位上升至第 7 位）和越南（第 10 位）；前 20 位中新上榜的经济体还有 2 个：印度（第 17 位）和捷克（第 19 位）。从总体而言，技术密集型产品出口的分布较为稳定，变化不明显（见表 5 - 13）。

表 5 - 13　　技术密集型产品出口格局变化（1995 年和 2021 年）

排名	1995 年			2021 年		
	经济体	出口额（百亿美元）	出口额占世界比重（%）	经济体	出口额（百亿美元）	出口额占世界比重（%）
1	美国	13.20	15.06	中国	89.30	22.31
2	日本	12.20	13.88	德国	33.30	8.33
3	德国	8.08	9.20	美国	33.20	8.30
4	英国	6.19	7.06	中国香港	21.00	5.24
5	新加坡	5.00	5.70	瑞士	17.30	4.32
6	法国	4.71	5.36	荷兰	15.20	3.80
7	中国香港	4.11	4.68	爱尔兰	12.30	3.08
8	荷兰	3.36	3.83	日本	12.20	3.06

续表

排名	1995 年			2021 年		
	经济体	出口额（百亿美元）	出口额占世界比重（%）	经济体	出口额（百亿美元）	出口额占世界比重（%）
9	瑞士	2.70	3.08	韩国	11.50	2.87
10	意大利	2.42	2.75	越南	11.40	2.85
11	中国	2.26	2.57	比利时	10.60	2.66
12	马来西亚	2.19	2.49	墨西哥	10.60	2.65
13	韩国	1.97	2.24	法国	10.40	2.61
14	比利时	1.95	2.22	英国	10.20	2.55
15	加拿大	1.80	2.05	新加坡	9.78	2.45
16	爱尔兰	1.78	2.03	意大利	8.50	2.12
17	墨西哥	1.73	1.97	印度	6.15	1.54
18	瑞典	1.53	1.75	泰国	4.85	1.21
19	泰国	1.06	1.21	捷克	4.83	1.21
20	西班牙	0.87	1.00	马来西亚	4.72	1.18

资料来源：联合国商品贸易数据库。

　　1995 年全球技术密集型产品出口前 10 位经济体中没有发展中经济体，前 20 位中只有 4 个发展中经济体：中国（第 11 位）、马来西亚（第 12 位）、墨西哥（第 17 位）和泰国（第 19 位）。2021 年全球技术密集型产品出口前 10 位经济体中发展中经济体有 2 个：中国（第 1 位）和越南（第 10 位），其中中国以占全球出口 22.31% 的绝对优势占据榜首，前 20 位还有墨西哥（第 12 位）、印度（第 17 位）、泰国（第 18 位）、捷克（第 19 位）和马来西亚（第 20 位）五个发展中经济体（见表 5-13）。

　　1995 年，全球技术密集型产品出口前 10 位经济体的份额占据了全球的 70.60%，前 20 位经济体的份额占据了全球的 90.13%，其中发展中经济体仅占 8.24%，技术密集型产品出口全球分布高度集中，发达经济体占有显著优势。2021 年，全球技术密集型产品出口前 10 位经济体的份额占据了全球的 64.16%，前 20 位经济体的份额占据了全球的 84.34%，其中发展中经济体占 32.95%。技术密集型产品出口仍主要集中在发达经济体，发展中经济体不断提升技术水平,保持良好的增速(见表5-13)。

2021年,中国技术密集型产品出口从1995年的226亿美元上涨到8930亿美元,年均增长率达到了15.19%,成为全球技术密集型产品出口的最大经济体,占全球的比重高达22.31%(见表5-13)。

2. 进口

1995~2021年,美国一直是技术密集型产品进口的全球第一大经济体,占全球的比重保持在18%左右,和第二大经济体保持几乎1倍的差距。相比1995年,2021年全球技术密集型产品进口前10位的经济体中,新上榜的经济体有中国(由第12位上升至第2位)和比利时(由第13位上升至第9位);前20位中新上榜的经济体还有6个:印度(第12位)、越南(第16位)、阿联酋(第17位)、俄罗斯(第18位)、巴西(第19位)和波兰(第20位),技术密集型产品进口全球分布调整变化明显(见表5-14)。

表5-14　　技术密集型产品进口格局变化(1995年和2021年)

排名	1995年			2021年		
	经济体	进口额 (百亿美元)	进口额占世界 比重(%)	经济体	进口额 (百亿美元)	进口额占世界 比重(%)
1	美国	16.20	18.35	美国	71.60	18.28
2	德国	7.27	8.26	中国	39.50	10.08
3	英国	5.62	6.38	德国	29.50	7.54
4	日本	5.12	5.82	中国香港	20.20	5.16
5	法国	4.76	5.41	日本	16.30	4.15
6	中国香港	4.33	4.93	荷兰	13.70	3.49
7	荷兰	3.39	3.85	法国	13.00	3.31
8	新加坡	3.25	3.69	英国	12.80	3.26
9	加拿大	3.07	3.49	比利时	10.20	2.60
10	意大利	3.03	3.45	意大利	10.10	2.56
11	韩国	2.29	2.60	韩国	9.74	2.49
12	中国	2.12	2.41	印度	8.43	2.15
13	比利时	2.11	2.40	新加坡	8.14	2.08
14	西班牙	2.00	2.28	西班牙	7.50	1.91

续表

排名	1995 年			2021 年		
	经济体	进口额（百亿美元）	进口额占世界比重（%）	经济体	进口额（百亿美元）	进口额占世界比重（%）
15	瑞士	1.58	1.79	瑞士	7.37	1.88
16	澳大利亚	1.35	1.53	越南	6.47	1.65
17	瑞典	1.29	1.47	阿联酋	6.29	1.61
18	马来西亚	1.23	1.40	俄罗斯	6.27	1.60
19	泰国	1.16	1.32	巴西	5.40	1.38
20	墨西哥	1.15	1.30	波兰	5.21	1.33

资料来源：联合国商品贸易数据库。

1995 年，全球技术密集型产品进口前 10 位经济体的份额占据了全球的 63.63%，前 20 位经济体的份额占据了全球的 82.13%；2021 年，全球技术密集型产品进口前 10 位经济体的份额占据了全球的 60.34%，前 20 位经济体的份额占据了全球的 78.51%，相比 1995 年变化趋势不明显，进口集中度略有下降，整体进口需求仍较为集中（见表 5-14）。

1995 年全球技术密集型产品进口前 20 位经济体中发展中经济体有 4 个：中国（第 12 位）、马来西亚（第 18 位）、泰国（第 19 位）和墨西哥（第 20 位），占全球的比重仅为 5.66%。2021 年发展中经济体有 7 个：中国（第 2 位）、印度（第 12 位）、越南（第 16 位）、阿联酋（第 17 位）、俄罗斯（第 18 位）、巴西（第 19 位）和波兰（第 20 位），占全球的比重提升到 19.80%。技术密集型产品的进口需求仍然主要集中在发达经济体，由于各国对技术出口的管制措施，虽然发展中经济体对技术密集型产品需求大，但进口规模依然较小（见表 5-14）。

三、全球 GDP 前 20 位经济体的货物贸易结构分析

根据联合国商品贸易数据库的数据，2021 年 GDP 前 20 大经济体为美国、中国、日本、德国、印度、英国、法国、意大利、加拿大、韩国、俄

罗斯、澳大利亚、巴西、西班牙、墨西哥、印度尼西亚、荷兰、沙特阿拉伯、瑞士、土耳其。其中发展中经济体有 8 个：中国、印度、俄罗斯、巴西、墨西哥、印度尼西亚、沙特阿拉伯和土耳其。

（一）GDP 前 20 位经济体出口贸易结构变化分析

1995 年，以资源密集型产品出口为主导的经济体有 6 个：俄罗斯、澳大利亚、巴西、印度尼西亚、沙特阿拉伯和荷兰。之后，澳大利亚和巴西的资源密集型产品出口占比进一步上升，其他类型产品的出口占比均下降；荷兰、印度尼西亚和沙特阿拉伯的资源密集型产品出口占比略有下降，荷兰出口向资本密集型和技术密集型产品转移，印度尼西亚出口逐步向资本密集型产品转移，沙特阿拉伯其他类型的产品出口均有上升；俄罗斯总体出口结构不变，以资源密集型产品为主，资本密集型产品为辅。到 2021 年，这 6 个经济体出口仍然是以资源密集型产品出口为主导（见表 5–15）。

表 5–15 　　　　　GDP 前 20 位经济体的出口贸易结构　　　　单位:%

经济体	资源密集型产品		劳动密集型产品		资本密集型产品		技术密集型产品	
	1995 年	2021 年	1995 年	2021 年	1995 年	2021 年	1995 年	2021 年
美国	16.41	28.04	17.97	14.90	39.04	28.87	22.67	18.94
中国	15.57	5.61	50.37	31.45	18.40	35.15	15.17	26.55
日本	2.38	6.52	10.90	10.97	57.08	58.68	27.51	16.17
德国	9.54	12.07	21.06	17.67	47.94	45.92	15.59	20.37
印度	25.01	30.80	55.09	30.60	11.70	22.86	6.58	15.57
英国	17.04	20.91	20.44	13.37	35.27	28.76	26.43	21.66
法国	19.29	19.20	20.90	19.37	41.66	38.64	16.59	17.84
意大利	10.16	16.79	39.45	28.71	39.01	37.70	10.49	14.13
加拿大	28.96	49.42	19.80	12.26	36.07	23.08	9.44	7.31
韩国	5.78	11.56	30.43	15.26	46.10	55.27	15.75	17.80
俄罗斯	57.35	59.67	5.04	5.36	17.85	13.04	3.47	3.23
澳大利亚	57.73	82.21	12.87	2.88	12.93	3.66	7.21	2.81
巴西	42.68	70.17	20.90	9.71	26.46	14.61	7.86	3.60

续表

经济体	资源密集型产品		劳动密集型产品		资本密集型产品		技术密集型产品	
	1995 年	2021 年	1995 年	2021 年	1995 年	2021 年	1995 年	2021 年
西班牙	20.81	27.56	24.01	21.26	44.48	33.03	9.75	10.73
墨西哥	21.51	16.68	16.68	11.10	39.60	43.24	21.77	21.48
印度尼西亚	58.25	51.82	29.16	19.12	5.93	20.39	6.57	7.96
荷兰	33.51	29.06	19.74	16.91	23.88	27.45	18.94	21.83
沙特阿拉伯	88.27	77.41	4.60	10.04	3.21	6.00	3.92	6.14
瑞士	6.41	5.34	24.08	11.99	36.03	12.79	33.12	45.56
土耳其	25.08	24.86	50.82	12.19	21.15	62.44	2.94	0.52

资料来源：联合国商品贸易数据库。

1995 年，以劳动密集型产品出口为主导的经济体有 4 个：中国、印度、意大利和土耳其。之后，这 4 个经济体的劳动密集型产品出口占比均下降，其中中国和印度资本密集型和技术密集型出口占比明显增加，意大利的技术密集型和资源密集型有所增长，而土耳其的资本密集型占比显著增加。到 2021 年，中国、意大利和土耳其成为了资本密集型产品出口为主导的经济体，印度仍然是劳动密集型产品出口为主导的经济体（见表 5-15）。

1995 年，以资本密集型产品出口为主导的经济体有 10 个：美国、日本、德国、英国、法国、加拿大、韩国、西班牙、墨西哥和瑞士。之后，美国、英国、加拿大、西班牙逐步转向以资源密集型产品出口，日本、德国、法国各类型的比重几乎保持不变，韩国和墨西哥资源密集型产品出口进一步增加，瑞士则是提升了技术密集型产品的出口。到 2021 年，美国、日本、德国、英国、法国、韩国、西班牙、墨西哥这 8 个经济体仍然以资本密集型产品出口为主导，其中美国、英国、西班牙资本密集型产品的出口比重明显下降，加拿大成为资源密集型产品出口为主导的经济体，瑞士成为技术密集型产品出口为主导的经济体（见表 5-15）。

2021 年全球 GDP 前 20 位经济体中以资本密集型产品出口为主导的经济体有 11 个，以资源密集型产品出口为主导的经济体有 7 个，以劳动密集型产品出口为主导的经济体有 1 个，以技术密集型产品出口为主导的经济体有 1 个（见表 5 – 15）。

（二）从 GDP 前 20 位经济体进口贸易结构变化分析

1995 年以资源密集型产品进口为主导的经济体有 3 个：日本、印度和俄罗斯。之后，三者进口均有增加技术密集型产品进口的比重。至 2021 年，日本和印度仍然是资源密集型产品进口为主导的经济体，俄罗斯转为以资本密集型产品进口为主导的经济体（见表 5 – 16）。

表 5 – 16　　　　　　　GDP 前 20 位经济体的进口贸易结构　　　　　　　单位:%

经济体	资源密集型产品		劳动密集型产品		资本密集型产品		技术密集型产品	
	1995 年	2021 年	1995 年	2021 年	1995 年	2021 年	1995 年	2021 年
美国	17.51	18.60	22.93	22.34	35.16	29.94	20.95	24.43
中国	17.52	38.49	25.96	9.07	39.80	35.47	16.05	14.71
日本	44.50	40.85	19.51	14.64	18.63	21.82	15.23	21.04
德国	22.15	22.58	25.32	19.16	29.26	32.36	15.67	20.73
印度	36.30	41.10	15.82	13.86	27.31	20.23	12.07	14.78
英国	18.77	25.78	25.69	19.21	33.07	26.16	21.49	18.55
法国	22.84	23.33	25.18	22.90	34.17	33.04	17.41	18.13
意大利	27.14	29.14	22.36	20.03	31.61	29.21	15.14	18.04
加拿大	14.03	—	20.03	—	44.32	—	18.69	—
韩国	29.39	37.99	14.11	12.26	37.44	33.47	16.96	15.84
俄罗斯	24.68	15.45	11.59	20.66	22.96	37.80	9.72	21.35
澳大利亚	12.88	19.61	24.07	22.04	38.55	36.00	23.44	19.01
巴西	27.25	22.50	16.99	13.84	35.58	39.43	20.17	23.01
西班牙	27.98	28.51	20.12	19.40	33.78	28.40	17.66	17.60
墨西哥	11.70	—	26.23	—	39.28	—	15.82	—
印度尼西亚	21.82	31.16	18.23	17.89	43.98	32.89	15.88	16.40
荷兰	27.27	29.26	22.82	18.01	27.69	27.00	21.48	21.95
沙特阿拉伯	21.50	23.99	23.53	16.79	37.05	34.00	13.89	17.56
瑞士	14.47	10.53	32.83	18.68	32.78	17.77	19.69	22.78
土耳其	28.48	—	19.22	—	38.82	—	13.47	—

注：加拿大、墨西哥和土耳其缺失 2021 年数据。

资料来源：联合国商品贸易数据库。

除了上述三个经济体以外，剩下 17 个经济体在 1995 年均以资本密集型产品进口为主导。随后，美国、德国、法国、意大利、巴西、沙特阿拉伯和瑞士均有增加技术密集型产品进口的比重；中国、英国、韩国、澳大利亚、印度尼西亚则增加资源密集型产品进口的比重。至 2021 年，中国、韩国、荷兰转为资源密集型产品进口为主导的经济体，瑞士转为技术密集型产品进口为主导的经济体，加拿大、墨西哥和土耳其数据缺失，其他 10 个经济体仍然为以资本密集型产品进口为主导（见表 5 - 16）。

2021 年全球 GDP 前 20 位经济体中以资本密集型产品进口为主导的经济体有 10 个，以资源密集型产品进口为主导的经济体有 6 个，以技术密集型产品进口为主导的经济体有 1 个（见表 5 - 16）。

四、中国货物贸易结构变化分析

（一）出口贸易结构

自 1995 年以来，中国的货物出口结构经历了巨大变化。1995 年，劳动密集型产品出口占据主导地位，其在中国总出口中的比重高达 50.37%。与此同时，资源密集型产品（15.57%）、资本密集型产品（18.40%）和技术密集型产品（15.17%）的占比相对接近，均不超过 20%（见图 5 - 16）。经过 20 多年的发展，中国不仅积极推进能源、交通和通信等基础设施的建设，还加快了工业产品的结构调整与优化，不断推动产业技术水平的提升，并大力拓展第三产业。这些努力使得中国的产业结构得到了显著优化。在此过程中，资本密集型产品和技术密集型产品的出口比重稳步上升。相反，资源密集型产品和劳动密集型产品的出口比重则逐渐下降。到 2020 年，中国资本密集型产品的出口比重首次超过了劳动密集型产品，达到了 32.95%，成为了中国货物贸易的主力军。技术密集型产品的出口比重也经历了一段起伏。在 2005 年，它达到了顶峰的 32.92%，几乎与劳动密集型产品的出口比重持平。然而，在 2006～2010 年间，由于国际环境的动荡,技术密集型产品的出口比重出现了波动,但大体保持在31%左右。随后,其比重有所下滑,到2021年跌至26.55%。尽管如此,技术密集型产品在中国出口贸易中仍然占据着重要的地位。

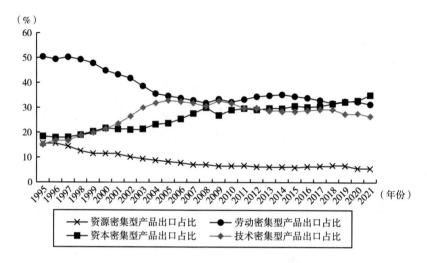

图 5 – 16　中国货物出口贸易结构

资料来源:联合国商品贸易数据库。

(二) 进口贸易结构

1995年中国货物进口以资本密集型产品为主导,占中国货物总进口的比重达到39.80%,其次为劳动密集型产品 (25.96%),资源密集型产品 (17.52%) 和技术密集型产品 (16.05%) 居末 (见图5 – 17)。随着中国经济的发展,产业结构的调整,以及居民生活水平的提升,资源密集型产品的进口占比不断上升,2021年达到了38.49%,是占比最大的产品类型,而劳动密集型产品的进口逐步下降,降至2021年的9.07%,是占比最少的进口产品类型。资本密集型产品的进口相对稳定,比重在30%~40%间波动,整体略有下降,2021年比重为35.47%,是中国第二大进口产品类型。技术密集型产品的进口出现了先上升后下降的趋势,2005年进口比重达到顶峰23.64%,随后一直呈现下滑趋势,2021年进口比重仅为14.71%。

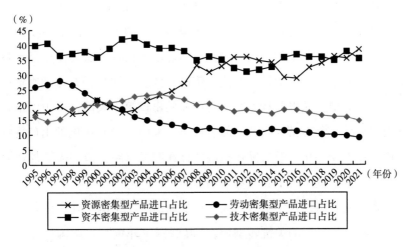

（%）

图 5 - 17 中国货物进口贸易结构

资料来源：联合国商品贸易数据库。

第三节 本章小结

本章对全球货物贸易发展特征及趋势进行了深入分析。从战后复苏阶段（1948～1967年）、快速发展阶段（1968～1980年）、波动发展阶段（1981～2002年）、全球深化阶段（2003～2014年）以及"互联网+外贸"阶段（2015年至今）等五个时期对全球货物贸易规模发展史进行分析，结果发现：（1）以WTO为代表的多边机制和以区域贸易协定为代表的区域性经贸规则，推动了地区间关税壁垒和非关税壁垒的大幅下降，从而有效促进货物贸易的发展。（2）以美、欧、日为代表的发达经济体始终占据全球经贸规则的治理权和主导权，随着亚洲成为世界货物贸易第一大洲，亚洲的经贸规则制定权和治理权亟须提升。（3）中国已成为全球货物贸易第一大国、货物贸易第一大出口国和货物贸易第二大进口国，中国正在由货物贸易大国向货物贸易强国转变。

本章还从商品的要素密集度特征考察了全球货物贸易结构发展趋势，

结果发现：（1）发达经济体是全球资本密集型产品和技术密集型产品的主要提供者，发展中经济体是全球劳动密集型产品的主要提供者。（2）随着全球分工体系的不断细化，发展中经济体逐渐承接资本密集型产品和技术密集型产品的生产，但贸易获利能力依旧较低。（3）中国是劳动密集型产品、资本密集型产品以及技术密集型产品的出口第一大国，但中国也是资源密集型产品、资本密集型产品的进口第一大国。（4）中国的出口货物贸易结构正在不断优化，但与发达经济体存在明显差距，迫切需要加快研发投入，提高生产技术水平和贸易获利能力。

以上研究表明，百年未有之大变局加速演进，中国正处在由货物贸易大国向货物贸易强国的关键转型期，"互联网＋外贸"是中国稳住外贸基本盘，实现货物贸易高质量发展的重要推动力。

第六章

全球服务贸易发展的比较分析

服务贸易拥有同货物贸易一样漫长的发展史，两者相辅相成。但由于服务贸易的比重较小，在相当长一段时间内都没有得到重视。第二次世界大战之后服务业快速发展，尤其是发达经济体的服务业比重逐步超过制造业，成为一些经济体的第一大产业。20 世纪 60 年代以来，信息技术革命推动全球经济结构转型，世界市场的不断扩张和发达经济体服务业的产能过剩共同推动了服务贸易的发展，使得越来越多的人开始关注服务贸易。1972 年，世界经济合作与发展组织（Organization for Economic Co-operation and Development，OECD）成立了"服务业研究高级别工作组"，并发布了《贸易和相关问题高级别工作组报告》。该报告中正式提出"服务贸易"的经济学概念，所以该报告被视为全球服务贸易研究的里程碑。

第一节　全球服务贸易规模发展史

一、快速发展阶段（1980～1994 年）

（一）全球服务贸易发展

随着国际分工的深化和产业结构的调整，20 世纪 80 年代以来全球服务贸易的整体发展活跃。1980 年，全球服务贸易进出口总额为 8434.30 亿美元，到 1994 年，全球服务贸易进出口总额为 21770.40 亿美元，增长了约 158%，年均增长率为 7.01%。全球服务贸易总额占全球贸易的份额从 1980 年的 16.92% 逐步上升至 1993 年的 20.82%。从图 6 - 1 中可以看出，在这一阶段，除个别年份以外，全球服务贸易总额的同比增幅都要高于全球货物贸易的同比增幅。虽然在规模上，全球服务贸易总额只有全球货物贸易总额的 1/4，但是在发展速度上，全球服务贸易在这一阶段要优于全球货物贸易。

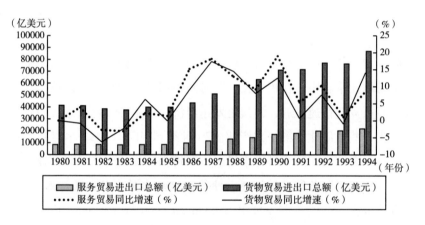

图 6 - 1　1980 ~ 1994 年全球服务贸易和货物贸易进出口总额及其同比增速
资料来源：联合国贸发会议数据库。

随着人们对服务贸易的关注度日益加深，1986 年乌拉圭回合多边贸易谈判将服务贸易作为新议题，各国政府和学者开始重视服务贸易的研究，包括服务贸易的经济学含义、产业结构变化、各国的服务贸易发展现状及预期、开拓全球市场的战略和行之有效的国家政策引导等。经过 123 个成员方长达 8 年的多边贸易谈判，《服务贸易总协定》于 1994 年签订，这是第一个具有法律效力的服务贸易多边总协定，其宗旨是在透明度和逐步自由化的条件下扩大服务贸易，并促进各成员的经济增长和发展中经济体服务业的发展。

（二）五大洲比较

20世纪80年代，全球服务贸易的发展呈现多元化的趋势，参与服务贸易的经济体日益增多，服务贸易所涉及的领域逐步扩大，全球对服务贸易的需求不断加大。由图6-2可知，欧洲是全球服务贸易第一大洲，其服务贸易进出口总额从1980年的4306.90亿美元增长到1994年的10174.90亿美元，年均增长率达到了6.33%，在欧洲贸易总额中占比从1980年的17.19%逐步上升至1993年的21.83%，但在全球服务贸易进出口总额中的比重由1980年的51.06%逐步下滑至1994年的46.74%。美洲服务贸易进出口总额从1980年的1555.40亿美元增长到1994年的4873.70亿美元，年均增长率达到了8.50%，在美洲贸易总额中占比从1980年的15.48%逐步上升至1993年的21.00%，在全球服务贸易进出口总额中的比重由1980年的18.44%也逐步上升至1994年的22.39%。在1985年超过亚洲，成为全球服务贸易第二大洲，但1991年滑落至第三。

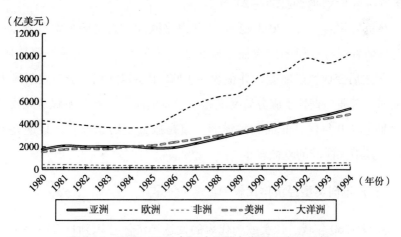

图6-2　1980~1994年五大洲服务贸易进出口总额

资料来源：联合国贸发会议数据库。

随着亚洲"四小龙"的崛起和中国实施改革开放，亚洲经济发展迅猛。亚洲经济体在承接了发达经济体劳动密集型产业转移的同时，对服务贸易的需求日益增强。亚洲服务贸易进出口总额从 1980 年的 1780.30 亿美元增长到 1994 年的 5384.80 亿美元，年均增长率达到了 8.23%，在亚洲贸易总额中占比从 1980 年的 15.94% 逐步上升至 1993 年的 13.78%，在全球服务贸易进出口总额中的比重由 1980 年的 21.11% 也逐步上升至 1994 年的 24.73%。亚洲在 1985 年被美洲超越，变为全球服务贸易第三大洲，但 1991 年开始重新回到第二的位置（见图 6-2）。

非洲的服务贸易进出口总额从 1980 年的 428.50 亿美元增长到 1994 年的 599.20 亿美元，年均增长率仅为 2.42%；在非洲贸易总额中的占比从 1980 年的 16.44% 逐步上升至 1993 年的 24.13%，在全球服务贸易进出口总额中的比重由 1980 年的 5.22% 逐步下滑至 1994 年的 2.80%，是全球服务贸易第四大洲。大洋洲的服务贸易进出口总额从 1980 年的 140.90 亿美元增长到 1994 年的 398.90 亿美元，年均增长率达到了 7.71%，在大洋洲贸易总额中的占比从 1980 年的 18.80% 逐步上升至 1994 年的 22.71%，在全球服务贸易总额中占比较小，从 1980 年的 1.67% 波动上升至 1994 年的 1.83%，是全球服务贸易第五大洲（见图 6-2）。

在贸易差额方面，20 世纪 80 年代以来欧洲一直是服务贸易顺差，并且差额随着贸易规模的扩大而不断扩大。美洲在 80 年代初是贸易逆差，1988 年之后变成贸易顺差，并很快在 1992 年超越欧洲，成为贸易顺差第一大洲。亚洲一直处于服务贸易逆差，逆差额同样随着服务贸易规模的变化而变化。80 年代，非洲和大洋洲一直是服务贸易逆差，并且逆差不断减小，其中大洋洲的差额较小。

（三）不同类型经济体比较

20 世纪 80 年代，以美欧为代表的发达经济体意识到自身在服务贸易领域拥有比较优势后，通过双边和多边贸易谈判积极推动全球服务贸易自由化。发达经济体服务贸易进出口总额从 1980 年的 6082.40 亿美元增长到 1994 年的 16239.80 亿美元，年均增长率达到了 7.27%，在发达经济体贸易总额中占比从 1980 年的 16.54% 逐步上升至 1994 年的 20.14%，在全球服务贸易总额中占比从 1980 年的 72.12% 波动上升至 1994 年的 74.60%，其中 1988 年到达顶峰 77.79%，是全球服务贸易的主导者（见图 6 - 3）。

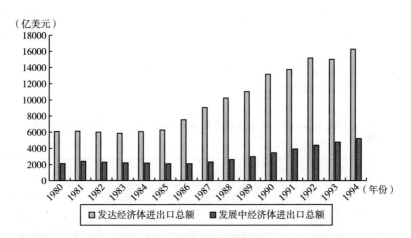

图 6 - 3　1980 ~ 1994 年发达经济体和发展中经济体服务贸易进出口总额

资料来源：联合国贸发会议数据库。

发展中经济体在 20 世纪 80 年代的服务贸易自由化浪潮中被动前行，一方面提高对国内服务产业包括金融业、保险业、运输业、娱乐产业及商业销售等发展的重视程度，但对于开放经济体服务业市场持审慎态度；另一方面，发展中经济体在承接发达经济体劳动密集型产业转移的同时，对于服务贸易的需求不断扩大。发展中经济体服务贸易进出口总额从 1980 年的 2129.70 亿美元增长到 1994 年的 5159.90 亿美元，年均增长率达到了 5.52%，在发展中经济体贸易总额中占比从 1980 年的 16.59% 逐步上升至 1994 年的 18.65%，在全球服务贸易总额中占比在 20% ~ 30% 间波动，在服务贸易领域居于从属地位（见图 6 - 3）。

（四）国际比较

二战之后，全球服务业尤其是发达经济体服务业发展迅速，成为全球服务贸易发展的坚实基础。跨国公司的成长和国际投资的增加，推动全球服务贸易不断扩大。从表 6-1 中可知，1980 年和 1994 年全球服务贸易总额前 10 位的经济体大部分是发达经济体，而这一阶段前 5 位的经济体一直是美国、德国、法国、英国和日本，只是日本的位次上升了两位。同时美国逐渐拉开了与第二位德国之间的差距，1980 年美国服务贸易进出口总额仅高出德国 13.54%，1994 年这个比率高达 87.80%，美国占据了全球服务贸易的主导地位，其主要原因是 80 年代美国经济模式由原来的制造业驱动转为服务业驱动。

表 6-1　　1980 年和 1994 年全球服务贸易出口总额排名前 30 位的经济体

单位：亿美元

排名	1980 年		1994 年	
	经济体	服务贸易总额	经济体	服务贸易总额
1	美国	885.20	美国	3334.54
2	德国	779.60	德国	1775.56
3	法国	756.54	日本	1646.53
4	英国	643.85	法国	1331.96
5	日本	526.00	英国	1298.84
6	意大利	354.41	意大利	1019.19
7	沙特阿拉伯	354.22	荷兰	828.26
8	荷兰	352.98	比利时	769.41
9	比利时	257.51	加拿大	564.89
10	加拿大	181.11	西班牙	527.24
11	西班牙	173.26	中国香港	513.23
12	奥地利	156.27	奥地利	487.62
13	挪威	156.11	新加坡	369.42
14	瑞典	145.07	韩国	363.00
15	瑞士	117.73	中国台湾	342.75
16	墨西哥	111.05	瑞士	333.19
17	澳大利亚	104.30	中国	329.19
18	中国香港	99.05	澳大利亚	300.61
19	韩国	86.53	瑞典	283.64

续表

排名	1980 年		1994 年	
	经济体	服务贸易总额	经济体	服务贸易总额
20	丹麦	83.81	泰国	270.36
21	新加坡	77.68	丹麦	257.28
22	巴西	66.08	俄罗斯	246.16
23	尼日利亚	64.12	挪威	243.11
24	伊朗	59.54	墨西哥	233.64
25	印度	59.53	沙特阿拉伯	217.11
26	南非	57.58	马来西亚	213.72
27	阿根廷	56.64	印度尼西亚	162.13
28	希腊	53.75	巴西	151.62
29	芬兰	52.88	土耳其	145.83
30	以色列	50.32	印度	142.38

资料来源：联合国贸发会议数据库。

二、规范化发展阶段（1995~2003 年）

（一）全球服务贸易发展

1995 年 1 月，通过关贸总协定乌拉圭回合多边贸易谈判所达成的《服务贸易总协定》正式生效，其宗旨是在透明和逐步自由化的条件下扩大服务贸易，并促进各成员的经济增长和发展中经济体服务业的发展。该协定为全球服务贸易提供了一套初步的总体规则框架，是国际服务贸易迈向自由化的重要里程碑，同时，该协定将原则性与灵活性有机结合起来，并给予发展中经济体适当照顾，有利于各经济体在服务贸易方面的合作和交流。该协定为全球服务贸易在透明和自由化的条件下发展营造了良好的法律环境，同时推动了以技术创新为特征的服务业加速发展。在 20 世纪 90 年代信息技术革命的推动下，新兴服务业在推动第二产业革新的同时正在成为经济发展的新增长点；各经济体更重视本经济体服务业的发展，服务业的竞争力和现代化水平成为衡量自身实力的重要指标，同时各经济体大力推动服务贸易发展，大大提高了对服务贸易的重视程度。

由图6-4可知，1995~2003年，服务贸易呈波动上涨的趋势，与全球货物贸易的发展形态几乎一致，都在1998年受到亚洲金融危机的影响，但变化相对缓和。全球服务贸易在全球贸易中所占的比重一直维持在19%左右。服务贸易进出口总额从1995年的24631.60亿美元上涨到2003年的37592.90亿美元，平均年增长率为6.58%，略高于全球货物贸易的同期增长率4.99%。

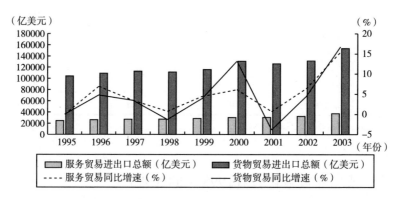

图6-4　1995~2003年全球服务贸易和货物贸易的进出口总额以及同比增速

资料来源：联合国贸发会议数据库。

（二）五大洲比较

欧美发达经济体拥有良好的经济基础，是信息技术革命的推动者，也是最早掌握先进技术并转化为生产力的地区。为了实现区域内服务贸易自由化，尤其是金融、交通、科技和通信服务，欧盟要求各成员国对其相关法律法规进行调整和趋同，力促服务贸易自由化。随着欧元的正式使用，欧元区金融贸易自由化的程度进一步加强。在这一阶段，欧洲服务贸易保持增长的态势，年均增长率为6.23%，是全球增长最快的洲，进出口总额在全球服务贸易总额中所占的比重稳中有升，从1995年的46.47%上升到2003年的49.39%，以绝对领先的优势保持全球第一的位置。美洲的增长趋势更为平缓，年均增长率为 4.98%，进出口总额在全球服务贸易总额中所占的比重呈现倒 U 形走势，从 1995 年的 21.23% 上升到 2000 年的 23.97%，随后滑落至 2003 年的 20.52%。虽然有美国这个服务贸易的超级经济体，但美洲仍以微弱的劣势输给亚洲，是全球服务贸易第三大洲（见图 6－5）。

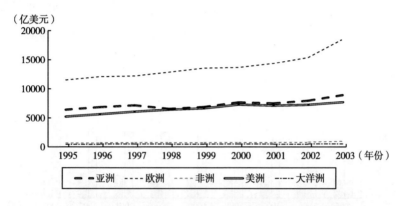

图 6－5　1995～2003 年全球五大洲服务贸易进出口总额

资料来源：联合国贸发会议数据库。

由于受到 1998 年亚洲金融危机的影响最大，亚洲服务贸易在这一阶段呈现波动上涨的态势，年均增长率为 4.25%，为同一时期全球最低，进出口总额在全球服务贸易总额中所占的比重下滑明显，从 1995 年的 26.02% 下降到 2003 年的 23.79%。但是亚洲凭借中国服务贸易的迅猛发展，以及亚洲"四小龙"的快速恢复，其服务贸易进出口总额在这一阶段保持了全球第二的位置。非洲和大洋洲的服务贸易在这一阶段同样呈现波动上涨的趋势，非洲服务贸易的年均增长率为 4.88%，大洋洲服务贸易的年均增长率为 4.52%，但这两个洲在全球服务贸易总额中的占比几乎保持不变，分别占全球服务贸易总额的 2.7% 左右和 1.7% 左右。

（三）不同类型经济体比较

服务业的迅速发展成为这一阶段全球经济发展的重要特征，发达经济体的服务业已经占到各自 GDP 的 70% 以上，不少发展中经济体的这一比重也超过了 50%。服务业不仅吸纳了大量就业人口，同时也是现阶段最具有活力的行业，如计算机服务、金融服务和通信服务这些热门行业都属于服务业。从规模上看，发达经济体和发展中经济体在服务贸易领域仍存在着巨大的差距。发达经济体是全球服务贸易的主要进口地和出口地，着眼于自身利益，发达经济体积极倡导服务贸易自由化。1995～2003 年，发达经济体的服务贸易总额年平均增长率为 6.56%，在全球服务贸易总额中的占比维持在 75% 左右，具有显著优势（见图 6－6）。

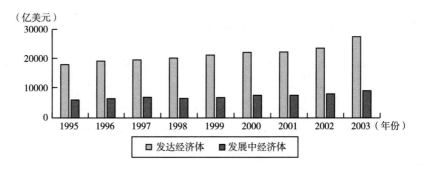

图 6－6　1995～2003 年发达经济体与发展中经济体服务贸易总额的对比

资料来源：联合国贸发会议数据库。

在这一阶段，发展中经济体在遭受 1998 年亚洲金融危机的严重冲击下，1995～2003 年的年平均增长率仍达到了 6.43%，与发达经济体基本持平，并且部分新兴工业化经济体的服务贸易依旧呈现强劲的增长趋势，这说明发展中经济体正在积极推进服务贸易发展。

（四）各经济体间的比较

随着《服务贸易总协定》的达成，各经济体逐步放开服务市场，全球服务贸易自由化进一步加深。美国是服务贸易的超级经济体，2003 年其进口额和出口额均居世界第一位，同时其进出口总额比第二名德国高出近 1 倍，占全球服务贸易总额的 14.36%，并且贸易顺差同样位居世界第一，高达 517.22 亿美元（见表 6 -2）。

表 6 - 2 　　　2003 年全球服务贸易进出口总额排名前 30 位的经济体　单位：亿美元

排名	经济体	出口额	进口额	进出口总额
1	美国	2956.92	2439.70	5396.62
2	德国	1231.57	1738.27	2969.84
3	英国	1585.00	1272.14	2857.14
4	日本	775.68	1088.05	1863.73
5	法国	985.67	827.65	1813.32
6	意大利	715.80	742.36	1458.16
7	荷兰	708.09	706.10	1414.19
8	西班牙	741.38	478.41	1219.79
9	中国	467.60	553.06	1020.66
10	加拿大	442.42	524.54	966.96
11	爱尔兰	419.11	544.26	963.37
12	比利时	446.01	427.88	873.89
13	新加坡	379.53	402.19	781.72
14	韩国	349.75	407.67	757.42
15	中国香港	465.42	261.20	726.62
16	瑞典	306.86	285.57	592.43
17	丹麦	313.45	278.19	591.64
18	奥地利	325.29	236.68	561.97
19	瑞士	362.49	147.82	510.31
20	中国台湾	231.66	256.35	488.01
21	印度	239.02	248.78	487.80
22	澳大利亚	237.47	219.41	456.88
23	俄罗斯	162.29	271.22	433.51
24	挪威	216.63	205.69	422.32
25	卢森堡	254.07	154.68	408.75
26	希腊	241.54	111.78	353.32
27	泰国	157.98	181.69	339.67
28	马来西亚	135.78	175.32	311.10
29	墨西哥	123.97	177.63	301.60
30	沙特阿拉伯	57.13	208.57	265.70

资料来源：联合国贸发会议数据库。

相比于 1994 年，2003 年全球服务贸易总额前五位的经济体仍然是美国、德国、英国、日本和法国，只是英国赶超了日本和法国，成为了全球第三大服务贸易经济体。前 10 位的经济体中，表现最显眼的是中国，从 1994 年的第 17 位攀升到 2003 年的第 9 位（见表 6 - 2），打破了发达经济体垄断前 10 位的局面，成为了发展中经济体服务贸易的领头羊。

三、全球化发展阶段 (2004～2014 年)

(一) 全球服务贸易发展

进入 21 世纪以来，现代科学技术的发展尤其是信息技术革命有效推动了全球化进程，世界各国的联系日趋频繁，全球贸易持续强劲扩张。作为全球贸易的重要构成，服务贸易在这一阶段也保持了高速发展态势。由图 6 - 7 可知，2004～2008 年服务贸易和货物贸易的进出口总额呈持续稳定的上涨趋势，服务贸易进出口总额的平均年增长率为 19.37%，货物贸易进出口总额的平均年增长率为 18.60%。受到 2008 年次贷危机的影响，全球贸易在 2009 年下跌，服务贸易的年下降率为 11.36%，货物贸易的年下降率为 29.15%，这也是自第二次世界大战以来，服务贸易和货物贸易的最大跌幅，服务贸易表现出更好的抵御经济危机的能力。

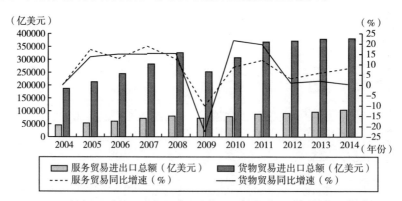

图 6 - 7　2004～2014 年全球服务贸易和货物贸易进出口总额及同比增速

资料来源：联合国贸发会议数据库。

2010 年全球贸易开始复苏，2011 年全球货物贸易和服务贸易总额均超过危机前水平。但随后货物贸易的发展疲软，2011~2014 年的年均增长率仅为 1.15%；而服务贸易则保持了较高的增速，2011~2014 年的年均增长率高达 5.70%。服务贸易进出口总额在全球贸易总额中的占比从2004 年的 19.50% 波动上涨至 2014 年的 21.46%，虽然上涨幅度不大，但也很好地体现了全球服务贸易稳中有升的发展态势。因为这一阶段全球服务贸易的增长性和稳定性都要优于货物贸易。

（二）五大洲比较

在这一阶段，全球服务贸易的区域间不平衡不断加剧，欧洲、亚洲和美洲保持了较好的增速，成为全球服务贸易的核心区域。欧洲的主要经济体都是发达经济体，大部分已经完成了从制造业向服务业的转型发展，在服务贸易领域具有较强的竞争力，同时欧盟所构建的经济一体化进程为服务贸易区域自由化发展提供了优质的发展平台。2004~2014 年，欧洲的服务贸易进出口总额从 22254.90 亿美元增长至 48412.27 亿美元，年平均增长率为 8.08%。在全球服务贸易总额中的占比从 2003 年的 49.39% 逐步提升至 2007 年的 51.95%，是 20 世纪 80 年代以来的最高占比，但随后受到次贷危机的影响，逐渐回落至 2014 年的 46.55%（见图 6-8）。

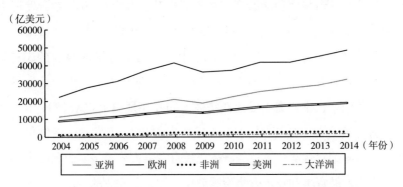

图 6-8　2004~2014 年全球五大洲服务贸易进出口总额

资料来源：联合国贸发会议数据库。

亚洲地区的服务贸易发展活跃,中国、印度和亚洲"四小龙"服务贸易的高速发展,推动亚洲服务贸易进出口总额占全球服务贸易总额的比重从2004年的24.77%一路攀升至2014年的30.93%,稳居全球第二。虽然受到次贷危机的冲击,但是亚洲服务贸易总额从2004年的11222.90亿美元上升到2014年的32166.67亿美元,平均年增长率高达11.10%,是增长率最高的地区。美洲的服务贸易进出口总额从2004年的8878.80亿美元增长至2014年的18808.47亿美元,平均年增长率为7.80%,增长率低于亚洲和欧洲。美洲服务贸易总额在全球服务贸易总额的占比从2004年的19.60%下降至2014年的18.09%,和亚洲的差距被逐步拉大,是全球服务贸易第三大洲(见图6-8)。

非洲和大洋洲服务贸易总额在全球服务贸易总额中的占比保持在4.5%左右。非洲的服务贸易进出口总额从2004年的1201.90亿美元增长至2014年的2927.24亿美元,平均年增长率为9.31%;大洋洲的服务贸易进出口总额从2004年的788.80亿美元增长至2014年的1679.42亿美元,平均年增长率为7.85%。

(三) 不同类型经济体比较

进入21世纪以来,全球贸易形成了多元化的发展格局,发展中经济体在全球贸易中的参与度和活跃度都在不断提升。由图6-9可知,发展中经济体的服务贸易从2004年的11435.30亿美元上涨到2014年的32989.27亿美元,年均增长率为11.18%;发达经济体的服务贸易从2004年的31912.00亿美元上涨到2014年的71004.78亿美元,年均增长率为8.33%。发展中经济体不仅年均增长率要高于发达经济体,同时在规模上也从2004年占全球服务贸易总额的25.24%上升到2014年的31.72%。但发达经济体仍然在服务贸易中占有绝对优势,发达经济体凭借自身强大的经济实力和领先的科技水平,大力发展资本和技术密集型服务业,提高服务业的生产率,进一步推动经济体经济的发展,形成了良性循环。发展中经济体服务贸易的高速发展主要得益于中国、印度等新兴经济体的崛起,非洲和拉丁美洲的大部分发展中经济体服务贸易发展乏力，甚至出现了下滑。

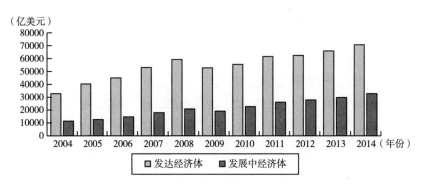

图 6 - 9　2004 ~ 2014 年发达经济体与发展中经济体服务贸易总额的对比

资料来源：联合国贸发会议数据库。

（四）各经济体间的比较

相比于上一个阶段，2014 年全球服务贸易总额排名出现了较大的变化。美国仍然以绝对的优势占据榜首，比第二名的服务贸易总额几乎高出 1 倍，美国服务贸易的进口额和出口额都位居世界第一。美国服务业已经超过其国内生产总值的 70% ，且结构发展均衡，不论是传统劳动密集型的服务业如运输业、旅游业等，还是技术和资本密集型服务业如金融业、保险业等，都具有明显的竞争优势。中国从 2003 年的第 9 位上升到 2014 年的第 2 位，打破了长期以来美、德、日、英、法占据前五位的局面。中国成为亚洲最大的服务贸易经济体，但是主要以运输业、服务业等传统行业为主。由于国内经济持续疲软，日本服务贸易跌至第 7 位。印度承接了跨国公司大量的服务外包业务，成为了亚洲的外包中心，其排名从 2003 年的第 21 位上升至 2014 年的第 9 位，发展迅猛（见表 6 - 3）。

表 6 - 3　2014 年全球服务贸易进出口总额排名前 30 位的经济体　单位：亿美元

排名	经济体	出口额	进口额	进出口总额
1	美国	7570. 51	4910. 86	12481. 37
2	中国	2191. 41	4328. 83	6520. 24

续表

排名	经济体	出口额	进口额	进出口总额
3	德国	3002.15	3327.43	6329.58
4	英国	3926.14	2320.49	6246.63
5	法国	2732.08	2529.64	5261.72
6	荷兰	2063.29	1930.20	3993.49
7	日本	1637.90	1924.23	3562.13
8	新加坡	1537.77	1666.69	3204.46
9	印度	1571.96	1283.62	2855.58
10	爱尔兰	1327.03	1400.69	2727.72
11	瑞士	1294.52	1227.81	2522.33
12	比利时	1250.92	1179.46	2430.38
13	意大利	1143.99	1174.30	2318.29
14	韩国	1119.02	1151.92	2270.94
15	加拿大	927.66	1141.66	2069.32
16	西班牙	1376.34	668.87	2045.21
17	俄罗斯	657.45	1210.22	1867.67
18	中国香港	1069.22	739.64	1808.86
19	卢森堡	980.01	723.47	1703.48
20	瑞典	768.99	691.72	1460.71
21	阿联酋	583.25	846.83	1430.08
22	丹麦	734.39	647.66	1382.05
23	澳大利亚	590.81	710.31	1301.12
24	巴西	399.33	881.71	1281.04
25	奥地利	686.64	552.75	1239.39
26	沙特阿拉伯	125.16	1005.45	1130.61
27	挪威	493.7	575.55	1069.25
28	泰国	519.40	452.47	971.87
29	中国台湾	415.78	529.22	945.00
30	土耳其	622.9	278.81	901.71

资料来源：联合国贸发会议数据库。

2014 年，以欧洲和亚洲经济体的排名最抢眼，欧洲经济体几乎都挤

进了全球服务贸易总额的前 30 位，前 10 位的经济体中欧洲占五席。亚洲
经济体在前 10 位中占据 4 席，前 30 位中有 10 个亚洲经济体。在贸易差
额方面，美国以 2659.65 亿美元的贸易顺差高居榜首，其次是英国，贸易
顺差为 1605.65 亿美元；贸易逆差最大的是中国，逆差为 2137.42 亿美
元，第二位是沙特阿拉伯，逆差为 880.29 亿美元。

四、"互联网 + 外贸"阶段（2015 年至今）

（一）全球服务贸易发展

近年来，互联网、大数据、云计算、人工智能、区块链等技术推动了
服务贸易的变革创新，为全球服务贸易的发展注入新活力。但由于受到全
球经济复苏缓慢的影响，世界市场的有效需求不断减少，2015 年全球服
务贸易进出口总额仅为 99127.11 亿美元，2016 年开始恢复增长，但是增
速缓慢，2015 ~ 2019 年平均增长率为 5.59%，与次贷危机之前高达
19.37% 的增长率已无法同日而语（见图 6 - 10）。

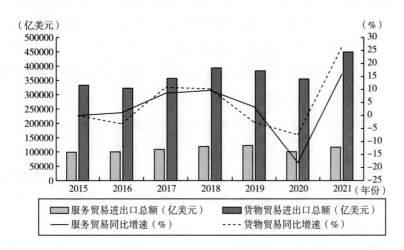

图 6 - 10　2015 ~ 2021 年全球服务贸易和货物贸易进出口总额及同比增速

资料来源：联合国贸发会议数据库。

2020 年新冠疫情暴发，对全球经济造成重创，全球服务贸易又一次出现下跌。2020 年全球服务贸易总额跌至 100872.00 亿美元，同比跌幅达 18.14%，而全球货物贸易的跌幅为 7.37%；2021 年全球服务贸易总额为 116950.92 亿美元，尚未恢复到疫情前的水平，而货物贸易已经超过疫情前水平并出现了增长。相比于货物贸易，服务贸易受到疫情冲击的影响更大，呈现跌幅大、回升慢的特点（见图 6 - 10）。

服务贸易总额占全球贸易总额的比重在 2016 年达到最高点为 23.67%，随后由于服务贸易增长乏力和新冠疫情的影响，服务贸易的比重一直在下降，2021 年仅占全球贸易总额的 20.66%。

（二）五大洲比较

从区域分布上看，全球服务贸易的核心区域是欧洲、亚洲和美洲，它们在这一阶段的发展走势几乎是相同的。首先，2015～2019 年保持较好的增长态势，欧洲服务贸易总额年均增长率为 6.56%，是全球增长最快的区域；其次是亚洲，其服务贸易总额年均增长率为 5.28%；再其次是美洲，其服务贸易总额年均增长率为 3.87%。2020 年新冠疫情暴发，使得三大洲 2020 年的服务贸易进出口总额出现下跌，其中美洲的跌幅最明显，下跌了 22.37%，其次是亚洲和欧洲，分别下跌了 20.49% 和 13.92%。2021 年全球服务贸易复苏，三大洲的服务贸易都有了明显的增幅，但都尚未恢复到疫情前的水平，其中欧洲恢复的情况最好，2021 年欧洲服务贸易总额为 57966.29 亿美元，为 2019 年的 99.57%；2021 年亚洲服务贸易总额为 36142.68 亿美元，为 2019 年的 94.09%；2021 年美洲服务贸易总额为 19111.73 亿美元，为 2019 年的 88.61%（见图 6 - 11）。2015～2021 年，欧洲服务贸易总额占全球服务的比重明显提升，从 2015 年的 45.46% 上升到 2021 年的 49.56%；亚洲的这一比重稳中有降，从 2015 年的 31.54% 下降到 2021 年的 30.90%；美洲的比重不断下跌，从 2015 年的 18.69% 下降到 2021 年的 16.34%。可见这一阶段欧洲发展速度快，复苏能力强，其次为亚洲。

2015～2021 年，非洲和大洋洲服务贸易总额占全球服务贸易总额的比

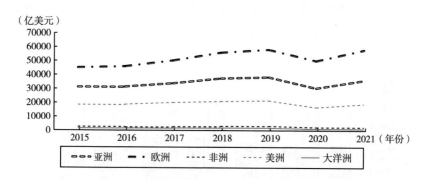

（亿美元）

图 6 – 11　2015 ~ 2021 年全球五大洲服务贸易进出口总额

资料来源：联合国贸发会议数据库。

重持续下跌，从 4.43% 降至 3.19%。在全球服务贸易保持良好增长的 2015 ~ 2019 年，非洲服务贸易总额的年均增长率为 4.71%，大洋洲服务贸易总额的年均增长率为 4.90%，但随后受到新冠疫情的冲击，2020 年非洲服务贸易总额同比下跌 27.44%，大洋洲服务贸易总额同比下跌 36.79%，是全球下跌最大的区域。2021 年，非洲服务贸易出现回升，但回升幅度小，仅达到 2019 年的 82.04%，而大洋洲则持续下跌 4.13%，未出现复苏迹象（见图 6 – 11）。

（三）不同类型经济体比较

2015 ~ 2021 年，发达经济体自身强大的服务业基础和先进的科学技术推动了服务贸易的快速发展，而发展中经济体服务贸易的发展动力不足。从图 6 – 12 可以看出，2015 ~ 2021 年发达经济体服务贸易总额的绝对优势没有发生太大的变化，发展态势和发展中经济体几乎持平。2015 ~ 2019 年发达经济体服务贸易总额的年均增长率为 5.92%，高于发展中经济体服务贸易总额的年均增长率 4.88%。2020 年新冠疫情暴发后，全球服务贸易下跌，发达经济体 2020 年服务贸易总额同比下跌 15.74%，发展中经济体服务贸易总额同比下跌 23.45%，跌幅显著高于发达经济体。2021 年发达经济体服务贸易总额恢复到 2019 年的 96.61%，而发展中经济体仅为 91.14%。

由于发展中经济体社会保障和医疗服务的基础较弱，受到新冠疫情的冲击更为强烈，出现了跌幅大、回升慢的特点。

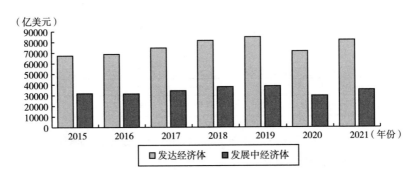

图 6 – 12   2015 ~ 2021 年发达经济体与发展中经济体服务贸易总额的对比

资料来源：联合国贸发会议数据库。

2015 ~ 2019 年，发展中经济体服务贸易总额占全球服务贸易总额的比重稳中有跌，从 2015 年的 32.07% 下降到 2019 年的 31.22%，主要是由于相比于发达经济体，增长动力不足。2020 ~ 2021 年，该比重不断下降，跌至 29.98%。

（四）各经济体间的比较

与 2014 年相比，2021 年全球服务贸易总额排名前 20 位的经济体几乎没有变动。美国、中国和德国位居前三位，美国仍然是全球服务贸易最大的进口国和出口国且优势明显。前 10 位的经济体中位次变动较大的是日本和爱尔兰，由于新冠疫情暴发后各经济体都实施了不同程度的管制措施，使得日本具有优势的运输业和旅游业遭受重创，最终导致 2021 年日本的排名仅为全球第 10 位，相比于 2014 年，继续下跌了三位；爱尔兰则增长明显，从 2014 年的全球第 10 位上升到 2021 年的全球第 4 位（见表 6 – 4），这主要受益于爱尔兰长期以来大力发展高新技术产业，通过税收政策和知识产权激励等多种政策促进本国服务贸易企业的发展。

表 6 - 4　　2021 年全球服务贸易进出口总额排名前 30 位的经济体　单位：亿美元

排名	经济体	出口额	进口额	进出口总额
1	美国	7952.73	5500.25	13452.98
2	中国	3921.98	4413.12	8335.10
3	德国	3772.36	3810.33	7582.69
4	爱尔兰	3377.59	3414.56	6792.15
5	英国	4175.45	2429.26	6604.71
6	法国	3030.28	2582.99	5613.27
7	荷兰	2475.56	2367.65	4843.21
8	新加坡	2298.66	2235.80	4534.46
9	印度	2406.57	1959.56	4366.13
10	日本	1678.51	2073.37	3751.88
11	瑞士	1347.85	1423.47	2771.32
12	比利时	1366.53	1344.94	2711.47
13	卢森堡	1400.47	1105.08	2505.55
14	韩国	1227.41	1271.20	2498.61
15	意大利	1024.21	1134.97	2159.18
16	加拿大	1037.90	1049.03	2086.93
17	西班牙	1190.46	730.53	1920.99
18	阿联酋	1018.38	761.06	1779.44
19	丹麦	933.82	817.23	1751.05
20	瑞典	790.36	799.62	1589.98
21	中国香港	767.63	616.95	1384.58
22	奥地利	702.10	669.87	1371.97
23	俄罗斯	565.87	759.02	1324.89
24	波兰	805.72	493.39	1299.11
25	以色列	717.85	320.73	1038.58
26	中国台湾	520.36	395.62	915.98
27	泰国	245.02	655.01	900.03
28	土耳其	581.53	316.02	897.55
29	澳大利亚	452.74	392.72	845.46
30	沙特阿拉伯	103.03	732.81	835.84

资料来源：联合国贸发会议数据库。

2021 年，在贸易差额方面，美国以 2452.48 亿美元的贸易顺差高居榜首，其次是英国，贸易顺差额为 1746.19 亿美元；贸易逆差额最大的是沙特阿拉伯，逆差额为 629.78 亿美元，第二是中国，逆差额为 491.14 亿美元。相比于 2014 年，中国的服务贸易逆差额缩小明显。

第二节　全球服务贸易结构发展特征

一、分类方法说明

本书参考了《国际服务贸易统计手册》扩大的国际收支服务分类（extended balance of payments services，EBOPS）中服务贸易的分类，将服务贸易分为 11 类（见表 6 - 5）。

表 6 - 5　　　　　　　　　服务贸易结构分类

英文	中文	简单分类
Transportation	运输服务	传统服务贸易
Travel	旅游服务	
Communications services	电信服务	现代服务贸易（知识、技术或资本密集型服务贸易）
Construction services	建筑服务	
Insurance services	保险服务	
Financial services	金融服务	
Computer and information services	计算机与信息服务	
Royalties and license fees	专利权使用费和特许费	
Other business services	其他商业服务	
Personal, cultural, and recreational services	个人、文化和娱乐服务	
Government services, n. i. e.	未包括的政府服务	

二、主要经济体的服务贸易结构分析

根据联合国商品贸易数据库，本书首先选择了 2021 年 GDP 前 20 位的

经济体，再根据服务贸易数据的可获得性，最终选取了 11 个经济体的
2018 年服务贸易结构数据进行比较，分别是：美国、中国、日本、印度、
法国、意大利、韩国、俄罗斯、巴西、印度尼西亚、荷兰。其中发展中经
济体有 5 个：中国、印度、俄罗斯、巴西、印度尼西亚。

（一）出口

2018 年以传统服务贸易出口为主导的经济体有意大利（53.33%）、
俄罗斯（54.10%）和印度尼西亚（65.18%），其中意大利和印度尼西亚
以旅游服务出口为主，俄罗斯以运输服务出口为主。在现代服务贸易（知
识、技术或资本密集型服务贸易）方面，意大利、俄罗斯和印度尼西亚都
是以其他商业服务的出口为主（见表 6-6）。

表 6-6　　　　　　　　2018 年主要经济体的出口贸易结构　　　　单位：%

服务类别	美国	中国	日本	印度	法国	意大利	韩国	俄罗斯	巴西	印度尼西亚	荷兰
运输服务	11.22	20.00	15.26	9.50	17.04	12.50	29.17	36.07	17.35	13.33	18.80
旅游服务	24.39	19.05	22.11	14.50	24.44	40.83	15.63	18.03	17.35	51.85	7.60
电信服务	1.22	0	0	1.20	2.81	5.08	0	2.46	0	0	2.36
建筑服务	0.35	6.67	4.84	1.60	0.85	0.43	13.54	8.85	0.02	1.52	1.44
保险服务	2.20	2.33	1.32	1.30	3.48	1.33	0.89	0.84	1.59	0.32	0.68
金融服务	13.41	1.57	6.32	2.50	3.37	4.92	3.02	2.13	2.29	2.44	2.24
计算机与信息服务	5.00	14.29	2.42	41.00	5.56	3.67	5.31	6.89	7.65	4.81	9.20
专利权使用费和特许费	17.07	2.67	24.21	0.39	6.67	4.17	8.13	1.44	2.44	0.23	23.20
其他商业服务	21.95	31.43	22.11	19.50	35.19	22.50	22.92	21.31	47.06	22.59	31.60
个人、文化和娱乐服务	2.93	0.46	0.34	0.95	2.11	0.17	1.15	0.97	1.03	1.37	0.96
未包括的政府服务	2.68	0.86	2.47	10.00	0.22	0.67	1.15	1.64	2.35	2.67	0.80

资料来源：联合国商品贸易数据库。

其余 8 个经济体都是现代服务贸易（知识、技术或资本密集型服务贸易）出口为主，美国、日本、法国和荷兰以专利权使用费和特许费以及其他商业服务的出口为主，中国、印度、巴西以计算机与信息服务以及其他商业服务的出口为主，韩国以建筑服务以及其他商业服务的出口为主。在传统服务贸易出口方面，美国、日本、印度和法国以旅游服务贸易为主，中国、韩国和荷兰以运输服务为主，巴西运输服务贸易和旅游服务贸易持平（见表 6-6）。

（二）进口

2018 年以传统服务贸易进口为主导的经济体有 4 个：中国（75.00%）、韩国（53.34%）、俄罗斯（53.26%）和印度尼西亚（59.43%），其中中国和俄罗斯以旅游服务进口为主，印度尼西亚以运输服务进口为主，韩国运输服务贸易和旅游服务贸易进口持平。在现代贸易方面，这 4 个经济体都以其他商业服务贸易进口为主（见表 6-7）。

表 6-7　　　　　　　**2018 年主要经济体的进口贸易结构**　　　　单位:%

服务类别	美国	中国	日本	印度	法国	意大利	韩国	俄罗斯	巴西	印度尼西亚	荷兰
运输服务	20.00	21.15	20.00	16.67	21.60	21.67	26.67	16.30	16.90	34.29	15.20
旅游服务	23.64	53.85	10.53	17.50	20.00	25.00	26.67	36.96	25.35	25.14	9.20
电信服务	1.13	0	0	0.92	2.92	5.25	0	1.63	0	0	1.56
建筑服务	0.58	1.65	4.32	2.08	0.72	0.05	2.75	5.11	0	0.40	1.44
保险服务	8.00	2.31	3.74	1.33	4.40	3.00	0.79	1.09	1.97	2.09	0.28
金融服务	5.82	0.40	4.32	2.67	2.60	8.33	1.67	1.52	0.68	3.14	2.56
计算机与信息服务	6.73	4.62	8.42	5.00	7.20	4.83	2.50	4.35	6.76	8.29	6.40
专利权使用费和特许费	8.91	6.92	11.58	6.58	5.60	4.25	8.25	6.85	7.18	4.29	26.00
其他商业服务	20.00	9.04	35.79	32.50	34.40	25.83	27.50	21.74	36.62	20.00	34.40

续表

服务类别	美国	中国	日本	印度	法国	意大利	韩国	俄罗斯	巴西	印度尼西亚	荷兰
个人、文化和娱乐服务	3.45	0.65	0.35	2.08	2.08	0.59	0.71	1.96	1.14	0.25	1.48
未包括的政府服务	4.18	0.87	1.05	14.17	0	1.75	1.25	1.41	3.10	0.14	0.12

资料来源：联合国商品贸易数据库。

其余 7 个经济体都是现代服务贸易进口为主导，其中美国、日本、印度、巴西和荷兰以专利权使用费和特许费以及其他商业服务的进口为主，法国以计算机与信息服务以及其他商业服务的进口为主，意大利以金融服务以及其他商业服务的进口为主。在传统服务贸易进口方面，美国、印度、意大利和巴西以旅游服务贸易为主，日本、法国和荷兰以运输服务贸易进口为主（见表 6 - 7）。

三、中国服务贸易结构变化分析

（一）出口

2000 年中国服务贸易出口以旅游服务贸易为主导，占中国服务贸易出口的比重为 53.33%，其他商业服务出口占比为 25.67%，运输服务出口占比为 12.33%，其余服务贸易出口占比均小于 5%，可见传统服务贸易（旅游服务贸易和运输服务贸易）所占比重高达 65.66%，是中国服务贸易出口的主力（见图 6 - 13）。

2000 ~ 2018 年，中国旅游服务贸易的出口占比跌幅最为明显，2018 年占比仅为 19.05%，电信服务出口占比和未包括的政府服务出口占比均略有下降。出口占比增幅最为明显的是计算机与信息服务，从 2000 年的 1.20% 上涨到 2018 年的 14.29%，其次是其他商业服务出口占比从 25.67% 上涨到 31.43%，建筑服务出口占比从 2.00% 上涨到 6.67%（见图 6 - 13）。

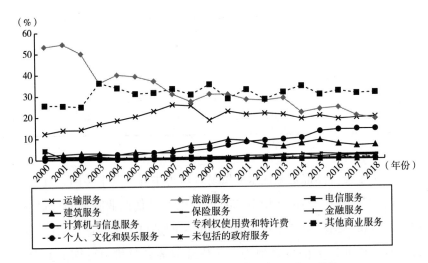

图 6 – 13　2000～2018 年中国服务贸易出口结构

注：2019 年之后的数据不全，故只更新到 2018 年。

资料来源：联合国商品贸易数据库。

2018 年中国服务贸易出口以其他商务服务贸易出口为主导，以旅游服务贸易出口、运输服务贸易出口和计算机与信息服务出口为辅，构成了新的服务贸易出口结构，从传统服务贸易出口为主转向以现代服务贸易出口为主（见图 6 – 13）。

（二）进口

2000 年中国服务贸易进口以旅游服务贸易为主导，占中国服务贸易进口的比重为 36.11%，运输服务进口占比为 27.78%，其他商业服务进口占比为 19.44%，其余服务贸易进口占比均小于 7%，其中传统服务贸易进口比重达到了 63.89%，形成了以传统服务贸易进口为主的格局（见图 6 – 14）。

2000～2018 年，中国服务贸易进口中，旅游服务贸易进口占比增幅最大，从 36.11% 增长到了 53.85%，其次是计算机与信息服务贸易进口占比从 0.75% 增长到 4.62%，专利权使用费和特许费服务贸易进口占比从

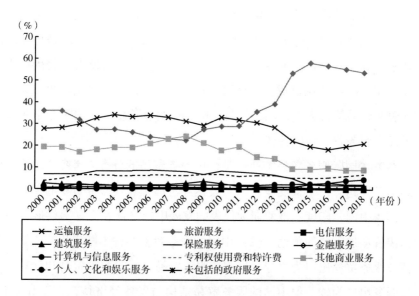

图 6 – 14　2000 ~ 2018 年中国服务贸易进口结构

注：2019 年之后的数据不全，故只更新到 2018 年。

资料来源：联合国商品贸易数据库。

3.89% 增长到 6.92%。其他商业服务进口占比的跌幅最大，从 19.44% 下跌至 9.04%，其次是运输服务贸易进口占比从 27.78% 下跌至 21.15%，保险服务进口占比从 6.94% 下跌至 2.31%。2018 年中国服务贸易进口整体格局仍然以旅游服务贸易为主导，以运输服务贸易和其他商业服务贸易为辅（见图 6 – 14）。

第三节　本章小结

本章对全球服务贸易发展特征及趋势进行了深入分析。从快速发展阶段（1980 ~ 1994 年）、规范化发展阶段（1995 ~ 2003 年）、全球化发展阶段（2004 ~ 2014 年）以及"互联网 + 外贸"阶段（2015 年至今）等四个阶段对全球服务贸易规模发展史进行分析，结果发现：（1）国际分工的不断细化以及制造业日益服务化，导致服务贸易开始快速发展，占全球货物和服务总贸易的比重越来越高。（2）以美欧日为代表的发达经济体始终是全球服务贸易的主要提供者，发展中经济体的服务贸易发展显著落后于发达经济体。（3）中国已成为全球服务贸易第二大国、服务贸易第二大出口国和服务贸易第二大进口国，但与美国存在明显差距，中国正在由服务贸易大国向服务贸易强国转变。

参考《国际服务贸易统计手册》中服务贸易的分类来考察全球服务贸易结构发展趋势，结果发现：（1）发达经济体是现代服务贸易的主要提供者，而以中国、印度、俄罗斯为代表的发展中经济体在全球提供服务贸易中扮演着愈加重要的角色。（2）中国的服务贸易结构不断优化，主要以其他商务服务贸易出口为主导，以旅游服务贸易、运输服务贸易和计算机与信息服务出口为辅。但中国的服务贸易结构与发达经济体存在明显差距。以上研究表明，新一轮信息革命和产业变革加速演进，中国正处在由服务贸易大国向服务贸易强国的关键转型期，"互联网＋外贸"是中国实现服务贸易高质量发展的重要推动力。

第七章

"互联网＋"对货物贸易影响的实证分析

第一节 "互联网＋"对货物贸易发展的理论机制与研究假说

一、贸易成本效应

传统贸易理论认为，由于地理距离产生的信息交流成本、货物运输成本等对贸易具有阻碍作用，而互联网的发展能有效降低贸易成本，扩大贸易规模（Yushkova，2014）。一方面，互联网具有强大的信息传递功能，能够借助信息共享平台，改善信息传递效率和信息不对称性，提高供求双方的信息沟通和信息匹配程度，降低双方的沟通交流成本（Arvanitis & Loukis，2009）。互联网工具的应用使企业的跨时空交流成为现实，降低了远距离的信息交流成本（李兵和李柔，2017），从而提高了货物贸易的出口效率。另一方面，互联网与传统物流行业的融合使得货物运输成本降低，企业和消费者不再局限于传统销售模式和购物模式，拓宽了传统贸易的地理限制，有效扩大货物贸易的经营和消费半径，而且在线商品和要素交易平台的建立也降低了交易过程中的支付风险及支付成本（石良平和王素云，2018），促进了货物贸易出口增长。

二、产业升级效应

互联网的蓬勃发展能够有效推动产业结构优化变革，促进工业化与信息化深度融合（刘强等，2022），进而实现传统货物贸易转型升级。一方面，互联网平台的兴起在贸易部门内部不断衍生出新产业、新模式、新业态等，极大地拓宽了出口商品或服务的内涵和外延（杜传忠和管海锋，2021），改变了贸易部门的产业结构，丰富了货物贸易的内容和形式，从而极大地提升了对外贸易的竞争力。另一方面，互联网技术与传统产业结合，加快了要素配置合理性、生产流程的高效性以及产业间的协同性，同时，便利的信息交流与传递网络为传统企业发展带来低成本与高效率优势。产业结构优化布局带来的"结构红利"有效配置了企业内部资源要素，进而推动对外贸易产业的合理化、高级化，为货物贸易发展带来新契机（任晓松和孙莎，2022）。因此，"互联网＋"赋能产业结构升级促进了货物贸易竞争力的提升，高度契合了对外贸易高质量发展的特征和要求。

三、技术进步效应

内生增长理论认为经济增长的根本源泉是技术创新，其在对外贸易规模扩张与效率提升方面同等重要（王瀚迪和袁逸铭，2022）。一方面，传统贸易企业依托互联网平台强化信息网络技术与各产业链的深度融合，为企业关键技术突破和新产品迭代提供全链条支撑，不断提高企业创新水平，促进企业产品的高端化、智能化创新（Yoo et al.，2010），提升货物贸易出口的竞争力。另一方面，参与国际科技协作、融入全球创新网络已成为推动贸易转型升级的关键所在。互联网拓展了国际创新合作创设通道，能够打破创新活动的边界，强化创新主体之间的联动性（余菲菲和王丽婷，2022），实现全球创新资源的互动整合，使企业能够在更大区域范围内享受创新收益，最终推动企业在全球创新合作网络中实现技术创新能力的飞跃（杨震宁等，2021）。技术创新能为企业获得更多的贸易机会，当企业参与到激烈的贸易竞争当中时，会倒逼自身提升产品和服务质量，继而带动货物贸易的发展。综上，互联网前沿技术的深化应用，能推动企业提升技术创新能力，进而促进货物贸易的发展。

综上，本书提出研究假说 1："互联网＋"能够通过贸易成本效应、技术进步效应以及产业升级效应推动货物贸易的发展。

第二节 "互联网＋"对货物贸易规模影响的实证分析

一、模型构建和变量说明

参考韩剑和许亚云（2021）的做法，构建如下引力模型：

$$\ln trade\_goods_{ijt} = \beta_0 + \beta_1 Internet_{ijt} + \eta_{it} + \vartheta_{jt} + \sigma_{ij} + \varepsilon_{ijt} \quad (7-1)$$

式（7-1）中，下标 i、j、t 分别代表货物贸易出口方、货物贸易进口方和年份。被解释变量 $\ln trade\_goods_{ijt}$ 表示 t 年 i 方对 j 方货物贸易出口额的自然对数。核心解释变量 $Internet_{ijt}$ 表示 t 年 i 方与 j 方的互联网水平链接程度，$Internet_{ijt} = \sqrt{Internet_{it}Internet_{jt}}$，其中，$Internet_{ijt}$ 为进口、出口两方间的互联网联系强度，$Internet_{it}$ 是出口方的"互联网＋"发展水平，$Internet_{jt}$ 是进口方的"互联网＋"发展水平。η_{it} 和 ϑ_{jt} 分别是出口方 i–年份、进口方 j–年份的固定效应，用来控制经济体随时间变化的特征，σ_{ij} 为出口方 i–进口方 j 的固定效应，用来控制经济体双边特征，加入这三组固定效应可以基本解决模型的内生性问题。ε_{ijt} 为随机扰动项。β_0 是截距项。系数 β_1 表示双方互联网水平链接程度对双边货物贸易出口流量的影响大小。

货物贸易数据来源于联合国商品贸易数据库（UNCOMTRADE），互联网相关数据来源于世界银行的 WDI 数据库以及 WTO 的 RTA 数据库。本节数据样本覆盖了 1995~2020 年、125 个经济体①的数据，即"出口方－进口方－年份"的三维面板数据。

二、描述性分析

表 7－1 报告了变量的描述性统计。其中，lntrade_goods 的均值为 16.0340，但最大值为 26.8960，最小值为 -6.2145，表明经济体间双边货物贸易的差异显著，部分经济体受到区位因素、开放程度、资本积累、贸易环境、制度质量等各方面的影响，与世界其他地区的联系不紧密，货物贸易出口额较低。互联网水平链接程度（Internet）的均值为 15.7163，最大值为 77.4132，而最小值仅为 0.0000，说明各经济体间的互联网水平链接程度差异巨大，有些经济体间甚至不存在任何联系，这是由于互联网普及率、互联网基础设施、互联网安全性、互联网开放平台等因素差异所造成的。以上数据充分表明了各经济体间货物贸易交流还存在较大的发展空间，互联网水平链接程度也仍存在较大的提升空间。

---

① 125 个经济体为：阿尔巴尼亚、阿尔及利亚、阿根廷、阿联酋、阿曼、阿塞拜疆、埃及、埃塞俄比亚、爱尔兰、爱沙尼亚、奥地利、澳大利亚、巴基斯坦、巴拉圭、巴林、巴拿马、巴西、保加利亚、贝宁、比利时、冰岛、波黑、波兰、玻利维亚、博茨瓦纳、布隆迪、丹麦、德国、多米尼加、俄罗斯、厄瓜多尔、法国、菲律宾、芬兰、冈比亚、刚果（金）、刚果（布）、哥伦比亚、格鲁吉亚、哈萨克斯坦、韩国、荷兰、洪都拉斯、吉尔吉斯斯坦、加拿大、加纳、柬埔寨、捷克、津巴布韦、喀麦隆、卡塔尔、科特迪瓦、科威特、克罗地亚、肯尼亚、拉脱维亚、黎巴嫩、立陶宛、卢森堡、卢旺达、罗马尼亚、马达加斯加、马耳他、马拉维、马来西亚、马里、毛里求斯、毛里塔尼亚、美国、蒙古、孟加拉国、秘鲁、摩尔多瓦、摩洛哥、莫桑比克、墨西哥、纳米比亚、南非、尼加拉瓜、尼泊尔、尼日利亚、挪威、葡萄牙、日本、瑞典、瑞士、萨尔瓦多、塞尔维亚、塞内加尔、塞浦路斯、沙特阿拉伯、斯里兰卡、斯洛伐克、斯洛文尼亚、塔吉克斯坦、泰国、坦桑尼亚、特立尼达和多巴哥、突尼斯、土耳其、危地马拉、委内瑞拉、文莱、乌干达、乌克兰、乌拉圭、西班牙、希腊、新加坡、新西兰、匈牙利、牙买加、亚美尼亚、伊朗、以色列、意大利、印度、印度尼西亚、英国、约旦、越南、赞比亚、智利、中国、中国香港。

表7-1		变量的描述性统计			
变量	观测值	平均值	标准差	最小值	最大值
ln*trade_goods*	300098	16.0340	3.8187	-6.2145	26.8960
Internet	300103	15.7163	14.2465	0.0000	77.4132

三、基准回归

表7-2报告了基准回归结果。列（5）显示，在控制出口方-年份、进口方-年份、出口方-进口方固定的情况下，核心解释变量 *Internet* 的回归系数显著为正，系数约为0.0148，说明互联网水平链接程度对货物贸易规模有显著的促进作用。

表7-2			基准回归		
项目	（1）	（2）	（3）	（4）	（5）
Internet	0.0988***	0.1582***	0.2314***	0.0518***	0.0148***
	(0.0003)	(0.0004)	(0.0004)	(0.0002)	(0.0018)
常数项	15.7124***	14.4253***	13.4127***	14.9124***	15.9124***
	(0.0083)	(0.0089)	(0.0098)	(0.0038)	(0.0352)
样本数	300098	300098	300098	299809	299809
出口方-年份固定	不控制	控制	不控制	不控制	控制
进口方-年份固定	不控制	不控制	控制	不控制	控制
出口方-进口方固定	不控制	不控制	不控制	控制	控制
R^2	0.1464	0.5142	0.4123	0.8872	0.9368

注：***表示在1%的水平下显著；括号内数值为稳健标准误。

四、分样本回归

（一）分地区回归

将125个经济体按地理区位划分为欧洲、美洲、非洲、亚洲，若进出口双方均处于欧洲，则归入欧洲分组，以此类推得到四个地区分组。①
表 7-3 的列（1）、列（2）、列（3）、列（4）分别报告了欧洲、美洲、
非洲、亚洲四组的分地区回归结果，结果表明除美洲外，双方互联网水平
链接程度的提高对欧洲、非洲、亚洲的货物贸易出口规模均存在显著的正
向作用。其中，非洲的正向影响最大，系数为 0.0965。

表 7-3　　　　　　　　　　　　　　分地区回归

项目	(1)	(2)	(3)	(4)
	欧洲	美洲	非洲	亚洲
Internet	0.0298 ***	0.0056	0.0965 **	0.0239 **
	(0.0079)	(0.0201)	(0.0398)	(0.0097)
常数项	18.7194 ***	17.5124 ***	14.7824 ***	16.8742 ***
	(0.2087)	(0.2645)	(0.1742)	(0.1263)
样本数	32560	10290	14377	23717
出口方 – 年份固定	控制	控制	控制	控制
进口方 – 年份固定	控制	控制	控制	控制
出口方 – 进口方固定	控制	控制	控制	控制
R^2	0.9713	0.9572	0.8562	0.9384

注：**、***分别表示在 5%、1% 的水平下显著；括号内数值为稳健标准误。

（二）分经济体发展程度回归

发达经济体与发展中经济体的互联网发展水平差异较大，这将导致发
达经济体间的互联网水平链接程度较高，而发展中经济体间的互联网水平
链接程度较低，出现"强者愈强，弱者愈弱"的马太效应。为进一步研究
不同发展程度的经济体间互联网水平链接程度对货物贸易规模的影响效
应，本节将 125 个经济体分为发达经济体与发展中经济体进行两两匹配，
按照出口 – 进口的匹配方式共得到发达—发达、发达—发展、发展—发
达、发展—发展四组样本进行回归检验。

---

① 进出口双方不在同一洲的，不作为本书的研究范围。全书同。

表7-4的列（1）、列（2）、列（3）、列（4）分别报告了发达—发达、发达—发展、发展—发达、发展—发展四组样本的回归结果，除了发展—发达经济体间没有显著的正向促进作用，其他经济体间的互联网水平链接程度均对货物贸易出口规模具有显著促进作用，说明发展中经济体可能会因"互联网+"发展水平相对落后而影响对发达经济体的出口，发展中经济体亟须提升"互联网+"发展水平。

表7-4　　　　　　　　　　分经济体发展程度回归

项目	(1)	(2)	(3)	(4)
	发达—发达	发达—发展	发展—发达	发展—发展
Internet	0.0522 ***	0.0487 ***	-0.0187	0.0115 *
	(0.0106)	(0.0098)	(0.0173)	(0.0059)
常数项	18.9424 ***	15.9912 ***	16.8424 ***	14.6412 ***
	(0.3012)	(0.1598)	(0.2887)	(0.0628)
样本数	32388	78759	63268	125394
出口方 - 年份固定	控制	控制	控制	控制
进口方 - 年份固定	控制	控制	控制	控制
出口方 - 进口方固定	控制	控制	控制	控制
R^2	0.9788	0.9386	0.9025	0.8872

注：*、***分别表示在10%、1%的水平下显著；括号内数值为稳健标准误。

（三）分时期回归

2008年金融危机对全球经贸发展造成了巨大冲击，为研究金融危机发展前后互联网水平链接程度对双方货物贸易出口规模的影响是否存在异质性，本节将样本时间划分为金融危机前、金融危机后进行回归检验，即1995~2008年、2009~2020年。

表7-5的列（1）、列（2）分别报告了1995~2008年、2009~2020年的回归结果。结果表明，金融危机前和危机后，互联网水平链接程度对货物贸易出口规模均具有显著正向作用，但金融危机后互联网水平链接程度对货物贸易出口规模的正向效应更强且更为显著，可能原因是后经济危

机时代，各经济体开始注重"互联网＋外贸"新业态的发展，从而有效驱动了"互联网＋"发展水平对货物贸易规模的促进作用。

表7-5 分时期回归

项目	（1）	（2）
	1995~2008 年	2009~2020 年
Internet	0.0112 * （0.0063）	0.0152 *** （0.0029）
常数项	16.6393 *** （0.0159）	17.0093 *** （0.1524）
样本数	147751	151288
出口方－年份固定	控制	控制
进口方－年份固定	控制	控制
出口方－进口方固定	控制	控制
R^2	0.9376	0.9382

注：*、*** 分别表示在 10%、1% 的水平下显著；括号内数值为稳健标准误。

（四）分指标回归

表7-6 是各一级指标对货物贸易规模的回归结果。可以发现，互联网普及率和互联网基础设施的回归系数显著为正，但是互联网安全性和互联网开放平台的回归系数不显著，可能原因是各经济体对互联网安全和开放平台的改革创新起步较晚，并未能有效促进货物贸易规模增长。

表7-6 分指标回归

项目	（1）	（2）	（3）	（4）
互联网普及率	0.0311 *** （0.0042）			
互联网基础设施		0.0309 *** （0.0046）		
互联网安全性			0.0123 （0.0082）	

续表

项目	(1)	(2)	(3)	(4)
互联网开放平台				-0.0009 (0.0022)
常数项	15.9982 *** (0.0262)	15.9424 *** (0.0343)	16.1753 *** (0.0022)	16.1343 *** (0.0033)
样本数	299809	299809	299809	299809
出口方-年份固定	控制	控制	控制	控制
进口方-年份固定	控制	控制	控制	控制
出口方-进口方固定	控制	控制	控制	控制
R^2	0.9152	0.9216	0.9186	0.9242

注：*** 表示在1%的水平下显著；括号内数值为稳健标准误。

（五）分产品类型回归

随着数字经济时代的到来，各经济体对信息通信技术（ICT）产品的需求不断扩张，跨国公司将 ICT 产品的生产环节分布到世界各地，形成全球生产网络。而各经济体间互联网链接可以通过平台效应降低交易成本；加快知识流动，促进产品创新，从而促进 ICT 产品贸易（施炳展，2016）。本节将产品划分为 ICT 产品与非 ICT 产品[①]进行回归。

表7-7 的列（1）、列（2）分别报告了 ICT 货物贸易、非 ICT 货物贸易的回归结果。结果表明，互联网水平链接程度对 ICT 货物贸易和非 ICT 货物贸易规模均具有显著正向作用，但互联网水平链接程度对货物贸易出口规模的正向效应更强且更为显著，可能原因是互联网发展中的知识技术可以更好运用在 ICT 产品中，从而有效驱动了"互联网＋"发展水平对 ICT 货物贸易规模的促进作用。

---

① 按照 ISIC REV.4 的标准划分，ICT 产品指计算机、电子和光学产品制造，包括电子元件、计算机和通信设备等；ICT 服务业根据与设备价值链环节联系的紧密程度可以分为生产性 ICT 服务（如计算机程序和咨询服务）和信息服务。

表 7 - 7 分产品类型回归

项目	（1）	（2）
	ICT 货物贸易	非 ICT 货物贸易
Internet	0.0153 *** （0.0047）	0.0128 ** （0.0056）
常数项	15.7129 *** （0.0147）	16.1476 *** （0.1112）
样本数	299809	299809
出口方 - 年份固定	控制	控制
进口方 - 年份固定	控制	控制
出口方 - 进口方固定	控制	控制
R^2	0.965	0.921

注：** 、*** 分别表示在 5% 、1% 的水平下显著；括号内数值为稳健标准误。

五、稳健性检验

由于本书已添加出口方 - 年份、进口方 - 年份、出口方 - 进口方三个固定效应，已较好地缓解了内生性问题，故本节不进行内生性处理，仅对模型（7-1）进行如下稳健性检验。

表 7-8 列（1）、列（2）分别报告了缩尾 1% 、5% 处理后的稳健性检验结果，列（3）、列（4）、列（5）分别报告了将样本年份取间隔 2 年、3 年、5 年后的稳健性检验结果。结果显示，互联网水平链接程度对货物贸易出口规模具有显著的正向作用，系数也与基准回归结果比较接近，说明该回归结果具有稳健性。

表 7 - 8 稳健性检验

项目	（1）	（2）	（3）	（4）	（5）
	缩尾 1%	缩尾 5%	间隔 2 年	间隔 3 年	间隔 5 年
Internet	0.0059 *** （0.0014）	0.0071 *** （0.0013）	0.0139 *** （0.0028）	0.0171 *** （0.0034）	0.0168 *** （0.0035）
常数项	15.8932 *** （0.0243）	15.9982 *** （0.0208）	15.9942 *** （0.0465）	15.8927 *** （0.0542）	15.8153 *** （0.0542）

续表

项目	(1)	(2)	(3)	(4)	(5)
	缩尾1%	缩尾5%	间隔2年	间隔3年	间隔5年
样本数	299809	299809	147163	99999	99999
出口方-年份固定	控制	控制	控制	控制	控制
进口方-年份固定	控制	控制	控制	控制	控制
出口方-进口方固定	控制	控制	控制	控制	控制
R^2	0.9098	0.9211	0.9118	0.9186	0.9184

注：*** 表示在1%的水平下显著；括号内数值为稳健标准误。

六、作用机制

(一) 中间渠道检验

本书使用式（7-2）对中间渠道进行验证："互联网＋"通过降低贸易成本（$Tradexp$）、促进产业结构升级（Upg）、激励技术创新（$Innout$）进而提升贸易规模。

$$M_{ijt} = \beta_0 + \beta_1 Internet_{ijt} + \eta_{it} + \vartheta_{jt} + \sigma_{ij} + \varepsilon_{ijt} \qquad (7-2)$$

式（7-2）中，M_{ijt}为机制变量，包括两经济体间贸易成本水平（$Tradexp_{ijt}$）、两经济体间产业结构升级水平（Upg_{ijt}）、两经济体间技术进步水平（$Innout_{ijt}$）。机制变量具体衡量方式如下：贸易成本用$Tradexp_{ijt} = \left[\dfrac{x_{ii}x_{jj}}{x_{ij}x_{ji}}\right]^{\frac{1}{2(\sigma-1)}} - 1$表示，其中，$x_{ii}$、$x_{jj}$分别表示$i$经济体与贸易对象$j$经济体的经济体内销售额，采用一经济体GDP减去该经济体货物贸易总出口表示；x_{ij}、x_{ji}分别表示i经济体对j经济体的货物贸易出口额以及进口额；参考诺维（Novy，2013）的做法将σ取值8。产业结构升级用$Upg_{ijt} = \sqrt{Upg_{it} \times Upg_{jt}}$表示，其中$Upg = \dfrac{第三产业增加值}{第二产业增加值}$。技术创新用$Innout_{it} = \ln(patent_{it})$表示，$patent$为各经济体专利授权数量。$\eta_{it}$和$\vartheta_{jt}$分别是出口方$i$-年份、进口方$j$-年份的固定效应，用来控制经济体随时间变化的特征，σ_{ij} 为出口方 i – 进口方 j 的固定效应，用来控制经济体双边特征，ε_{ijt} 为随机扰动项。β_0 表示截距项。系数 β_1 表示双方互联网链接程度对机制变量的影响大小。机制变量数据来自联合国贸发会议数据库和世界银行的 WDI 数据库。

表7 – 9 显示了"互联网 + "通过上述三类中间渠道影响货物贸易规模的实证结果，列（1）表明"互联网 + "能显著降低两经济体间贸易成本水平，列（2）表明"互联网 + "能显著促进两经济体间产业结构升级水平，列（3）表明"互联网 + "能显著促进两经济体间技术进步水平，充分验证了假说1的准确性。

表7 – 9   中间渠道检验

项目	（1）	（2）	（3）
	Tradexp	Upg	Innout
Internet	− 0. 0945 *** （0. 0005）	0. 1764 *** （0. 0028）	0. 0217 *** （0. 0025）
常数项	18. 6324 *** （0. 0387）	12. 4353 *** （0. 0184）	17. 4125 *** （0. 0376）
样本数	299809	299809	299809
出口方 – 年份固定	控制	控制	控制
进口方 – 年份固定	控制	控制	控制
出口方 – 进口方固定	控制	控制	控制
R^2	0. 8791	0. 7718	0. 9128

注：*** 表示在1%的水平下显著；括号内数值为稳健标准误。

（二）调节效应检验

本节引入互联网水平链接程度与制度质量的交叉项，以此来考察制度质量是否是互联网水平链接程度促进货物贸易增长的有效调节变量。为了全面考察制度质量的调节效应，本书以监管质量（*reg_quality*）、腐败控制（*con_corrupt*）、政府效率（*gov_effect*）和法治环境（*rule_law*）这四个变量来衡量制度质量。

1. 解释变量：互联网水平链接程度

表7-10报告了制度质量对互联网水平链接程度促进货物贸易规模增长的调节效应回归结果。可以发现，互联网水平链接程度与法治环境、腐败控制、监管质量和政府效率的交叉项均显著为正，充分说明制度质量能有效放大互联网水平链接程度对货物贸易规模增长的促进作用。

表7-10　　　　　制度质量对货物贸易规模的调节效应

（解释变量：互联网水平链接程度）

项目	（1）	（2）	（3）	（4）
Internet	0.0311 *** （0.0039）	0.0288 *** （0.0032）	0.0249 *** （0.0044）	0.0451 *** （0.0041）
rule_law	2.6751 *** （0.2962）			
Internet × rule_law	0.0189 *** （0.0029）			
con_corrupt		1.1889 *** （0.2058）		
Internet × con_corrupt		0.0158 *** （0.0024）		
reg_quality			2.6123 *** （0.3889）	
Internet × reg_quality			0.0126 *** （0.0039）	
gov_effect				1.2676 *** （0.2813）
Internet × gov_effect				0.0309 *** （0.0034）
常数项	14.3298 *** （0.1639）	15.1187 *** （0.0948）	14.2914 *** （0.2256）	15.0218 *** （0.1429）
样本数	299809	299809	299809	299809
出口方 - 年份固定	控制	控制	控制	控制
进口方 - 年份固定	控制	控制	控制	控制
出口方 - 进口方固定	控制	控制	控制	控制
R^2	0.9121	0.9098	0.9085	0.9152

注：*** 表示在1%的水平下显著；括号内数值为稳健标准误。

2. 解释变量：互联网普及率

表7-11报告了制度质量对互联网普及率促进货物贸易规模增长的调节效应回归结果。可以发现，互联网普及率与腐败控制、政府效率的交叉项显著为正，说明腐败控制和政府效率能有效放大互联网普及率对货物贸易规模增长的促进作用；互联网普及率与法治环境和监管质量的交叉项不显著，说明法治环境和监管质量并不是互联网普及率促进货物贸易规模增长的调节变量。

表7-11　　　　　制度质量对货物贸易规模的调节效应

（解释变量：互联网普及率）

项目	(1)	(2)	(3)	(4)
互联网普及率	0.0268 *** (0.0044)	0.0398 *** (0.0052)	0.0281 *** (0.0053)	0.0441 *** (0.0052)
rule_law	2.2712 *** (0.2958)			
互联网普及率 × rule_law	-0.0009 (0.0021)			
con_corrupt		1.0251 *** (0.2062)		
互联网普及率 × con_corrupt		0.0081 *** (0.0019)		
reg_quality			2.3224 *** (0.3524)	
互联网普及率 × reg_quality			-0.0001 (0.0022)	
gov_effect				0.9863 *** (0.2821)
互联网普及率 × gov_effect				0.0102 *** (0.0019)
常数项	14.6928 *** (0.1587)	15.4218 *** (0.0882)	14.6242 *** (0.2112)	15.3492 *** (0.1391)
样本数	299809	299809	299809	299809
出口方 - 年份固定	控制	控制	控制	控制
进口方 - 年份固定	控制	控制	控制	控制
出口方 - 进口方固定	控制	控制	控制	控制
R^2	0.9082	0.9085	0.9072	0.9128

注：*** 表示在1%的水平下显著；括号内数值为稳健标准误。

3. 解释变量：互联网基础设施

表 7 – 12 报告了制度质量对互联网基础设施促进货物贸易规模增长的调节效应回归结果。可以发现，互联网基础设施与法治环境、腐败控制、监管质量和政府效率的交叉项均显著为正，充分说明制度质量能有效放大互联网基础设施对货物贸易规模增长的促进作用。

表 7 – 12 制度质量对货物贸易规模的调节效应

（解释变量：互联网基础设施）

项目	(1)	(2)	(3)	(4)
互联网基础设施	0.0688 *** (0.0087)	0.0652 *** (0.0072)	0.0551 *** (0.0098)	0.0975 *** (0.0092)
rule_law	2.6674 *** (0.2998)			
互联网基础设施 × *rule_law*	0.0423 *** (0.0068)			
con_corrupt		1.1758 *** (0.2069)		
互联网基础设施 × *con_corrupt*		0.0368 *** (0.0055)		
reg_quality			2.6123 *** (0.3889)	
互联网基础设施 × *reg_quality*			0.0286 *** (0.0086)	
gov_effect				1.3224 *** (0.2986)
互联网基础设施 × *gov_effect*				0.0663 *** (0.0073)
常数项	14.3176 *** (0.1642)	15.2189 *** (0.0933)	14.3172 *** (0.2298)	14.9984 *** (0.1435)
样本数	299809	299809	299809	299809
出口方 – 年份固定	控制	控制	控制	控制
进口方 – 年份固定	控制	控制	控制	控制
出口方 – 进口方固定	控制	控制	控制	控制
R^2	0.9112	0.9087	0.9072	0.9092

注：*** 表示在1%的水平下显著；括号内数值为稳健标准误。

4. 解释变量：互联网安全性

表7－13 报告了制度质量对互联网安全性促进货物贸易规模增长的调节效应回归结果。可以发现，互联网安全性与法治环境、腐败控制和监管质量的交叉项显著为正，说明法治环境、腐败控制和监管质量能有效放大互联网安全性对货物贸易规模增长的促进作用；互联网安全性与政府效率的交叉项不显著，说明政府效率并不是互联网安全性促进货物贸易规模增长的调节变量。

表7－13 制度质量对货物贸易规模的调节效应

（解释变量：互联网安全性）

项目	（1）	（2）	（3）	（4）
互联网安全性	－0.1663 *** （0.0549）	－0.0659 * （0.0386）	－0.1804 ** （0.0713）	0.0097 （0.0527）
rule_law	2.4291 *** （0.2842）			
互联网安全性 × *rule_law*	0.2087 *** （0.0615）			
con_corrupt		1.0319 *** （0.2017）		
互联网安全性 × *con_corrupt*		0.0962 ** （0.0459）		
reg_quality			2.3964 *** （0.3592）	
互联网安全性 × *reg_quality*			0.2212 *** （0.0804）	
gov_effect				1.0993 *** （0.2823）
互联网安全性 × *gov_effect*				0.0058 （0.0643）
常数项	14.7562 *** （0.1504）	15.6126 *** （0.0835）	14.6828 *** （0.2039）	15.5273 *** （0.1332）

续表

项目	（1）	（2）	（3）	（4）
样本数	299809	299809	299809	299809
出口方－年份固定	控制	控制	控制	控制
进口方－年份固定	控制	控制	控制	控制
出口方－进口方固定	控制	控制	控制	控制
R^2	0.9084	0.9095	0.9103	0.9078

注：*、**、***分别表示在10%、5%、1%的水平下显著；括号内数值为稳健标准误。

5. 解释变量：互联网开放平台

表7－14报告了制度质量对互联网开放平台促进货物贸易规模增长的调节效应回归结果。可以发现，互联网开放平台与法治环境、腐败控制、监管质量和政府效率的交叉项均显著为正，充分说明制度质量能有效放大互联网开放平台对货物贸易规模增长的促进作用。

表7－14　　　　　　　　制度质量对货物贸易规模的调节效应
（解释变量：互联网开放平台）

项目	（1）	（2）	（3）	（4）
互联网开放平台	0.0213 *** (0.0072)	0.0111 * (0.0057)	0.0171 (0.0104)	0.0424 *** (0.0079)
rule_law	2.4801 *** (0.2864)			
互联网开放平台 × *rule_law*	0.0311 *** (0.0094)			
con_corrupt		1.0412 *** (0.2025)		
互联网开放平台 × *con_corrupt*		0.0188 ** (0.0079)		
reg_quality			2.5671 *** (0.3613)	
互联网开放平台 × *reg_quality*			0.0251 * (0.0136)	

续表

项目	(1)	(2)	(3)	(4)
gov_effect				1.0164 ***
				(0.2773)
互联网开放平台× *gov_effect*				0.0643 ***
				(0.0112)
常数项	14.8459 ***	15.6162 ***	14.6128 ***	15.5511 ***
	(0.1512)	(0.0832)	(0.2143)	(0.1336)
样本数	299809	299809	299809	299809
出口方–年份固定	控制	控制	控制	控制
进口方–年份固定	控制	控制	控制	控制
出口方–进口方固定	控制	控制	控制	控制
R^2	0.9137	0.9084	0.9063	0.9089

注：*、**、*** 分别表示在 10%、5%、1% 的水平下显著；括号内数值为稳健标准误。

第三节 "互联网+"对货物贸易结构影响的实证分析

一、模型构建和变量说明

为进一步探究"互联网+"发展水平对货物贸易结构的影响，本节构建如下模型：

$$goods\_structure_{it} = \beta_0 + \beta_1 Internet_{it} + \sum X_{it} + \mu_i + \theta_t + \varepsilon_{it} \quad (7-3)$$

式（7-3）中，下标 i、t 分别代表货物贸易出口方和年份。被解释变量 $goods\_structure_{it}$ 表示 t 年 i 方技术密集型产品出口额[①]占货物贸易总

---

① 技术密集型产品同第四章分类，按照 SITC REV. 3 标准分类，商品编码包括 51、54、71、75、76、87、88。

出口额的比重。核心解释变量 $Internet_{it}$ 表示 t 年 i 方的"互联网+"发展水平。μ_i 为个体固定效应,用于控制不随时间变化的经济体特征。θ_t 为时间固定效应,用于控制不随经济体变化的宏观经济冲击。ε_{it} 为随机扰动项。β_0 为截距项。系数 β_1 表示经济体"互联网+"发展水平对其技术密集型产品出口占比(贸易结构优化)的影响。

控制变量组 $\sum X_{it}$。本节加入控制变量以增强研究结论的稳健性,控制变量包括:(1)贸易开放度($trade/gdp$):一经济体贸易开放度越高,其参与国际贸易的程度就越深,从而导致贸易总额增加。采用经济体货物和服务贸易总额与其 GDP 的比值表示。(2)FDI 开放度(FDI/gdp):FDI流入有利于优化要素配置,促进贸易结构升级,采用各经济体 FDI 流入存量与其 GDP 的比值表示(周靖祥和曹勤,2007)。(3)物质资本强度($capital$):物质资本积累是推动国际分工地位升级的重要因素,采用经济体资本形成总额与其 GDP 的比值表示(杨高举和黄先海,2013)。(4)产业结构($industry$):行业结构与出口竞争力呈现出高度一致的变化趋势,产业结构升级是提升贸易竞争力的重要动力,采用经济体第三产业增加值与其 GDP 的比值表示(文东伟等,2009)。(5)经济发展水平($pergdp$):人均生产总值是反映一个经济体经济发展水平的重要指标,对国际贸易有重要影响。采用经济体的人均 GDP(取对数)表示。(6)消费强度($consumption$):经济体内市场情况是影响该经济体贸易结构的重要因素,而市场情况往往与消费支出有关,采用消费支出占其 GDP 的比重来表征(江小涓,2007)。(7)政府干预($government$):政府干预可以实现资源优化配置,促进产品创新,优化贸易结构,采用财政支出占其 GDP 的比重来表征(Peneder,2008)。(8)研发强度($R\&D$):创新投入是创新活动的基本要素,研发支出增加有利于技术创新,提升贸易竞争力,采用研发支出占其 GDP 的比重来表征(胡小娟和陈欣,2017)。

货物贸易数据来源于联合国商品贸易数据库,互联网相关数据来源于世界银行的 WDI 数据库以及 WTO 的 RTA 数据库。控制变量数据均来源于联合国贸发会议数据库，其中，技术密集型产品采用国际贸易标准分类（SITC）二分位进行统计。本节数据样本覆盖了 1995～2020 年、125 个经济体①的数据，即"年份－个体"的二维面板数据。

二、共线性检验

表 7－15 报告了共线性检验结果。共线性的存在可能会带来伪回归问题，因此本节对核心解释变量及控制变量进行了共线性检验。检验结果显示各变量间相关系数的绝对值均小于 0.85（Krammer，2010），表明各变量间不存在严重共线性。

表 7－15 共线性检验

变量	Internet	trade/gdp	FDI/gdp	capital	industry	pergdp	consumption	government	r&d
Internet	1.0000								
trade/gdp	0.3369	1.0000							
FDI/gdp	0.2843	0.4385	1.0000						
capital	-0.1179	0.0574	-0.0339	1.0000					
industry	0.5143	0.3262	0.2781	-0.0772	1.0000				
pergdp	0.727	-0.0543	0.3634	0.4112	0.4684	1.0000			
consumption	0.0231	0.3843	0.0991	0.3052	0.0809	0.483	1.0000		
government	-0.1452	0.0386	-0.061	0.2192	0.358	0.0653	0.0922	1.0000	
r&d	0.1425	-0.0496	-0.0432	0.1553	0.2863	-0.0682	-0.0201	0.1793	1.0000

三、描述性分析

表 7－16 报告了变量的描述性统计。其中，货物贸易结构（goods_ structure）的均值为 8.0784，但最大值为 66.3189，最小值为 0.0000，表

---

① 125 个经济体同本章第二节所列的经济体。

明经济体间货物贸易结构差异较大，这是因为部分经济体的贸易开放、资本积累、制度质量、产业结构升级等因素发展较差，技术密集型产品出口较少，导致货物贸易结构升级较慢。互联网发展水平（*Internet*）的均值为15.1124，最大值为83.5214，而最小值仅为0.0000，说明各经济体间的互联网发展水平差异巨大，这是由于互联网普及率、互联网基础设施、互联网安全性、互联网开放平台等因素差异所造成的。贸易开放度（*trade/gdp*）的均值为0.8456，最大值为4.4262；FDI开放度（*FDI/gdp*）的均值为0.5141，最大值为19.5982；物质资本强度（*capital*）的均值为0.2500，最大值为0.8360；产业结构（*industry*）的均值为0.5331，最大值为0.9192；经济发展水平（*pergdp*）的均值为7.9658，最大值为12.1143；消费强度（*consumption*）的均值为0.1236，最大值为0.6125；政府干预（*government*）的均值为5.6445，最大值为26.0124；研发强度（*r&d*）的均值为1.1254，最大值为5.0356。以上数据充分表明了各经济体间在贸易开放、投资开放、资本积累、产业升级、经济发展水平、消费水平、政府干预、创新投入等方面均存在较大差异，货物贸易结构升级及"互联网+"发展水平也仍存在较大的提升空间。

表7-16　　　　　　　　变量的描述性统计

变量	观测值	平均值	标准差	最小值	最大值
goods_structure	3250	8.0784	10.3732	0.0000	66.3189
Internet	3250	15.1124	16.1132	0.0000	83.5214
trade/gdp	3250	0.8456	0.5590	0.0018	4.4262
FDI/gdp	3250	0.5141	1.5627	-10.9180	19.5982
capital	3250	0.2500	0.0914	-0.0511	0.8360
industry	3250	0.5331	0.1101	0.1999	0.9192
pergdp	3250	7.9658	1.4323	4.4695	12.1143
consumption	3250	0.1236	0.8927	0.000	0.6125
government	3250	5.6445	4.2513	0.000	26.0124
r&d	3250	1.1254	0.8752	0.000	5.0356

资料来源：根据Stata 17.0整理。

四、基准回归

表 7 – 17 报告了基准回归结果。列（6）显示，在控制其他变量的情况下，核心解释变量 *Internet* 的回归系数显著为正，系数约为 0. 0343，说明"互联网 +"发展水平能显著优化货物贸易出口结构。

表 7 – 17　　　　　　　　　　　基准回归

项目	（1）	（2）	（3）	（4）	（5）	（6）
Internet	0. 0584 ***	0. 0374 ***	0. 0614 **	0. 0582 ***	0. 0493 ***	0. 0343 ***
	(0. 0054)	(0. 0059)	(0. 0103)	(0. 0049)	(0. 0104)	(0. 0124)
trade/gdp		2. 3471 ***				2. 434 ***
		(0. 3760)				(0. 4364)
FDI/gdp		0. 3018 ***				0. 3543 ***
		(0. 0714)				(0. 0549)
capital		− 0. 2126				3. 8745 ***
		(0. 7625)				(1. 2671)
industry		1. 2675				− 4. 1542 **
		(1. 7184)				(1. 7275)
pergdp		3. 2578 ***				2. 2578 ***
		(0. 1785)				(0. 0878)
consumption		2. 1744				1. 0587
		(1. 9874)				(0. 8741)
government		0. 1478 ***				0. 1078 ***
		(0. 0017)				(0. 0007)
r&d		1. 1587 ***				0. 0984 ***
		(0. 0478)				(0. 0347)
常数项	8. 2861 ***	4. 8054 ***	6. 4631 ***	7. 7152 ***	6. 2462 ***	4. 6842 ***
	(0. 7153)	(1. 3143)	(0. 6454)	(0. 1183)	(0. 3343)	(1. 0910)
样本数	3250	3250	3250	3250	3250	3250
年份固定	不控制	不控制	控制	不控制	控制	控制
个体固定	不控制	不控制	不控制	控制	控制	控制
R^2	0. 0130	0. 0243	0. 0286	0. 0438	0. 0601	0. 0911

注：**、***分别表示在5%、1%的水平下显著；括号内数值为稳健标准误。

五、分样本回归

（一）分地区回归

将 125 个经济体按地理区位划分为欧洲、美洲、非洲、亚洲进行回归。表 7 - 18 的列（1）、列（2）、列（3）、列（4）分别报告了以上四组的分地区回归结果。结果表明，仅在非洲地区，"互联网＋"发展水平能显著促进货物贸易结构升级，欧洲和美洲地区不显著，而亚洲地区显著为负，这充分说明"互联网＋"发展水平对货物贸易出口结构的升级作用存在明显的区域特征。

表 7 - 18   分地区回归

项目	(1)	(2)	(3)	(4)
	欧洲	美洲	非洲	亚洲
Internet	− 0.0401	0.0283	0.1687 ***	− 0.0965 ***
	(0.0316)	(0.0518)	(0.0253)	(0.0328)
常数项	17.7164 ***	1.5489	0.7019	2.3874
	(3.2153)	(4.6543)	(0.7362)	(1.8912)
样本数	962	546	780	910
控制变量	控制	控制	控制	控制
年份固定	控制	控制	控制	控制
个体固定	控制	控制	控制	控制
R^2	0.2678	0.3101	0.1875	0.1732

注：*** 表示在 1% 的水平下显著；括号内数值为稳健标准误。

（二）分时期回归

2008 年金融危机对全球经贸发展造成了巨大冲击，为研究金融危机发展前后"互联网＋"发展水平对货物贸易结构升级的影响是否存在异质性,本节将样本时间划分为金融危机前和金融危机后,即 1995~2008 年、2009~2020 年。

表 7-19 的列(1)、列(2)分别报告了 1995~2008 年、2009~2020 年的回归结果。结果表明,金融危机前和危机后,"互联网+"发展水平对货物贸易结构优化均具有显著正向作用,其中金融危机后的系数更大更显著。金融危机后,全球经贸发展进入了大调整、大重组、大变革时期,而互联网发展为全球货物贸易的发展提供了新机遇,通过虚拟数字等方式实现全数字化的产品研发及模拟上市,这有效提升了高技术密集型产品出口额,优化了货物贸易结构。

表 7-19   分时期回归

项目	(1)	(2)
	1995~2008 年	2009~2020 年
Internet	0.0449 **	0.0612 ***
	(0.0175)	(0.0194)
常数项	1.6423	2.2297 *
	(1.3137)	(1.2261)
样本数	1750	1500
控制变量	控制	控制
年份固定	控制	控制
个体固定	控制	控制
R^2	0.1182	0.1009

注: *、**、*** 分别表示在 10%、5%、1% 的水平下显著;括号内数值为稳健标准误。

(三)分指标回归

表 7-20 是各一级指标对货物贸易出口结构的回归结果。可以发现,互联网普及率和互联网基础设施的回归系数显著为正,但是互联网安全性不显著,互联网开放平台甚至显著为负,可能原因是各经济体对互联网安全和开放平台的改革创新起步较晚,并未能有效促进货物贸易

出口结构升级。

表7-20   分指标回归

项目	(1)	(2)	(3)	(4)
互联网普及率	0.1889*** (0.0298)			
互联网基础设施		0.0938*** (0.0244)		
互联网安全性			0.0211 (0.0736)	
互联网开放平台				-0.0986*** (0.0287)
常数项	4.6539*** (1.1122)	4.5632*** (1.0754)	4.4473*** (1.0819)	4.4763*** (1.0652)
样本数	3250	3250	3250	3250
控制变量	控制	控制	控制	控制
年份固定	控制	控制	控制	控制
个体固定	控制	控制	控制	控制
R^2	0.0954	0.0901	0.0842	0.0878

注：*** 表示在1%的水平下显著；括号内数值为稳健标准误。

六、稳健性检验

表7-21列（1）、列（2）分别报告了缩尾1%、5%处理后的稳健性检验结果，列（3）、列（4）、列（5）分别报告了将样本年份取间隔2年、3年、5年后的稳健性检验结果。结果显示"互联网+"发展水平（Internet）对货物贸易结构升级具有显著的正向作用，系数也与基准回归结果比较接近，说明该回归结果具有稳健性。

表 7 – 21　　　　　　　　　　稳健性检验

项目	（1）缩尾 1%	（2）缩尾 5%	（3）间隔 2 年	（4）间隔 3 年	（5）间隔 5 年
Internet	0.0464 *** （0.0098）	0.0430 *** （0.0099）	0.0355 ** （0.0165）	0.0344 * （0.0201）	0.0512 ** （0.0237）
常数项	3.7694 *** （0.9112）	3.4184 *** （1.0162）	5.3241 *** （1.5218）	5.8433 *** （1.6988）	2.5443 （2.2643）
样本数	3250	3250	1625	1125	750
控制变量	控制	控制	控制	控制	控制
年份固定	控制	控制	控制	控制	控制
个体固定	控制	控制	控制	控制	控制
R^2	0.0902	0.0899	0.0834	0.1132	0.1320

注：*、**、*** 分别表示在 10%、5%、1% 的水平下显著；括号内数值为稳健标准误。

七、内生性检验

本节虽引入了较多的控制变量和个体、时间固定效应，用来缓解内生性问题，但内生性问题依然是实证回归中最为普遍且无法避免的问题，本节采用两阶段最小二乘法进一步缓解内生性问题。参考黄群慧等（2019）、齐俊妍和任奕达（2021）对于工具变量的选取，采用 1984 年固定电话数量的历史数据作为互联网发展水平的工具变量（IV1）。同时，由于 1984年固定电话数量为截面数据，其作为工具变量可能会使固定效应模型难以运用，借鉴纳恩和钱（Nunn and Qian，2014）的做法，使用 1984 年固定电话数量与各经济体互联网使用量的交互项作为工具变量（IV2）。理论上，互联网发展水平是以信息网络技术为起点的，具体表现为固定电话数量，满足相关性假设。同时，采用早期历史数据，很难对当期贸易结构产生影响，满足无关性假设，且通过了 F 统计量检验。同时，参考表 7 – 22列（1）和列（2）报告了该内生性处理结果，发现解释变量均对货物贸易结构升级具有显著的正向影响，所得出的结论与前文基准回归是一致的。

表7-22   **内生性检验**

项目	(1)	(2)
	IV1	IV2
Internet	0. 1342 *** (0. 0125)	0. 1411 *** (0. 0134)
Anderson canon. corr. LM 统计量	2843. 9899 [0. 0000]	2821. 5921 [0. 0000]
Cragg-Donald Wald F 统计量	2.6×10^5 [17. 12]	9.2×10^4 [16. 38]
样本数	3250	3250
控制变量	控制	控制
年份固定	控制	控制
个体固定	控制	控制

注：*** 表示在1%的水平下显著；小括号内数值为稳健标准误；*Anderson canon. corr. LM* 统计量是检验工具变量和内生变量的相关性，表中报告的是 LM 统计量及其 P 值，拒绝原假设是合理的；*Cragg-Donald Wald F* 统计量用来检验工具变量是否为弱识别，表中报告的是 F 统计量及其 10% 水平上的临界值，超过临界值是合理的。

八、作用机制

（一）中间渠道检验

本书使用式（7-4）对中间渠道进行验证："互联网+"通过降低贸易成本（*Tradexp*）、促进产业结构升级（*Upg*）、激励技术创新（*Innout*）进而优化贸易结构。

$$M_{it} = \beta_0 + \beta_1 Internet_{it} + \sum X_{it} + \mu_i + \theta_t + \varepsilon_{it} \qquad (7-4)$$

式（7-4）中，M_{it} 为机制变量，包括贸易成本水平（$Tradexp_{it}$）、产业结构升级水平（Upg_{it}）、技术进步水平（$Innout_{it}$）。机制变量具体衡量方式

251

如下：贸易成本用 $Tradexp_{it} = \dfrac{\sum\limits_{j=1}^{n} Tradexp_{ij}}{n}$ 表示，$Tradexp_{ij} = \left[\dfrac{x_{ii}x_{jj}}{x_{ij}x_{ji}}\right]^{\frac{1}{2(\sigma-1)}} -$

1，其中，n 代表贸易伙伴经济体的数量，x_{ii}、x_{jj} 分别表示 i 经济体与贸易对象 j 经济体的经济体内销售额，此处采用一经济体 GDP 减去该经济体货物贸易总出口表示；x_{ij}、x_{ji} 分别表示 i 经济体对 j 经济体的货物贸易出口额以及进口额；参考诺维（Novy，2013）将 σ 取值 8。产业结构升级用 $Upg_{it} = \dfrac{第三产业增加值}{第二产业增加值}$ 表示。技术创新效应用 $Innout_{it} = \ln(patent_{it})$ 表示，$patent$ 为各经济体专利授权数量。β_0 表示截距项。系数 β_1 表示互联网发展水平对机制变量的影响大小。机制变量数据来自联合国贸发会议数据库和世界银行的 WDI 数据库。

控制变量组 $\sum X_{it}$。本节加入控制变量以增强研究结论的稳健性，其中控制变量内容与式（7-3）的控制变量组 $\sum X_{it}$ 完全一致。μ_i 为个体固定效应，用于控制不随时间变化的经济体特征。θ_t 为时间固定效应，用于控制不随经济体变化的宏观经济冲击。ε_{it} 为随机扰动项。

表 7-23 显示了"互联网+"通过上述三类中间渠道影响货物贸易结构的实证结果，列（1）表明"互联网+"能显著降低贸易成本水平，列（2）表明"互联网+"能显著促进产业升级水平，列（3）表明"互联网+"能显著促进技术进步水平，充分验证了假说 1 的准确性。

表 7-23 中间渠道检验

项目	(1)	(3)	(5)
	Tradexp	*Upg*	*Innout*
Internet	-0.0714 ***	0.1132 ***	0.0452 ***
	(0.0043)	(0.0184)	(0.0051)
常数项	19.2416 ***	14.3137 ***	17.2864 ***
	(0.0354)	(0.0184)	(0.8641)
样本数	3250	3250	3250

续表

项目	（1）	（3）	（5）
	Tradexp	*Upg*	*Innout*
控制变量	控制	控制	控制
年份固定	控制	控制	控制
个体固定	控制	控制	控制
R^2	0.8815	0.7991	0.7693

注：*** 表示在 1% 的水平下显著；括号内数值为稳健标准误。

（二）调节效应检验

本节引入"互联网＋"发展水平与制度质量的交叉项，以此来考察制度质量是否是"互联网＋"发展水平促进货物贸易出口结构升级的有效调节变量。为了全面考察制度质量的调节效应，本书以监管质量（*reg_quality*）、腐败控制（*con_corrupt*）、政府效率（*gov_effect*）和法治环境（*rule_law*）这四个变量来衡量制度质量。

1. 解释变量："互联网＋"发展水平

表 7-24 报告了制度质量对"互联网＋"发展水平促进货物贸易出口结构升级的调节效应回归结果。可以发现，"互联网＋"发展水平与法治环境、腐败控制、监管质量和政府效率的交叉项均显著为正，充分说明制度质量能有效放大"互联网＋"发展水平对货物贸易出口结构的优化作用。

表 7-24　　　　　　　制度质量对货物贸易结构的调节效应
（解释变量："互联网＋"发展水平）

项目	（1）	（2）	（3）	（4）
Internet	0.1421***	0.1398***	0.1581***	0.1672***
	(0.0142)	(0.0138)	(0.0161)	(0.0158)
rule_law	1.3498***			
	(0.2941)			

项目	(1)	(2)	(3)	(4)
Internet × rule_law	0.0659 *** (0.0059)			
con_corrupt		0.7688 ** (0.2988)		
Internet × con_corrupt		0.0735 *** (0.0049)		
reg_quality			1.7932 *** (0.3162)	
Internet × reg_quality			0.0901 *** (0.0077)	
gov_effect				1.3142 *** (0.3243)
Internet × gov_effect				0.0798 *** (0.0078)
常数项	4.5364 *** (1.0486)	4.3574 *** (1.0743)	4.3742 *** (1.0648)	4.4272 *** (1.0532)
样本数	3250	3250	3250	3250
控制变量	控制	控制	控制	控制
年份固定	控制	控制	控制	控制
个体固定	控制	控制	控制	控制
R^2	0.1228	0.1262	0.1283	0.1245

注: ** 、*** 分别表示在 5% 、1% 的水平下显著；括号内数值为稳健标准误。

2. 解释变量：互联网普及率

表 7-25 报告了制度质量对互联网普及率促进货物贸易出口结构升级的调节效应回归结果。可以发现，互联网普及率与法治环境、腐败控制、监管质量和政府效率的交叉项均显著为正，充分说明制度质量能有效放大互联网普及率对货物贸易出口结构的优化作用。

表 7 - 25　　　　　**制度质量对货物贸易结构的调节效应**

（解释变量：互联网普及率）

项目	（1）	（2）	（3）	（4）
互联网普及率	0.2511 *** （0.0322）	0.2722 *** （0.0319）	0.2594 *** （0.0239）	0.2812 *** （0.0349）
rule_law	1.1592 *** （0.3278）			
互联网普及率 × *rule_law*	0.0911 *** （0.0161）			
con_corrupt		0.5792 * （0.2998）		
互联网普及率 × *con_corrupt*		0.1218 *** （0.0132）		
reg_quality			1.4912 *** （0.3018）	
互联网普及率 × *reg_quality*			0.1143 *** （0.0179）	
gov_effect				1.1756 *** （0.3216）
互联网普及率 × *gov_effect*				0.1254 *** （0.0172）
常数项	4.3452 *** （1.0832）	4.1673 *** （1.0612）	4.4891 *** （1.0775）	4.2272 *** （1.0698）
样本数	3250	3250	3250	3250
控制变量	控制	控制	控制	控制
年份固定	控制	控制	控制	控制
个体固定	控制	控制	控制	控制
R^2	0.1112	0.1263	0.1089	0.1132

注：* 、*** 分别表示在 10%、1% 的水平下显著；括号内数值为稳健标准误。

3. 解释变量: 互联网基础设施

表 7 - 26 报告了制度质量对互联网基础设施促进货物贸易出口结构升级的调节效应回归结果。可以发现，互联网基础设施与法治环境、腐败控制、监管质量和政府效率的交叉项均显著为正，充分说明制度质量能有效放大互联网基础设施对货物贸易出口结构的优化作用。

表 7 - 26　　　　　　　　制度质量对货物贸易结构的调节效应

（解释变量：互联网基础设施）

项目	(1)	(2)	(3)	(4)
互联网基础设施	0. 3263 *** (0. 0332)	0. 3412 *** (0. 0319)	0. 2436 *** (0. 0346)	0. 3724 *** (0. 0345)
rule_law	1. 2325 *** (0. 3545)			
互联网基础设施 × *rule_law*	0. 1399 *** (0. 0135)			
con_corrupt		0. 6325 ** (0. 2993)		
互联网基础设施 × *con_corrupt*		0. 1452 *** (0. 0135)		
reg_quality			1. 6432 *** (0. 3125)	
互联网基础设施 × *reg_quality*			0. 1711 *** (0. 0165)	
gov_effect				1. 1125 *** (0. 3087)
互联网基础设施 × *gov_effect*				0. 1717 *** (0. 0156)
常数项	4. 6359 *** (1. 1251)	4. 5621 *** (1. 0513)	4. 5369 *** (1. 1124)	4. 5372 *** (1. 0701)
样本数	3250	3250	3250	3250
控制变量	控制	控制	控制	控制

续表

项目	（1）	（2）	（3）	（4）
年份固定	控制	控制	控制	控制
个体固定	控制	控制	控制	控制
R^2	0.1221	0.1365	0.1257	0.1235

注：*** 表示在1%的水平下显著；括号内数值为稳健标准误。

4. 解释变量：互联网安全性

表 7 - 27 报告了制度质量对互联网安全性促进货物贸易出口结构升级的调节效应回归结果。可以发现，互联网安全性与法治环境、腐败控制、监管质量和政府效率的交叉项均不显著为正，充分说明制度质量不是互联网安全性对货物贸易出口结构优化作用的有效调节变量。

表 7 - 27 　　　　　　　制度质量对货物贸易结构的调节效应

（解释变量：互联网安全性）

项目	（1）	（2）	（3）	（4）
互联网安全性	0.5621 * (0.3376)	0.2225 (0.2538)	1.2912 *** (0.3489)	0.5429 * (0.3121)
rule_law	1.0554 *** (0.3115)			
互联网安全性 × *rule_law*	− 0.3111 (0.1912)			
con_corrupt		0.3011 (0.2959)		
互联网安全性 × *con_corrupt*		− 0.1125 (0.1229)		
reg_quality			1.1625 *** (0.2812)	
互联网安全性 × *reg_quality*			− 0.7626 *** (0.2022)	

项目	(1)	(2)	(3)	(4)
gov_effect				1.2325 ***
				(0.3256)
互联网安全性 × *gov_effect*				−0.2635
				(0.1811)
常数项	4.8653 ***	4.7115 ***	5.0623 ***	4.4763 ***
	(1.0910)	(1.0923)	(1.0956)	(1.1123)
样本数	3250	3250	3250	3250
控制变量	控制	控制	控制	控制
年份固定	控制	控制	控制	控制
个体固定	控制	控制	控制	控制
R^2	0.0863	0.0901	0.9312	0.0912

注：*、***分别表示在10%、1%的水平下显著；括号内数值为稳健标准误。

5. 解释变量：互联网开放平台

表7-28 报告了制度质量对互联网开放平台促进货物贸易出口结构升级的调节效应回归结果。可以发现，互联网开放平台与法治环境、腐败控制、监管质量和政府效率的交叉项均不显著为正，充分说明制度质量不是互联网开放平台对货物贸易出口结构优化作用的有效调节变量。

表7-28　　　　　　制度质量对货物贸易结构的调节效应
（解释变量：互联网开放平台）

项目	(1)	(2)	(3)	(4)
互联网开放平台	0.2346 ***	0.1975 ***	0.3714 ***	0.3122 ***
	(0.0511)	(0.0335)	(0.0488)	(0.0446)
rule_law	1.2815 ***			
	(0.3123)			
互联网开放平台 × *rule_law*	−0.2855 ***			
	(0.0265)			

续表

项目	(1)	(2)	(3)	(4)
con_corrupt		0.4414 (0.3121)		
互联网开放平台× con_corrupt		− 0.2814 *** (0.0225)		
reg_quality			1.4543 *** (0.2856)	
互联网开放平台× reg_quality			− 0.3966 *** (0.0322)	
gov_effect				1.0772 *** (0.3053)
互联网开放平台× gov_effect				− 0.3524 *** (0.0311)
常数项	4.5212 *** (1.0712)	4.2352 *** (1.0721)	4.7212 *** (1.0625)	4.5254 *** (1.0320)
样本数	3250	3250	3250	3250
控制变量	控制	控制	控制	控制
年份固定	控制	控制	控制	控制
个体固定	控制	控制	控制	控制
R^2	0.1272	0.1352	0.1425	0.1352

注：*** 表示在1%的水平下显著；括号内数值为稳健标准误。

第四节 拓展性分析

现有研究互联网与货物、服务贸易的文献，大多考虑其线性影响。本书拟在回归方程中增加自变量二次项，以体现互联网发展对贸易发展是否具有非线性关系，具体形式如下：

$$\ln trade\_goods_{ijt} = \beta_0 + \beta_1 \, Internet_{ijt} + \beta_2 \, Internet_{ijt}^2 + \eta_{it} + \vartheta_{jt} + \sigma_{ij} + \varepsilon_{ijt}$$

$$(7-5)$$

$$goods\_structure_{ij} = \beta_0 + \beta_1 \, Internet_{it} + \beta_2 \, Internet_{it}^2 + \sum X_{it} + \mu_i + \theta_t + \varepsilon_{it}$$

$$(7-6)$$

式（7-5）中，核心解释变量 $Internet_{ijt}$ 表示 t 年 i 方与 j 方的互联网水平链接程度，β_2 表示双方互联网链接程度的二次项对货物贸易规模的影响大小；被解释变量和其余各项含义均与式（7-1）中的相同。

式（7-6）中，β_2 表示互联网发展水平的二次项对货物贸易结构的影响大小；其余变量和各项含义均与式（7-3）中的相同。

货物贸易数据来源于联合国商品贸易数据库，互联网相关数据来源于世界银行的 WDI 数据库以及 WTO 的 RTA 数据库。控制变量数据均来源于联合国贸发会议数据库，其中，技术密集型产品采用国际贸易标准分类（SITC）二分位进行统计。本节数据样本覆盖了 1995～2020 年、125 个经济体①的数据。

表 7-29 和表 7-30 汇报了在考虑互联网发展对货物贸易存在非线性影响下的回归结果。回归结果显示，式（7-5）和式（7-6）的二次项均不显著为正，说明互联网发展对货物贸易规模和货物贸易结构优化均不存在非线性关系。

表 7-29   拓展性分析（被解释变量：$\ln trade\_goods$）

变量	(1)	(2)	(3)	(4)	(5)
Internet	0.0972 ***	0.1565 ***	0.2323 ***	0.0543 ***	0.0158 ***
	(0.0002)	(0.0005)	(0.0004)	(0.0003)	(0.0016)
Internet^2	0.0265	0.0187	0.0212	0.0251	0.0172
	(0.0168)	(0.0147)	(0.0132)	(0.0201)	(0.0129)
常数项	14.2137 ***	14.4872 ***	13.4876 ***	14.8832 ***	15.8672 ***
	(0.0078)	(0.0080)	(0.0095)	(0.0036)	(0.0349)

———————————

① 125 个经济体同本章第二节所列经济体。

续表

变量	（1）	（2）	（3）	（4）	（5）
样本数	3250	3250	3250	3250	3250
出口方－年份固定	不控制	控制	不控制	不控制	控制
进口方－年份固定	不控制	不控制	控制	不控制	控制
出口方－进口方固定	不控制	不控制	不控制	控制	控制
R^2	0.1388	0.5033	0.3992	0.8654	0.9254

注：*** 表示在1%的水平下显著；括号内数值为稳健标准误。

表7-30　　　　拓展性分析（被解释变量：*goods_structure*）

变量	（1）	（2）	（3）	（4）	（5）
Internet	0.0512 ***	0.0372 ***	0.0585 **	0.0443 ***	0.0385 ***
	(0.0058)	(0.0050)	(0.0121)	(0.0046)	(0.0102)
Internet^2	0.0326	0.0232	0.0354	0.0263	0.0211
	(0.0412)	(0.0197)	(0.0334)	(0.0221)	(0.0129)
常数项	8.3812 ***	4.7654 ***	6.5433 ***	7.6921 ***	6.2143 ***
	(0.6987)	(1.3054)	(0.6412)	(0.1175)	(0.3232)
样本数	3250	3250	3250	3250	3250
控制变量	不控制	控制	不控制	不控制	控制
年份固定	不控制	不控制	控制	不控制	控制
个体固定	不控制	不控制	不控制	控制	控制
R^2	0.0118	0.0226	0.0267	0.0411	0.0576

注：**、***分别表示在5%、1%的水平下显著；括号内数值为稳健标准误。

第五节　本章小结

本章从实证层面深入检验了"互联网＋"对货物贸易规模和结构的影响效应。首先考察"互联网＋"对货物贸易规模的影响。研究发现"互联网＋"能显著促进货物贸易规模，以上结论经过一系列稳健性检验后依旧成立。异质性分析表明，分区域发现：当双边贸易方均为欧洲、非洲或亚洲的经济体时，"互联网＋"对货物贸易规模具有显著的正向影响；分经济体发展程度发现：在"发达—发达""发达—发展""发展—发展"的情况下，"互联网＋"对货物贸易规模具有显著的正向影响；分时期发现：金融危机后"互联网＋"对货物贸易出口规模的正向效应更强；分指标回归发现：互联网普及率和互联网基础设施对货物贸易出口规模具有显著正向影响效应。中间渠道检验表明，"互联网＋"通过贸易成本效应、技术进步效应和产业升级效应促进货物贸易规模。调节效应检验表明，以法治环境、腐败控制、监管质量和政府效率为代表的制度质量能有效放大"互联网＋"对货物贸易规模的促进效应。

其次考察"互联网＋"对货物贸易结构的影响。研究发现"互联网＋"能显著优化货物贸易出口结构，以上结论经过一系列稳健性检验和内生性检验后依旧成立。异质性分析表明，分区域发现：当双边贸易为非洲的经济体时，"互联网＋"才能显著促进货物贸易结构升级；分时期回归发现：金融危机后"互联网＋"对货物贸易出口结构的正向效应更强；分指标回归发现：互联网普及率和互联网基础设施能显著优化货物贸易出口结构；中间渠道检验表明："互联网＋"通过贸易成本效应、技术进步效应和产业升级效应促进货物贸易规模。调节效应检验表明：以法治环境、腐败控制、监管质量和政府效率为代表的制度质量能有效放大"互联网＋"对货物出口贸易结构的优化效应。

第八章

"互联网＋"对服务贸易影响的实证分析

第一节 "互联网＋"对服务贸易发展的
理论机制与研究假说

一、成本降低效应

服务贸易作为国际贸易的一部分，与货物贸易一样存在贸易成本。互联网等信息技术的出现正好弥补了服务贸易成本较高的缺陷，能够有效降低贸易成本，扩大服务贸易规模。一方面，国际贸易是一个买者和卖者相互寻找和匹配的过程（Rauch，2001）。互联网平台可以有效连接供需双方，通过信息共享的方式实现生产者和消费者的精准匹配，减少信息不对称，降低贸易搜寻成本（施炳展和李建桐，2020）。具体来讲，通过互联网平台，提供服务贸易的供给方可以实时了解最新市场动态，并向潜在买家精准投放广告，从而降低进入国外市场的搜寻成本；而对于需求方来说，可以通过强大的互联网搜寻功能，根据自身需求直接获取产品信息，提高搜寻效率。另一方面，互联网技术能够打破服务贸易的地域和时间限制，凭借海量数据的传输功能实现跨时空交易（杨风召和李威，2022），减少交易的环节，进而降低企业开展贸易的交易成本。与此同时，随着在线支付的兴起，以互联网技术为基础的国际第三方支付平台的快速交易和担保功能降低了交易的风险和相关的附加成本（宋立丰等，2021）。综上所述，随着互联网发展水平的提高，能够通过降低服务贸易成本，促进服务贸易的发生与规模的扩大。

二、贸易可及效应

互联网技术的快速发展促进服务贸易扩围提效，极大地提高了贸易的可及性。与传统贸易相比，服务贸易具有无形性、不可分离性、易复制性等特点（齐俊妍和强华俊，2023），因而导致其生产和消费的同步性。长期以来，服务贸易或是依附于货物贸易，或是作为跨国公司业务中所涵盖的服务要素，且主要集中在传统服务行业，发展较为缓慢。随着互联网信息技术的迅猛发展，贸易渠道从线下逐渐发展到线上，减少了中间的烦琐程序，降低了服务贸易各环节的时间和成本（石良平和王素云，2018），使得大部分服务以及产品在提供过程中出现了生产与消费分离的情况。互联网技术的广泛应用，打破了服务提供过程中的时空限制，改变了原有服务所具有的特性，使得无形服务的可贸易性大大提高（刘娟等，2023），使原本不可贸易的服务成为可贸易服务，进一步扩大了服务贸易的空间和规模，促使国际贸易结构中服务贸易的相对份额提升。而且，互联网使得不可交易服务部门可通过线上远程交付完成交易，扩大了跨境交付服务贸易范围。因此，互联网的发展可以通过提升服务贸易的可及性推动服务贸易迅速发展。

三、市场多样性效应

互联网普及给服务贸易带来更大的可能性，使得服务贸易的交易范围逐渐扩大、服务种类不断增加。一方面，互联网的迅猛发展能够优化服务贸易的资源利用，提供多样化的服务供给。零售、旅游、运输等传统服务贸易可以依托数字技术从线下转至线上，或采取线上线下相结合的方式，实现远程甚至跨国交易，优化了服务贸易的资源利用，扩大了服务贸易的规模和供给（金成和戴翔，2023）。而且，传统服务贸易企业还能够借助互联网蕴藏的海量数据信息，精准把握消费者需求，推出各类新型服务商业模式，推动服务贸易向个性化、多样化和定制化方向转型（夏杰长，2023）。另一方面，互联网与服务行业深度融合，催生出新的服务贸易形式（王佳元等，2018），如服务外包、服务的产业链分工等，促进劳动、资本、信息等要素的国际流动，大大解决了服务贸易原先由于距离而受到阻碍的影响，提高了传统服务业的贸易效率，进而推动了服务企业出口转型，加快了服务贸易结构多样化转变。因此，互联网的发展可以通过扩大服务供给的多样性来推动服务贸易迅速发展。

综上，本书提出假说2："互联网+"能够通过成本降低效应、贸易可及效应以及市场多样化效应推动服务贸易的发展。

第二节 "互联网+"对服务贸易规模影响的实证分析

一、模型构建和变量说明

参考韩剑和许亚云（2021）的做法，构建如下引力模型：

$$\ln Trade_{ijt} = \beta_0 + \beta_1 Internet_{ijt} + \eta_{it} + \vartheta_{jt} + \sigma_{ij} + \varepsilon_{ijt} \qquad (8-1)$$

式（8-1）中，下标 i、j、t 分别代表服务贸易出口方、服务贸易进口方和年份。被解释变量 $\ln Trade_{ijt}$ 表示 t 年 i 方对 j 方服务贸易出口额的自然对数。核心解释变量 $Internet_{ijt}$ 表示 t 年 i 方与 j 方的互联网水平链接程度，$Internet_{ijt} = \sqrt{Internet_{it}Internet_{jt}}$，其中，$Internet_{ijt}$ 为进口和出口两方间的互联网联系强度，$Internet_{it}$ 是出口方的"互联网+"发展水平，$Internet_{jt}$

是进口方的"互联网 +"发展水平。η_{it} 和 ϑ_{jt} 分别是出口方 i – 年份、进口方 j – 年份的固定效应，用来控制经济体随时间变化的特征，σ_{ij} 为出口方 i – 进口方 j 的固定效应，用来控制经济体双边特征，加入这三组固定效应可以基本解决模型的内生性问题。ε_{ijt} 为误差项。β_0 表示截距项。系数 β_1 表示双方互联网水平链接程度对双边服务贸易出口流量的影响大小。

以上服务贸易数据来源于联合国商品贸易数据库，互联网相关数据来源于世界银行的 WDI 数据库和 WTO 的 RTA 数据库。样本覆盖了 1995 ~ 2020 年、125 个经济体[①]的数据，即"出口方 – 进口方 – 年份"的三维面板数据。

二、描述性分析

表 8 – 1 为描述性统计的回归结果。其中，服务贸易规模（取对数）的最小值为 – 6. 452，最大值为 27. 1125，这说明不同经济体间服务贸易发展水平存在明显的差异；"互联网 +"发展水平的均值为 15. 7163，但最大值为 77. 4132，表明经济体间的互联网发展水平存在较大的差距，部分经济体由于受到经济状况、资源禀赋等因素的限制，"互联网 +"发展水平明显落后。

表 8 – 1   描述性统计

变量	观测值	平均值	标准差	最小值	最大值
ln$Trade$	19652	16. 3227	3. 9323	– 6. 452	27. 1125
$Internet$	19652	15. 7163	14. 2465	0. 0000	77. 4132

三、基准回归

表 8 – 2 报告了基准回归结果。列（1）为不加入任何控制变量且未加

---

① 125 个经济体同第七章的经济体。

入任何固定效应的回归结果。其中，解释变量的系数显著为正，这初步说明"互联网＋"发展能有效促进服务贸易规模的增长。为进一步增加结果的准确性，在列（1）的基础上分别控制出口方－年份固定效应、进口方－年份固定效应、出口方－进口方固定效应，发现控制所有固定效应后，解释变量的系数始终通过5%的显著性水平且为正。从列（5）可知，在控制所有固定效应后，解释变量的回归系数为0.7076，这充分说明"互联网＋"发展水平的提升能显著促进服务贸易规模。

表8－2　　　　　　　　　　　基准回归

项目	（1）	（2）	（3）	（4）	（5）
Internet	1.2254 ***	1.3224 ***	4.3711 ***	2.6512 ***	0.7076 **
	(0.0289)	(0.0502)	(0.2522)	(0.2439)	(0.2987)
常数项	−11.1874 ***	−13.0687 ***	−71.5643 ***	−21.4365 ***	−1.2056
	(0.6611)	(1.0265)	(5.0632)	(3.7452)	(5.6246)
样本数	19652	19652	19052	19052	18950
出口方－年份固定	不控制	控制	不控制	不控制	控制
进口方－年份固定	不控制	不控制	控制	不控制	控制
出口方－进口方固定	不控制	不控制	不控制	控制	控制
R^2	0.0826	0.2563	0.5426	0.5632	0.9748

注：**、*** 分别表示在5%、1%的水平下显著；括号内数值为稳健标准误。

四、分样本回归

（一）分地区回归

考虑到不同地区往往存在经济、文化等方面的差异，这可能导致"互联网＋"发展水平对服务贸易的促进作用存在区域异质性。表8－3报告了相应的回归结果。结果显示，当双边贸易经济体均为欧洲或亚洲时，"互联网＋"发展水平对服务贸易规模具有显著的正向影响。其中，"互联网＋"发展对亚洲的服务贸易规模影响最为显著。而美洲地区"互联网+"发展系数为负但不显著,这主要是因为美洲地区经济发展极度不平衡,导致"互联网+"发展水平存在明显的差异,对服务贸易规模的影响也不明显。

表8-3 分地区回归

项目	(1)	(2)	(3)
	欧洲	亚洲	美洲
Internet	0.0573 ***	0.6112 ***	-0.0643
	(0.0198)	(0.1267)	(0.2134)
常数项	-1.0892 **	-8.5472 ***	2.6783
	(0.4223)	(2.3065)	(3.1124)
出口方-年份固定	控制	控制	控制
进口方-年份固定	控制	控制	控制
出口方-进口方固定	控制	控制	控制
观测值	8533	279	121
R^2	0.9846	0.9932	0.9983

注:非洲的数据不全,故无法展示回归结果。**、***分别表示在5%、1%的水平下显著;括号内数值为稳健标准误。

(二) 分经济体发展程度回归

考虑到不同经济体间经济发展存在不平衡现象,本书根据主要经济体的发展水平,将所有样本划分为发达经济体和不发达经济体,进一步考察"互联网+"发展对服务贸易规模的影响是否存在差异。表8-4报告了回归结果。可以看出,除了出口方和进口方均为发达经济体的情况之外,其余情况下"互联网+"发展水平对服务贸易规模均产生显著的正向影响。其中,在出口方为发达经济体而进口方为发展中经济体时,"互联网+"发展水平对服务贸易规模的影响更大,如表8-4的列(4)所示,这说明"互联网+"发展水平的提升明显促进了南北经济体间的服务贸易规模,减少了经济体间的贸易壁垒,推动了南北贸易投资往来。

表 8-4   分经济体发展程度回归

项目	(1) 发达—发达	(2) 发达—发展	(3) 发展—发展	(4) 发展—发达
Internet	-1.0364 (0.8732)	1.6686 *** (0.4214)	1.1453 *** (0.2103)	0.4649 * (0.2511)
常数项	44.7211 ** (21.1755)	-18.1246 *** (5.9863)	-9.1041 *** (1.8421)	-4.5943 (4.2565)
出口方-年份固定	控制	控制	控制	控制
进口方-年份固定	控制	控制	控制	控制
出口方-进口方固定	控制	控制	控制	控制
观测值	9116	6007	1590	1748
R^2	0.9665	0.9584	0.9789	0.9811

注：*、**、*** 分别表示在 10%、5%、1% 的水平下显著；括号内数值为稳健标准误。

（三）分指标回归

为了检验"互联网+"发展水平对服务贸易的具体影响，本书将"互联网+"发展进一步细分为四个一级指标，分别与服务贸易规模进行回归。表 8-5 报告了回归结果。可以看出，互联网发展水平的四个一级指标均对服务贸易产生显著的正向影响，其中，互联网安全性对服务贸易规模的影响最大，说明互联网安全发展对国际服务贸易极为重要。互联网时代给国际贸易带来便利的同时，由于缺乏管理规范也给国际贸易带来安全隐患。尤其体现在发达经济体与发展中经济体之间。发达经济体在技术、理念等方面具有明显优势，可以利用不同手段持续导致"剪刀效应"的扩大，发展中经济体往往会处于被动状态。因此，在服务贸易往来中，要尤其注重保障互联网安全发展。

（四）分产品类型回归

考虑到不同产品类型受到互联网链接的影响可能不同，本书按照服务贸易中不同产品类型分为 ICT 服务贸易、非 ICT 服务贸易、数字贸易、非数字贸易进一步考察"互联网+"发展对不同产品类型的影响。

表 8 – 5 分指标回归

项目	(1)	(2)	(3)	(4)
互联网普及率	3. 3287 *** (0. 4298)			
互联网基础设施		0. 9721 ** (0. 4799)		
互联网安全性			9. 9432 *** (0. 8047)	
互联网开放平台				3. 0691 *** (0. 3539)
常数项	39. 5873 *** (3. 5443)	3. 5328 (4. 3521)	11. 6793 *** (0. 0982)	8. 2326 *** (0. 4798)
出口方 – 年份固定	控制	控制	控制	控制
进口方 – 年份固定	控制	控制	控制	控制
出口方 – 进口方固定	控制	控制	控制	控制
观测数	18993	18993	18993	18993
R^2	0. 9598	0. 9589	0. 9589	0. 9643

注：**、***分别表示在5%、1%的水平下显著；括号内数值为稳健标准误。

表8-6汇报了回归结果。可以看出，互联网水平链接程度对 ICT 服务贸易、非 ICT 服务贸易、数字贸易、非数字贸易规模均具有显著正向作用，其中互联网发展对于 ICT 服务贸易与数字贸易规模的影响更大。说明各经济体间的知识流动促进了相关技术应用。

表 8 – 6 分产品类型回归

项目	(1) ICT 服务贸易	(2) 非 ICT 服务贸易	(1) 数字贸易	(2) 非数字贸易
Internet	0. 0134 *** (0. 0035)	0. 0112 *** (0. 0047)	0. 0213 *** (0. 0047)	0. 0163 *** (0. 0056)
常数项	18. 7427 *** (0. 0138)	16. 5123 *** (0. 1153)	20. 7329 *** (0. 0142)	16. 5342 *** (0. 1225)

续表

项目	(1)	(2)	(1)	(2)
	ICT 服务贸易	非 ICT 服务贸易	数字贸易	非数字贸易
样本数	18950	18950	18950	18950
出口方 – 年份固定	控制	控制	控制	控制
进口方 – 年份固定	控制	控制	控制	控制
出口方 – 进口方固定	控制	控制	控制	控制
R^2	0.972	0.911	0.953	0.948

注：***表示在 1% 的水平下显著；括号内数值为稳健标准误。

五、稳健性检验

基准模型整体考察了"互联网＋"发展对服务贸易规模的影响，为了进一步说明结论的可靠性，本书按照以下方法进行稳健性检验：一是进行缩尾处理。本书对连续变量分别进行前后 1%、5% 水平的缩尾处理，回归结果表明"互联网＋"发展对服务贸易规模的正效应依旧显著，见表 8 – 7 的列（1）和列（2）。二是采用以 3 年、5 年为间隔的估计方法进行稳健性检验，结果见表 8 – 7 的列（3）和列（4）。可以发现，"互联网＋"发展的回归系数始终显著为正，这说明本书的结论具有很好的稳健性，证实了"互联网＋"发展对服务贸易规模的正向促进作用。

表 8 – 7　　　　　　　　　稳健性检验

项目	(1)	(2)	(3)	(4)
	缩尾 1%	缩尾 5%	间隔 3 年	间隔 5 年
Internet	0.2035 *	0.1622 ***	1.1232 *	0.9527 *
	(0.1149)	(0.0473)	(0.6684)	(0.5407)
常数项	14.5864 ***	4.0987 ***	– 7.9478	– 6.1164
	(2.2033)	(0.8906)	(12.3687)	(10.5917)
出口方 – 年份固定	控制	控制	控制	控制

续表

项目	(1)	(2)	(3)	(4)
	缩尾1%	缩尾5%	间隔3年	间隔5年
进口方－年份固定	控制	控制	控制	控制
出口方－进口方固定	控制	控制	控制	控制
观测数	18950	18950	4840	7032
R^2	0.9776	0.9765	0.9611	0.9589

注：*、***分别表示在10%、1%的水平下显著；括号内数值为稳健标准误。

六、作用机制

（一）中间渠道检验

本书使用式（8-2）对中间渠道进行验证："互联网＋"通过降低服务贸易成本（Tradexp_ser）、提升服务产品可贸易程度（Detra）、丰富服务贸易类型（Var），进而扩大服务贸易规模。

$$M_{ijt} = \beta_0 + \beta_1 Internet_{ijt} + \eta_{it} + \vartheta_{jt} + \sigma_{ij} + \varepsilon_{ijt} \qquad (8-2)$$

其中M_{ijt}为机制变量，包括两经济体间服务贸易成本水平（$Tradexp\_ser_{ijt}$）、两经济体间贸易可及水平（$Detra_{ijt}$）、两经济体间市场多样性水平（Var_{ijt}）。机制变量具体衡量方式如下：服务贸易成本用$Tradexp\_ser_{ijt} = \left[\dfrac{x_{ii}x_{jj}}{x_{ij}x_{ji}}\right]^{\frac{1}{2(\sigma-1)}} - 1$ 表示，其中，x_{ii}、x_{jj}分别表示i经济体与贸易对象经济体j的经济体内销售额，此处采用经济体的GDP减去该经济体服务贸易总出口表示；x_{ij}、x_{ji}分别表示i经济体对j经济体的服务贸易出口额以及进口额；参考诺维（Novy，2013）将σ取值8。可贸易程度表示为$Detra_{ijt} = \dfrac{trade_{ijt}}{GDP_{it} \times GDP_{jt}} - 0.1$，其中$trade_{ijt}$表示双边服务贸易进出口总额，$GDP_{it}$、$GDP_{jt}$分别表示$i$经济体与$j$经济体的GDP。服务贸易多样化表示为$Var_{ijt} =$

$\sum_{1}^{M} S_{ijmt}^{2}$，其中，$S_{ijmt}$ 表示 t 年 i 经济体向 j 经济体第 m 个服务行业出口额占 i 经济体向 j 经济体服务贸易出口总额的比重，M 代表服务行业总数。Var 越大代表服务贸易出口产品集中度越高，Var 越小代表服务贸易出口产品多元化程度越高。η_{it} 和 ϑ_{jt} 分别是出口方 i - 年份、进口方 j - 年份的固定效应，用来控制经济体随时间变化的特征，σ_{ij} 为出口方 i - 进口方 j 的固定效应，用来控制经济体双边特征，ε_{ijt} 为随机扰动项。β_0 表示截距项。系数 β_1 表示双方互联网链接程度对机制变量的影响大小。机制变量的数据来自联合国贸发会议数据库。

表 8 - 8 显示了"互联网 +"通过上述三类中间渠道影响服务贸易规模的实证结果，列（1）表明"互联网 +"能显著降低两个经济体间服务贸易成本水平，列（2）表明"互联网 +"能显著促进两个经济体间贸易可及水平，列（3）表明"互联网 +"能显著促进两个经济体间市场多样性水平，充分验证了假说 2 的准确性。

表 8 - 8　　　　　　　　　　中间渠道检验

项目	（1）	（2）	（3）
	Tradexp_ser	*Detra*	*Var*
Internet	- 0. 0572 *** (0. 0005)	0. 1943 *** (0. 0835)	0. 0317 *** (0. 0098)
常数项	20. 7124 *** (0. 0932)	14. 7632 *** (0. 0275)	20. 5464 *** (0. 0833)
样本数	18950	18950	18950
出口方 - 年份固定	控制	控制	控制
进口方 - 年份固定	控制	控制	控制
出口方 - 进口方固定	控制	控制	控制
R^2	0. 9135	0. 8043	0. 8462

注：*** 表示在 1% 的水平下显著；括号内数值为稳健标准误。

（二）调节效应检验

为进一步验证制度质量在"互联网 +"发展水平中对服务贸易规模的

具体影响，本书在研究互联网水平链接程度的基础上，将"互联网＋"发展水平进一步划分为四个一级指标：互联网普及率、互联网基础设施、互联网安全性、互联网开放平台，分别与制度质量进行回归。

"互联网＋"发展水平对服务贸易规模的促进效应会受到出口方制度质量的影响。良好的制度环境下，互联网更有可能对服务贸易发展产生积极影响，并实现制度质量所带来的生产成本和冰山运输成本的最小化，降低贸易壁垒。为验证制度质量是否为"互联网＋"发展水平促进服务贸易规模的作用机制，本书以监管质量（reg_quality）、腐败控制（con_corrupt）、政府效率（gov_effect）和法治环境（rule_law）这四个变量来衡量制度质量。

1. 解释变量：互联网水平链接程度

表 8 - 9 显示，若法治环境、腐败控制、监管质量、政府效率分别作为调节变量，互联网水平链接程度与制度质量的交叉项的回归系数均显著为正，这说明制度质量能正向调节"互联网＋"发展水平对服务贸易规模的促进效应。

表 8 - 9　　　　　　　　制度质量对服务贸易规模的调节效应

（解释变量：互联网水平链接程度）

项目	（1）	（2）	（3）	（4）
Internet	0.0812 ***	0.0643 ***	0.1012 ***	0.0857 ***
	(0.0209)	(0.0164)	(0.0258)	(0.0214)
rule_law	12.0785 ***			
	(1.7276)			
Internet × rule_law	0.0799 ***			
	(0.0171)			
con_corrupt		3.5845 ***		
		(0.7654)		
Internet × con_corrupt		0.0563 ***		
		(0.0109)		

续表

项目	(1)	(2)	(3)	(4)
reg_quality			9.9064 *** (2.0093)	
Internet × reg_quality			0.0932 *** (0.0235)	
gov_effect				10.2165 *** (1.3443)
Internet × gov_effect				0.0811 *** (0.0185)
常数项	-9.3456 *** (1.2454)	-3.0398 *** (0.5755)	-8.0553 *** (1.5526)	-7.6324 *** (0.9442)
出口方-年份固定	控制	控制	控制	控制
进口方-年份固定	控制	控制	控制	控制
出口方-进口方固定	控制	控制	控制	控制
观测数	18930	18930	18930	18930
R^2	0.9776	0.9743	0.9754	0.9846

注：*** 表示在1%的水平下显著；括号内数值为稳健标准误。

2. 解释变量：互联网普及率

表8-10报告的是制度质量与互联网普及率的回归结果。可以发现，互联网普及率与制度质量的交叉项均显著为正，这说明以法治环境、腐败控制、监管质量、政府效率为代表的制度质量提升，均能放大互联网普及率对服务贸易规模的正向影响。

表8-10　　　　　　　制度质量对服务贸易规模的调节效应
（解释变量：互联网普及率）

项目	(1)	(2)	(3)	(4)
互联网普及率	0.1764 *** (0.0503)	0.1021 *** (0.0328)	0.1956 *** (0.0627)	0.1183 ** (0.0496)
rule_law	14.0617 *** (1.8483)			

续表

项目	(1)	(2)	(3)	(4)
互联网普及率 × *rule_law*	0.2424 *** (0.0529)			
con_corrupt		4.0073 *** (0.8083)		
互联网普及率 × *con_corrupt*		0.1664 *** (0.0354)		
reg_quality			10.9878 *** (2.2063)	
互联网普及率 × *reg_quality*			0.2564 *** (0.0692)	
gov_effect				10.9856 *** (1.4817)
互联网普及率 × *gov_effect*				0.1799 *** (0.0543)
常数项	8.1388 *** (1.3176)	15.6978 *** (0.5148)	10.1754 *** (1.5914)	10.9633 *** (0.9876)
出口方 – 年份固定	控制	控制	控制	控制
进口方 – 年份固定	控制	控制	控制	控制
出口方 – 进口方固定	控制	控制	控制	控制
观测数	18932	18932	18932	18932
R^2	0.9787	0.9824	0.9769	0.9794

注：** 、 *** 分别表示在 5% 、1% 的水平下显著；括号内数值为稳健标准误。

3. 解释变量：互联网基础设施

表 8 – 11 报告的是制度质量与互联网基础设施的回归结果。可以发现，互联网基础设施与制度质量的交叉项均显著为正，这说明以法治环境、腐败控制、监管质量、政府效率为代表的制度质量提升，均能放大互联网基础设施对服务贸易规模的正向影响。

表 8 – 11   制度质量对服务贸易规模的调节效应

（解释变量：互联网基础设施）

项目	(1)	(2)	(3)	(4)
互联网基础设施	0.2527 *** (0.0402)	0.1886 *** (0.0314)	0.3032 *** (0.0487)	0.2437 *** (0.0398)
rule_law	11.9355 *** (1.7117)			
互联网基础设施× *rule_law*	0.2138 *** (0.0312)			
con_corrupt		3.9235 *** (0.7567)		
互联网基础设施× *con_corrupt*		0.1352 *** (0.0173)		
reg_quality			10.1576 *** (2.0722)	
互联网基础设施× *reg_quality*			0.2626 *** (0.0439)	
gov_effect				10.2911 *** (1.3178)
互联网基础设施× *gov_effect*				0.1988 *** (0.0329)
常数项	8.7478 *** (1.2216)	14.7953 *** (0.5265)	9.8111 *** (1.5176)	10.3604 *** (0.9125)
出口方 – 年份固定	控制	控制	控制	控制
进口方 – 年份固定	控制	控制	控制	控制
出口方 – 进口方固定	控制	控制	控制	控制
观测数	18932	18932	18932	18932
R^2	0.9786	0.9763	0.9787	0.9845

注： *** 表示在1%的水平下显著；括号内数值为稳健标准误。

4. 解释变量：互联网安全性

表 8 – 12 报告的是制度质量与互联网安全性的回归结果。可以发现，互联网安全性与监管质量的交互项显著为正，这说明监管质量能有效放大互联网安全性对服务贸易规模的促进效应。此外，互联网安全性与法治环境、腐败控制和政府效率的交叉项均不显著为正，说明法治环境、腐败控制和政府效率并不是互联网安全性促进服务贸易规模的正向调节变量。

表 8 – 12　　　　　　制度质量对服务贸易规模的调节效应

（解释变量：互联网安全性）

项目	(1)	(2)	(3)	(4)
互联网安全性	0.5091 (0.3289)	0.3594 (0.2172)	0.7535 * (0.4037)	0.5011 (0.3116)
rule_law	10.9471 *** (1.7004)			
互联网安全性 × *rule_law*	0.4352 (0.3218)			
con_corrupt		2.4963 *** (0.7302)		
互联网安全性 × *con_corrupt*		0.3262 (0.2279)		
reg_quality			8.2085 *** (2.0446)	
互联网安全性 × *reg_quality*			0.7454 * (0.4236)	
gov_effect				8.9287 *** (1.3052)
互联网安全性 × *gov_effect*				− 0.4644 (0.3438)
常数项	10.2678 *** (1.2002)	16.5181 *** (0.4198)	12.1427 *** (1.4385)	12.1623 *** (0.8464)

续表

项目	（1）	（2）	（3）	（4）
出口方－年份固定	控制	控制	控制	控制
进口方－年份固定	控制	控制	控制	控制
出口方－进口方固定	控制	控制	控制	控制
观测数	18932	18932	18932	18932
R²	0.9746	0.9754	0.9764	0.9778

注：*、*** 分别表示在10%、1%的水平下显著；括号内数值为稳健标准误。

5. 解释变量：互联网开放平台

表8－13 报告的是制度质量与互联网开放平台的回归结果。可以发现，互联网开放平台与法治环境、腐败控制、监管质量和政府效率的交互项均不显著，说明制度质量并不是互联网开放平台促进服务贸易规模的正向调节变量。

表8－13 制度质量对服务贸易规模的调节效应

（解释变量：互联网开放平台）

项目	（1）	（2）	（3）	（4）
互联网开放平台	－0.0354 （0.0601）	－0.0006 （0.0389）	－0.0603 （0.0738）	0.0042 （0.0588）
rule_law	10.6646 *** （1.7076）			
互联网开放平台 × *rule_law*	0.0349 （0.0676）			
con_corrupt		2.4143 *** （0.7316）		
互联网开放平台 × *con_corrupt*		－0.0128 （0.0484）		
reg_quality			7.8412 *** （2.0419）	
互联网开放平台 × *reg_quality*			0.0624 （0.0886）	

续表

项目	(1)	(2)	(3)	(4)
gov_effect				8.5656 ***
				(1.2965)
互联网开放平台 × gov_effect				-0.0112
				(0.0728)
常数项	10.4878 ***	16.5869 ***	12.4426 ***	12.4164 ***
	(1.2012)	(0.4239)	(1.4438)	(0.8433)
出口方 - 年份固定	控制	控制	控制	控制
进口方 - 年份固定	控制	控制	控制	控制
出口方 - 进口方固定	控制	控制	控制	控制
观测数	18932	18932	18932	18932
R^2	0.9754	0.9743	0.9747	0.9764

注： *** 表示在 1% 的水平下显著；括号内数值为稳健标准误。

第三节 "互联网＋"对服务贸易结构影响的实证分析

一、模型构建和变量说明

本节构建如下模型：

$$service\_structure_{it} = \beta_0 + \beta_1 Internet_{it} + \sum X_{it} + \mu_i + \theta_t + \varepsilon_{it} \quad (8-3)$$

式（8-3）中，下标 i、t 分别代表服务贸易出口方和年份。被解释变量 $service\_structure_{it}$ 表示 t 年 i 方生产性服务业出口额[①]占服务贸易总出口额的比重。核心解释变量 $Internet_{it}$ 表示 t 年 i 方的"互联网＋"发展水平。μ_i 为个体固定效应，用于控制不随时间变化的经济体特征。θ_t 为时间固定效

---

① 按照《生产性服务业统计分类（2019）》，生产性服务业包括运输服务、电信服务、保险服务、金融服务、计算机与信息服务、专利权使用费和特许费、其他商业服务、建筑服务。非生产性服务业包括旅游服务、个人、文化和娱乐服务、未包括的政府服务。

应，用于控制不随经济体变化的宏观经济冲击。ε_{it} 为随机扰动项。β_0 表示截距项。系数 β_1 表示"互联网＋"发展水平对服务贸易出口结构的影响大小。控制变量组 $\sum X_{it}$ 的作用和内容与第七章式（7－3）的 $\sum X_{it}$ 完全一致。

服务贸易数据来源于联合国商品贸易数据库，互联网相关数据来源于世界银行的 WDI 数据库和 WTO 的 RTA 数据。样本覆盖了 1995～2020 年、125 个经济体[①]的数据，即"年份－个体"的二维面板数据。

二、共线性检验

通过相关系数矩阵检验模型多重共线性问题，检验结果如表 8－14 所示，显示所有变量间的相关系数均小于 0.85（Krammer，2010），且方差膨胀因子检验得到 VIF 值为 1.99，远小于 10。以上结果表明模型不存在多重共线性问题。

表 8－14　　　　　　　　　　　　　　共线性检验

变量	Internet	capital	trade/gdp	industry	fdi	pergdp	consumption	government	r&d
Internet	1.0000								
capital	－0.0445	1.0000							
trade/gdp	0.3328	0.0178	1.0000						
industry	0.5032	－0.2595	0.2922	1.0000					
fdi	0.5363	0.0388	0.2009	0.3382	1.0000				
pergdp	0.7328	－0.0522	0.3739	0.3927	0.4528	1.0000			
consumption	0.0227	0.3912	0.0979	0.3047	0.0812	0.4827	1.0000		
government	－0.1448	0.0376	－0.0622	0.2187	0.3579	0.0664	0.0938	1.0000	
r&d	0.1439	－0.0524	－0.0467	0.1583	0.2891	－0.0662	－0.0193	0.1876	1.0000

---

① 125 个经济体同第七章的经济体。

三、描述性分析

表 8 – 15 报告了描述性分析结果。被解释变量服务贸易结构的均值为 0.5488，最大值为 1.5024，最小值为 0.0028，表明各经济体之间服务贸易结构差异较大；解释变量"互联网 +"发展水平的均值为 16.3125，最小值为 0.0039，最大值为 83.4187，这表明各经济体之间"互联网 +"发展水平存在巨大差异，其他控制变量的取值均在合理范围内。

表 8 – 15 　　　　　　　　　　　　　**描述性统计**

变量	样本个数	均值	标准差	最小值	最大值
trade_services	1831	0.5488	0.2292	0.0028	1.5024
Internet	1831	16.3125	14.8561	0.0039	83.4187
capital	1831	0.2460	0.0729	0.0153	0.8158
trade/gdp	1831	0.1018	0.1145	0.0000	1.0043
industry	1831	0.5382	0.1066	0.0000	0.7784
fdi	1831	9.8888	2.1440	2.2393	14.8802
pergdp	1831	8.6009	1.5619	4.4565	11.6532
consumption	1831	0.1221	0.8931	0.000	0.6143
government	1831	5.6372	4.2622	0.000	26.2864
r&d	1831	1.1187	0.8825	0.000	5.1426

四、基准回归

表 8 – 16 报告了基准回归结果。加入各类控制变量，且对个体和年份均进行固定后，显示"互联网 +"发展水平对服务贸易出口结构的回归系数约为 0.0058，且通过了 1% 水平的显著性检验，如表 8 – 16 的列（6）所示，这充分表明"互联网 +"发展水平的提升能显著优化服务贸易出口结构。

表 8 - 16　　　　　　　　　基准回归

项目	(1)	(2)	(3)	(4)	(5)	(6)
Internet	0.0062 *** (0.0002)	0.0032 *** (0.0004)	0.0078 *** (0.0003)	0.0062 *** (0.0002)	0.0076 *** (0.0004)	0.0058 *** (0.0007)
capital		− 0.0554 (0.0739)				− 0.0358 (0.0783)
trade/gdp		0.0962 ** (0.0453)				0.0557 (0.0472)
industry		− 0.2071 *** (0.0632)				− 0.2676 *** (0.0665)
fdi		0.0253 *** (0.0029)				0.0267 *** (0.0029)
pergdp		0.0148 *** (0.0049)				− 0.0009 (0.0053)
consumption		2.1457 (1.8417)				1.0744 (0.7847)
government		0.1257 *** (0.0084)				0.1047 *** (0.0078)
r&d		1.1478 *** (0.0576)				0.9875 *** (0.0678)
常数项	0.4621 *** (0.0074)	0.2629 *** (0.0476)	0.4832 *** (0.0212)	0.4634 *** (0.0448)	0.5119 *** (0.0487)	0.4521 *** (0.0754)
个体固定	不控制	不控制	不控制	控制	控制	控制
年份固定	不控制	不控制	控制	不控制	控制	控制
样本数	1831	1813	1831	1831	1831	1813
R^2	0.1389	0.1814	0.1568	0.2322	0.2521	0.2712

注：** 、*** 分别表示在 5% 、1% 的水平下显著；括号内数值为稳健标准误。

五、分样本回归

(一) 分地区回归

根据联合国国家地理位置划分标准，将样本经济体所属大洲划分为欧洲、亚洲、美洲、非洲，实证分析"互联网＋"发展水平对不同地区服务贸易出口结构的影响，回归结果如表 8 - 17 所示。列（1）结果表明，欧洲经济体的"互联网＋"发展水平对服务贸易出口结构的影响系数为0.0114，且通过1%水平的显著性检验；列（2）结果表明，亚洲经济体的"互联网＋"发展水平对服务贸易出口结构的影响并不显著；列（3）结果表明，美洲经济体的"互联网＋"发展水平对服务贸易出口结构的影响系数为 0.0099，且通过5%水平的显著性检验；列（4）结果表明，非洲经济体的"互联网＋"发展水平对服务贸易出口结构的影响并不显著。出现以上结果的原因可能在于欧洲和美洲经济体的互联网发展程度较高，能为生产性服务业的发展提供更好的技术支持，从而改善服务贸易出口结构，而亚洲和非洲经济体的互联网发展程度相对较低，不能很好地支撑本地生产性服务业的发展，因而对服务贸易出口结构改善的影响并不显著。

表 8 - 17　　　　　　　　　　　　　分地区回归

项目	欧洲	亚洲	美洲	非洲
	（1）	（2）	（3）	（4）
Internet	0.0114 ***	0.0005	0.0099 **	0.0007
	(0.0015)	(0.0019)	(0.0039)	(0.0035)
常数项	0.3527 **	0.3072 *	0.0822	1.0112 ***
	(0.1758)	(0.1716)	(0.2919)	(0.1437)
控制变量	控制	控制	控制	控制
个体固定	控制	控制	控制	控制
年份固定	控制	控制	控制	控制
样本数	531	520	332	398
R^2	0.5721	0.3942	0.5423	0.6328

注：*、**、*** 分别表示在10%、5%、1%的水平下显著；括号内数值为稳健标准误。

（二）分时期回归

　　本节以金融危机爆发为时间节点，实证分析金融危机爆发前后"互联网+"发展水平对服务贸易出口结构的影响，回归结果见表8-18。结果显示，金融危机爆发之前，"互联网+"发展水平对服务贸易出口结构的影响系数为0.0107，且通过1%水平的显著性检验；金融危机爆发之后，"互联网+"发展水平对服务贸易出口结构的影响系数为0.0068，且通过1%水平的显著性检验。以上结果表明，尽管金融危机对经济、贸易产生了巨大冲击，但"互联网+"发展水平对服务贸易出口结构的影响并未受到过多影响。

表8-18 分时期回归

项目	(1)	(2)
	2000~2008年	2009~2020年
Internet	0.0107 ***	0.0068 ***
	(0.0012)	(0.0012)
常数项	0.3863 ***	0.6034 ***
	(0.0938)	(0.1265)
控制变量	控制	控制
个体固定	控制	控制
年份固定	控制	控制
样本数	906	907
R^2	0.2388	0.2154

注：*** 表示在1%的水平下显著；括号内数值为稳健标准误。

（三）分指标回归

本节将"互联网+"发展水平拆分为"互联网普及率""互联网基础设施""互联网安全性""互联网开放平台"四个分系统，分别分析其对服务贸易结构的影响，回归结果见表8-19。结果显示互联网普及率对服务贸易出口结构的影响系数为0.0144，且通过1%水平的显著性检验；互联网基础设施对服务贸易出口结构的影响系数为0.0152，且通过1%水平的显著性检验；互联网安全性对服务贸易出口结构的影响系数为0.0121，且通过5%水平的显著性检验；互联网开放平台对服务贸易出口结构的影响系数为0.0001，但并未通过显著性检验。以上结果表明互联网普及率、互联网基础设施以及互联网安全性均有利于改善经济体的服务贸易出口结构，但互联网开放平台与服务贸易出口结构并无直接关系。

表 8 – 19 分指标回归

项目	(1)	(2)	(3)	(4)
互联网普及率	0.0144 *** (0.0019)			
互联网基础设施		0.0152 *** (0.0015)		
互联网安全性			0.0121 ** (0.0049)	
互联网开放平台				0.0001 (0.0019)
常数项	0.4413 *** (0.0774)	0.4826 *** (0.0729)	0.1764 *** (0.0653)	0.1625 ** (0.0675)
控制变量	控制	控制	控制	控制
个体固定	控制	控制	控制	控制
年份固定	控制	控制	控制	控制
样本数	1813	1813	1813	1813
R^2	0.2689	0.2943	0.2564	0.2576

注：** 、*** 分别表示在 5% 、1% 的水平下显著；括号内数值为稳健标准误。

六、稳健性检验

本章分别采用缩尾法、更换样本以及处理内生性问题等三方面对基准回归结果（见表 8 – 16）进行稳健性检验。

第一，缩尾法。考虑到数据可能存在异常值的问题，本节分别对"互联网 +"发展水平和服务贸易结构进行前后 1% 、5% 水平的缩尾处理（张宽和黄凌云，2019），结果见表 8 – 20 列（1）、列（2）。结果显示"互联网 +"发展水平对服务贸易出口结构的影响系数显著为正，这证实了研究结果的稳健性。

第二，更换样本期间。本节采用以 2 年、3 年（Anderson and Yotov，2016）为间隔的样本数据进行稳健性检验，该做法能够合理避免部分年份数据缺失的情况，结果见表 8-20 列（3）、列（4）。结果显示"互联网+"发展水平对服务贸易出口结构的影响系数显著为正，这证实了研究结果的稳健性。

第三，处理内生性问题。本节采用两阶段最小二乘法进一步缓解内生性问题。参考黄群慧等（2019）、齐俊妍和任奕达（2021）对于工具变量的选取，采用 1984 年固定电话数量的历史数据作为互联网发展水平的工具变量（IV1）。同时，由于 1984 年固定电话数量为截面数据，其作为工具变量可能会使固定效应模型难以运用，故借鉴纳恩和钱（Nunn and Qian，2014）的做法，使用 1984 年固定电话数量与各经济体互联网使用量的交互项作为工具变量（IV2）。理论上，互联网发展水平是以信息网络技术为起点的，具体表现为固定电话数量，满足相关性假设。同时，采用早期历史数据，很难对当期贸易结构产生影响，满足无关性假设。表 8-20 列（5）、列（6）报告了该内生性处理结果，发现解释变量对服务贸易结构升级具有显著的正向影响，所得出的结论与前文基准回归是一致的。

表 8-20　　　　　　　　　　稳健性检验

项目	(1)	(2)	(3)	(4)	(5)	(6)
	缩尾1%	缩尾5%	以2年为间隔	以3年为间隔	IV1	IV2
Internet	0.0056 ***	0.0062 ***	0.0052 ***	0.0068 ***	0.0410 ***	0.0413 ***
	(0.0007)	(0.0006)	(0.0012)	(0.0014)	(0.0062)	(0.0053)
常数项	0.4532 ***	0.4502 ***	0.3921 ***	0.4043 ***	2.2724 ***	2.3684 ***
	(0.0748)	(0.0725)	(0.1247)	(0.1418)	(0.3713)	(0.4136)
Anderson canon. corr. LM 统计量					52.165	55.224
					(0.0000)	(0.0000)
Cragg-Donald Wald F 统计量					48.973	50.213
					(16.38)	(17.49)

项目	(1)	(2)	(3)	(4)	(5)	(6)
	缩尾1%	缩尾5%	以2年为间隔	以3年为间隔	IV1	IV2
控制变量	控制	控制	控制	控制	控制	控制
个体固定	控制	控制	控制	控制	控制	控制
年份固定	控制	控制	控制	控制	控制	控制
样本数	1813	1813	660	481	1813	1813
R^2	0.2711	0.2765	0.3232	0.4264	0.8519	0.8921

注：*** 表示在1%的水平下显著；括号内数值为稳健标准误；*Anderson canon. corr. LM* 统计量是检验工具变量和内生变量的相关性，报告的是 LM 统计量及其 P 值，拒绝原假设是合理的；*Cragg-Donald Wald F* 统计量用来检验工具变量是否为弱识别，报告的是 F 统计量及其10%水平上的临界值，超过临界值是合理的。

七、作用机制

（一）中间渠道

本书使用式（8-4），对以下中间渠道进行验证："互联网+"通过降低服务贸易成本（*Tradexp_ser*）、提升服务产品可贸易程度（*Detra*）、丰富服务贸易类型（*Var*），从而优化服务贸易结构。

$$M_{it} = \beta_0 + \beta_1 Internet_{it} + \sum X_{it} + \mu_i + \theta_t + \varepsilon_{it} \qquad (8-4)$$

其中 M_{it} 为机制变量，包括成本降低效应（*Trade_ser_{it}*）、贸易可及效应（*Detra_{it}*）、市场多样性效应（*Var_{it}*）。机制变量具体衡量方式如下：贸易成本表示为 $Tradexp\_ser_{it} = \dfrac{\sum\limits_{j=1}^{n} Tradexp\_ser_{ij}}{n}$，$Tradexp\_ser_{ij} = \left[\dfrac{x_{ii}x_{jj}}{x_{ij}x_{ji}}\right]^{\frac{1}{2(\sigma-1)}} - 1$，其中，$n$ 代表贸易伙伴经济体的数量 x_{ii}、x_{jj} 分别表示 i 经济体与贸易对象 j 经济体的经济体内销售额，此处采用经济体 GDP 减去该经济体服务贸易总出口表示；x_{ij}、x_{ji} 分别表示 i 经济体对 j 经济体的服务贸易出口额以及进口

额；参考诺维（Novy，2013）将 σ 取值8。可贸易程度表示为 $Detra_{it} = \frac{trade_{it}}{GDP_{it}} - 0.1$，其中 $trade$ 表示服务贸易进出口总额，GDP 表示贸易经济体的 GDP。服务贸易多样化表示为 $Var_{it} = \sum_{1}^{M} S_{imt}^2$，其中，$S_{imt}$ 代表 i 经济体在 t 年的第 m 个服务行业出口额占该国服务贸易出口总额的比重，M 代表服务行业数量；Var 越大，代表服务贸易出口产品集中度越高；Var 越小，则代表服务贸易出口产品多元化程度越高。机制变量数据来自联合国贸发会议数据库。控制变量组 $\sum X_{it}$ 的作用和内容与第七章式（7-3）的 $\sum X_{it}$ 完全一致。μ_i 为个体固定效应，用于控制不随时间变化的经济体特征。θ_t 为时间固定效应，用于控制不随经济体变化的宏观经济冲击。ε_{it} 为随机扰动项。

表 8-21 显示了"互联网+"通过上述三类中间渠道影响服务贸易结构的实证结果，列（1）表明"互联网+"能显著降低服务贸易成本，列（2）表明"互联网+"能显著促进服务产品可贸易程度，列（3）表明"互联网+"能显著丰富服务贸易类型，充分验证了假说2的准确性。

表 8-21　　　　　　"互联网+"影响服务贸易结构中间渠道

项目	(1)	(3)	(5)
	Tradexp_ser	Detra	Var
Internet	-0.0842 **	0.1227 ***	0.0172 ***
	(0.0331)	(0.0172)	(0.0043)
常数项	17.6415 ***	12.4672 ***	16.2174 ***
	(0.0413)	(0.0184)	(0.5742)
样本数	1813	1813	1813
控制变量	控制	控制	控制
年份固定	控制	控制	控制
个体固定	控制	控制	控制
R^2	0.8437	0.8843	0.8273

注：** 、*** 分别表示在5%、1%的水平下显著；括号内数值为稳健标准误。

（二）调节效应检验

本节为制度质量对"互联网＋"发展水平与服务贸易出口结构关系的调节效应分析，引入"互联网＋"发展水平及其与制度质量的交互项进行回归，重点关注交互项系数，若系数显著为正，则表明制度质量放大了"互联网＋"发展水平对服务贸易出口结构的优化效应。其他变量和固定效应的选取均同式（8-2）。

1. 解释变量："互联网＋"发展水平

表8-22报告了制度质量对"互联网＋"发展水平与服务贸易出口结构关系的调节效应分析结果。列（1）显示法治环境与"互联网＋"发展水平的交互项系数为0.0039，且通过1%水平的显著性检验；列（2）显示腐败控制与"互联网＋"发展水平的交互项系数为0.0034，且通过1%水平的显著性检验；列（3）显示监管质量与"互联网＋"发展水平的交互项系数为0.0045，且通过1%水平的显著性检验；列（4）显示政府效率与"互联网＋"发展水平的交互项系数为0.0041，且通过1%水平的显著性检验。以上结果表明以法治环境、腐败控制、监管质量、政府效率为代表的制度质量均放大了"互联网＋"发展水平对服务贸易出口结构的优化效应。

表8-22　　　　　　　　制度质量对服务贸易结构的调节效应

（解释变量："互联网＋"发展水平）

项目	（1）	（2）	（3）	（4）
Internet	- 0.0008	- 0.0002	- 0.0002	- 0.0016
	(0.0009)	(0.0010)	(0.0011)	(0.0012)
rule_law	- 0.0165			
	(0.0133)			
Internet × rule_law	0.0039 ***			
	(0.0004)			
con_corrupt		- 0.0448 ***		
		(0.0132)		

续表

项目	(1)	(2)	(3)	(4)
Internet × con_corrupt		0.0034 ***		
		(0.0003)		
reg_quality			− 0.1109 ***	
			(0.0149)	
Internet × reg_quality			0.0045 ***	
			(0.0004)	
gov_effect				− 0.0568 ***
				(0.0154)
Internet × gov_effect				0.0041 ***
				(0.0005)
常数项	0.3452 ***	0.2442 ***	0.0514	0.2124 **
	(0.0903)	(0.0902)	(0.0912)	(0.0926)
控制变量	控制	控制	控制	控制
个体固定	控制	控制	控制	控制
年份固定	控制	控制	控制	控制
样本数	1813	1813	1813	1813
R^2	0.3121	0.2989	0.3182	0.2998

注：** 、 *** 分别表示在5%、1%的水平下显著；括号内数值为稳健标准误。

为进一步探究制度质量对"互联网＋"发展水平与服务贸易出口结构关系的调节效应，依照前文，仍将"互联网＋"发展水平细分为互联网普及率、互联网基础设施、互联网安全性、互联网开放平台四个系统，分别探讨制度质量对互联网普及率、互联网基础设施、互联网安全性以及互联网开放平台与服务贸易出口结构关系的调节效应。

2. 解释变量：互联网普及率

表8-23报告了制度质量对互联网普及率与服务贸易出口结构关系的调节效应分析结果。列（1）显示法治环境与互联网普及率的交互项对服务贸易出口结构的影响系数为0.0098，且通过1%水平的显著性检验；列（2）显示腐败控制与互联网普及率的交互项对服务贸易出口结构的影响系数为

0.0094，且通过1%水平的显著性检验；列（3）显示监管质量与互联网普及率的交互项对服务贸易出口结构的影响系数为0.0131，且通过1%水平的显著性检验；列（4）显示政府效率与互联网普及率的交互项对服务贸易出口结构的影响系数为0.0112，且通过1%水平的显著性检验。以上结果表明以法治环境、腐败控制、监管质量、政府效率表征的制度质量均放大了互联网普及率对服务贸易出口结构的优化效应。

表8-23　　　　　　制度质量对服务贸易结构的调节效应

（解释变量：互联网普及率）

项目	（1）	（2）	（3）	（4）
互联网普及率	0.0044 * (0.0024)	0.0052 ** (0.0022)	0.0041 * (0.0021)	0.0042 * (0.0024)
rule_law	-0.0377 *** (0.0145)			
互联网普及率× *rule_law*	0.0098 *** (0.0009)			
con_corrupt		-0.0692 *** (0.0145)		
互联网普及率× *con_corrupt*		0.0094 *** (0.0011)		
reg_quality			-0.1387 *** (0.0159)	
互联网普及率× *reg_quality*			0.0131 *** (0.0011)	
gov_effect				-0.0849 *** (0.0169)
互联网普及率× *gov_effect*				0.0112 *** (0.0009)
常数项	0.4008 *** (0.0882)	0.2855 *** (0.0883)	0.0998 (0.0896)	0.2582 *** (0.0913)

续表

项目	（1）	（2）	（3）	（4）
控制变量	控制	控制	控制	控制
个体固定	控制	控制	控制	控制
年份固定	控制	控制	控制	控制
样本数	1813	1813	1813	1813
R^2	0.3098	0.3065	0.3276	0.3053

注：*、**、*** 分别表示在 10%、5%、1% 的水平下显著；括号内数值为稳健标准误。

3. 解释变量：互联网基础设施

表 8-24 报告了制度质量对互联网基础设施与服务贸易出口结构关系的调节效应分析结果。列（1）显示法治环境与互联网基础设施的交互项对服务贸易出口结构的影响系数为 0.0058，且通过 1% 水平的显著性检验；列（2）显示腐败控制与互联网基础设施的交互项对服务贸易出口结构的影响系数为 0.0057，且通过 1% 水平的显著性检验；列（3）显示监管质量与互联网基础设施的交互项对服务贸易出口结构的影响系数为 0.0083，且通过 1% 水平的显著性检验；列（4）显示政府效率与互联网基础设施的交互项对服务贸易出口结构的影响系数为 0.0076，且通过 1% 水平的显著性检验。以上结果表明以法治环境、腐败控制、监管质量、政府效率为代表的制度质量均放大了互联网基础设施对服务贸易出口结构的优化效应。

表 8-24　　　　　　　制度质量对服务贸易结构的调节效应

（解释变量：互联网基础设施）

项目	（1）	（2）	（3）	（4）
互联网基础设施	0.0042 * (0.0023)	0.0053 ** (0.0022)	0.0053 ** (0.0022)	0.0026 (0.0023)
rule_law	−0.0107 (0.0136)			
互联网基础设施 × *rule_law*	0.0058 *** (0.0009)			

续表

项目	（1）	（2）	（3）	（4）
con_corrupt		− 0. 0351 *** （0. 0129）		
互联网基础设施 × *con_corrupt*		0. 0057 *** （0. 0008）		
reg_quality			− 0. 1046 *** （0. 0149）	
互联网基础设施 × *reg_quality*			0. 0083 *** （0. 0009）	
gov_effect				− 0. 0519 *** （0. 0157）
互联网基础设施 × *gov_effect*				0. 0076 *** （0. 0010）
常数项	0. 4572 *** （0. 0869）	0. 3658 *** （0. 0869）	0. 1463 （0. 0865）	0. 3182 *** （0. 0899）
控制变量	控制	控制	控制	控制
个体固定	控制	控制	控制	控制
年份固定	控制	控制	控制	控制
样本数	1813	1813	1813	1813
R^2	0. 3089	0. 3112	0. 3232	0. 3223

注：* 、** 、*** 分别表示在 10% 、5% 、1% 的水平下显著；括号内数值为稳健标准误。

4. 解释变量：互联网安全性

表 8 - 25 报告了制度质量对互联网安全性与服务贸易出口结构关系的调节效应分析结果。列（1）显示法治环境与互联网安全性的交互项对服务贸易出口结构的影响系数为 0. 0659，且通过 1% 水平的显著性检验；列（2）显示腐败控制与互联网安全性的交互项对服务贸易出口结构的影响系数为 0. 0472，且通过 1% 水平的显著性检验；列（3）显示监管质量与互联网安全性的交互项对服务贸易出口结构的影响系数为 0. 0508，且通过

5%水平的显著性检验；列（4）显示政府效率与互联网安全性的交互项对服务贸易出口结构的影响系数为 0.0701，且通过 1% 水平的显著性检验。以上结果表明以法治环境、腐败控制、监管质量、政府效率为代表的制度质量均放大了互联网安全性对服务贸易出口结构的优化效应。

表 8－25 制度质量对服务贸易结构的调节效应

（解释变量：互联网安全性）

项目	(1)	(2)	(3)	(4)
互联网安全性	0.1132 *** (0.0369)	0.0916 *** (0.0302)	0.0752 ** (0.0358)	0.1211 *** (0.0348)
rule_law	0.0614 *** (0.0096)			
互联网安全性 × *rule_law*	0.0659 *** (0.0201)			
con_corrupt		0.0423 *** (0.0082)		
互联网安全性 × *con_corrupt*		0.0472 *** (0.0139)		
reg_quality			－ 0.0087 (0.0119)	
互联网安全性 × *reg_quality*			0.0508 ** (0.0209)	
gov_effect				0.0452 *** (0.0102)
互联网安全性 × *gov_effect*				0.0701 *** (0.0185)
常数项	0.4662 *** (0.0802)	0.3692 *** (0.0789)	0.1288 (0.0843)	0.3686 *** (0.0839)
控制变量	控制	控制	控制	控制
个体固定	控制	控制	控制	控制

项目	（1）	（2）	（3）	（4）
年份固定	控制	控制	控制	控制
N	1813	1813	1813	1813
R^2	0.2821	0.2687	0.2556	0.2711

注：**、***分别表示在5%、1%的水平下显著；括号内数值为稳健标准误。

5. 解释变量：互联网开放平台

表8-26报告了制度质量对互联网开放平台与服务贸易出口结构关系的调节效应分析结果。列（1）显示法治环境与互联网开放平台的交互项对服务贸易出口结构的影响系数为0.0136，且通过1%水平的显著性检验；列（2）显示腐败控制与互联网开放平台的交互项对服务贸易出口结构的影响系数为0.0119，且通过1%水平的显著性检验；列（3）显示监管质量与互联网开放平台的交互项对服务贸易出口结构的影响系数为0.0189，且通过1%水平的显著性检验；列（4）显示政府效率与互联网开放平台的交互项对服务贸易出口结构的影响系数为0.0162，且通过1%水平的显著性检验。以上结果表明以法治环境、腐败控制、监管质量、政府效率表征的制度质量均放大了互联网开放平台对服务贸易出口结构的优化效应。

表8-26　　　　　　制度质量对服务贸易结构的调节效应
（解释变量：互联网开放平台）

项目	（1）	（2）	（3）	（4）
互联网开放平台	0.0166*** (0.0025)	0.0156*** (0.0023)	0.0223*** (0.0029)	0.0208*** (0.0022)
rule_law	0.0346*** (0.0103)			
互联网开放平台 × *rule_law*	0.0136*** (0.0017)			
con_corrupt		0.0101 (0.0094)		

续表

项目	(1)	(2)	(3)	(4)
互联网开放平台× con_corrupt		0.0119 *** (0.0013)		
reg_quality			-0.0355 *** (0.0124)	
互联网开放平台× reg_quality			0.0189 *** (0.0019)	
gov_effect				0.0162 (0.0124)
互联网开放平台× gov_effect				0.0162 *** (0.0017)
常数项	0.3579 *** (0.0817)	0.2458 *** (0.0798)	0.0411 (0.0829)	0.2683 *** (0.0839)
控制变量	控制	控制	控制	控制
个体固定	控制	控制	控制	控制
年份固定	控制	控制	控制	控制
观测值	1813	1813	1813	1813
R^2	0.2989	0.2993	0.2876	0.2995

注：*** 表示在1%的水平下显著；括号内数值为稳健标准误。

第四节 拓展性分析

现有研究互联网与货物、服务贸易的文献，大多考虑其线性影响。本书拟在回归方程中增加自变量二次项，以体现互联网发展对贸易边际效应递增或递减的情形，具体形式如下：

$$\ln Trade_{ijt} = \beta_0 + \beta_1 Internet_{ijt} + \beta_2 Internet_{ijt}^2 + \eta_{it} + \vartheta_{jt} + \sigma_{ij} + \varepsilon_{ijt}$$

$$(8-5)$$

$$trade\_servies_{ij} = \beta_0 + \beta_1 Internet_{it} + \beta_2 Internet_{it}^2 + \sum X_{it} + \mu_i + \theta_t + \varepsilon_{it}$$

$$(8-6)$$

式（8-5）中，核心解释变量 $Internet_{ijt}$ 表示 t 年 i 方与 j 方的互联网水平链接程度，β_2 表示双方互联网链接程度的二次项对服务贸易规模的影响大小；被解释变量和其余各项含义均与式（8-1）中的相同。

式（8-6）中，β_2 表示互联网发展水平的二次项对服务贸易结构的影响大小；其余变量和各项含义均与式（8-3）中的相同。

服务贸易数据来源于联合国商品贸易数据库（UNCOMTRADE），互联网相关数据来源于世界银行的 WDI 数据库和 WTO 的 RTA 数据。样本覆盖了 1995~2020 年、125 个经济体①的数据。

表 8-27 和表 8-28 汇报了在考虑互联网发展对服务贸易存在非线性影响下的回归结果。回归结果显示：模型式（8-5）和式（8-6）的二次项系数均不显著，说明"互联网 +"对服务贸易规模和服务贸易结构不存在非线性关系。

表 8-27　　　　　　拓展性分析（被解释变量：$\ln trade\_service$）

项目	(1)	(2)	(3)	(4)	(5)
$Internet$	1.2314 *** (0.0278)	1.3761 *** (0.0522)	4.3864 *** (0.2489)	2.6672 *** (0.2417)	0.7183 ** (0.2784)
$Internet^2$	0.0238 (0.0166)	0.0176 (0.0142)	0.0229 (0.0154)	0.0233 (0.0194)	0.0166 (0.0138)
常数项	-11.2876 *** (0.6781)	-13.0763 *** (1.0258)	-52.5641 *** (5.1432)	-20.5632 *** (3.6854)	-1.3872 (5.2686)
样本数	18950	18950	18950	18950	18950
出口方-年份固定	不控制	控制	不控制	不控制	控制
进口方-年份固定	不控制	不控制	控制	不控制	控制
出口方-进口方固定	不控制	不控制	不控制	控制	控制
R^2	0.0873	0.2658	0.5521	0.5743	0.9788

注：** 、*** 分别表示在 5%、1% 的水平下显著；括号内数值为稳健标准误。

———————————

① 125 个经济体同第七章的经济体。

表 8 – 28　　　　　拓展性分析（被解释变量：*service_structure*）

项目	（1）	（2）	（3）	（4）	（5）
Internet	0.0058 ***	0.0034 ***	0.0042 ***	0.0061 ***	0.0058 ***
	（0.0002）	（0.0003）	（0.0003）	（0.0002）	（0.0007）
Internet^2	0.0021	0.0019	0.0032	0.0033	0.0032
	（0.0039）	（0.0041）	（0.0022）	（0.0027）	（0.0041）
常数项	0.4762 ***	0.2631 ***	0.4721 ***	0.4687 ***	0.4583 ***
	（0.0069）	（0.0432）	（0.0327）	（0.0473）	（0.0768）
样本数	1831	1831	1831	1831	1831
控制变量	不控制	控制	不控制	不控制	控制
年份固定	不控制	不控制	控制	不控制	控制
个体固定	不控制	不控制	不控制	控制	控制
R^2	0.1472	0.1883	0.1569	0.2463	0.2824

注：*** 表示在 1% 的水平下显著；括号内数值为稳健标准误。

第五节　本章小结

以互联网为代表的数字技术在全球范围内的应用广度与深度不断拓展，深刻影响了全球服务贸易往来。本章主要从实证层面分别检验了"互联网＋"发展水平对服务贸易规模和结构的影响效应。首先是"互联网＋"发展水平对服务贸易规模的影响。本章发现"互联网＋"发展水平的提升能显著促进服务贸易规模，以上结论经过一系列稳健性检验后依旧成立。异质性分析表明，当双边贸易方均为欧洲或亚洲的经济体时，"互联网＋"发展水平对服务贸易规模具有显著的正向影响；当出口方为发达经济体而进口方为发展中经济体时，"互联网＋"发展水平对服务贸易规模的影响更大。互联网安全性对服务贸易规模的影响最大。中间渠道检验表明："互联网＋"能够通过成本降低效应、贸易可及效应及市场多样化效应促进服务贸易规模。在调节效应方面，制度质量在"互联网＋"发展水平与服务贸易规模的关系中起到重要的调节作用，具体来看，以法治环境、腐败控制、监管质量、政府效率为代表的制度质量均能放大"互联网+"发展水平对服务贸易规模的正向影响。

其次是"互联网+"发展水平对服务贸易结构的影响。本章通过一系列稳健性检验均证实"互联网+"发展水平能显著优化服务贸易出口结构。分样本来看，当双边贸易方均为欧洲或美洲的经济体时，"互联网+"发展水平对服务贸易结构的影响更为显著；分一级指标来看，"互联网普及率""互联网基础设施""互联网安全性""互联网开放平台"四个分系统，对服务贸易结构均具有显著的正向影响。中间渠道检验表明："互联网+"能够通过成本降低效应、贸易可及效应及市场多样化效应优化服务贸易结构。从调节效应检验来看，经过实证检验发现制度质量是"互联网+"发展水平优化服务贸易结构的作用机制，进一步细分指标来看，以法治环境、腐败控制、监管质量、政府效率为代表的制度质量均放大了"互联网普及率""互联网基础设施""互联网安全性""互联网开放平台"四个分系统对服务贸易出口结构的优化效应。

第九章

"互联网＋外贸"国际经贸规则比较分析

数字贸易（digital trade）是一种信息通信技术发挥重要作用的贸易形式，与"互联网＋外贸"的内涵具有相似性（张正荣等，2021）。数字贸易规则的治理权是我国提高经贸规则话语权的重要抓手，也是高质量推进"互联网＋外贸"实施路径的有力保障。本章对全球数字贸易规则变化进行比较分析，主要是对《欧日经济伙伴关系协定》（EU-Japan Economic Partnership Agreement，EPA）、《跨太平洋伙伴关系协定》（Trans-Pacific Partnership Agreement，TPP）、《全面与进步跨太平洋伙伴关系协定》（Comprehensive and Progressive Agreement for Trans-Pacific Partnership，CPTPP）、《美国－墨西哥－加拿大协定》（United States-Mexico-Canada Agreement，USMCA）、《跨大西洋贸易与投资伙伴关系协定》（Transatlantic Trade and Investment Partnership Agreement，TTIP）、《区域全面经济伙伴关系协定》（Regional Comprehensive Economic Partnership Agreement，RCEP）、《北美自由贸易协议》（North American Free Trade Agreement，NAFTA）等协定进行比较分析，系统梳理诸如数字税、数字产品非歧视性待遇、跨境数据自由流动、源代码、电子认证和电子签名、在线消费者保护、个人信息保护、网络安全、非应邀商业电子信息、无纸化贸易等数字贸易规则，总结全球数字贸易规则新趋势、新变化，研究中国对标全球数字贸易规则的差距及影响，对中国全面对标"互联网＋外贸"规则并输出中国模式具有重要参考价值（周念利和陈寰琦，2020）。

第一节 对标"互联网＋外贸"国际经贸规则的重要性和必要性

互联网技术是推动我国外贸方式转型升级的重要抓手（张洪胜和潘钢健，2021）。"互联网＋"不仅催生并壮大了全球电子商务的发展，而且加快了数字化贸易新形势新业态，最终诞生出"数字贸易"（沈玉良等，2022）。据《数字贸易发展与合作报告2022》显示，截至2021年底，全球跨境数字服务贸易规模已逾3.86万亿美元，同比增长14%，占服务贸易总额达63%。另外，全球电子商务零售销售额从2019年的3.54万亿美元增长至2021年的近5万亿美元，电子商务市场稳步上升，数字经济地位不断攀升，数字贸易成为更先进的贸易模式。但与此同时，更新的贸易模式带来了更为复杂的国际贸易规则的制定与协调问题（Moore et al.，2021），各经济体由于数字贸易发展水平差异较大引起了新一轮争端，引领国际数字贸易规则成为各经济体共同的诉求。美国与欧盟占据着数字贸易发展的主导地位，因此也掌握了制定全球数字贸易规则的主动权，试图积极领导全球数字贸易规则的制定并进行全球推广，但其余经济体甚至是发展中经济体不甘落后，也加入了数字贸易规则的制定中，全球各经济体亟待一个统一的数字贸易规则，但由于各经济体的利益诉求不同，所提出的规则、标准差异较大，极易产生分歧与矛盾。因此我国亟须研判当前数字贸易规则的演进趋势，掌握国际数字贸易规则的制定权、话语权，构建符合我国发展利益并能够与其他各经济体实现共赢的数字规则"中国方案"，这对实现我国贸易高质量发展，建设更高水平开放型经济体系具有重要战略意义。

第二节 跨境贸易协定中"互联网+外贸"国际经贸规则比较

一、电子传输关税规则向零关税转变

电子传输免征关税是数字税征收的重点关注议题。《欧日经济伙伴关系协定》《跨太平洋伙伴关系协定》《全面与进步跨太平洋伙伴关系协定》《美国－墨西哥－加拿大协定》《跨大西洋贸易与投资伙伴关系协定》《区域全面经济伙伴关系协定》均指出，各缔约方不得向与另一缔约方之间的电子传输包括电子传输的内容征收关税，旨在扫除数字贸易的障碍，最大程度实现数字贸易自由化。但是，《跨太平洋伙伴关系协定》《全面与进步跨太平洋伙伴关系协定》《美国－墨西哥－加拿大协定》并未阻止缔约方对电子传输的内容征收国内税、费用或其他收费，前提是税收、费用的征收方式与该协定一致（见表9－1）。

表9－1 　　　　　　　　　"电子传输免征关税"条款

协定	条目	内容
EPA	第8.72条：电子商务	缔约方不得对电子传输征收关税
TPP	第14.3条：海关关税	任何缔约方不得对一缔约方和另一缔约方的人之间的电子传输，包括电子传输的内容征收关税
CPTPP	第14.3条：海关关税	任何缔约方均不得对一方人员与另一方人员之间的电子传输，包括电子传输的内容征收关税
USMCA	第19.3条：关税	任何一方不得在一个缔约方的人与另一缔约方的人之间对以电子方式传输的数字产品的进口或出口征收关税，或其他费用
TTIP	第6.3条：电子传输的关税	双方同意，电子传输应被视为第三章（跨境服务供应）所指的服务提供，不需要缴纳关税
RCEP	第12.3.11条：电子商务	每一缔约方应当维持其目前不对缔约方之间的电子传输征收关税的现行做法

资料来源：根据经贸规则协定文本整理。

二、数字产品非歧视性待遇

数字产品非歧视待遇条款涉及数字贸易自由化。《欧日经济伙伴关系协定》《全面与进步跨太平洋伙伴关系协定》《美国－墨西哥－加拿大协定》中均涉及数字产品的非歧视待遇，如表9－2所示。数字产品非歧视待遇条款为缔约方的数据流通扫清了障碍，也进一步保护了自身数据的健康发展，对于全球数据跨境流通的发展起到了不可替代的重要作用。数字产品非歧视待遇规则在上述协定的文本中表述基本一致，而《全面与进步跨太平洋伙伴关系协定》仅将"广播例外"范围限定为"本条款不得阻碍成员方通过或维持某项措施，以限制广播企业当中的外资比例"，且将"广播"一词定义为"任何直接面向公众的电子通信传输"。

表9－2   "数字产品非歧视性待遇"条款

协定	条目	内容
TPP	第14.4条：数字产品的非歧视性待遇	任何缔约方给予另一缔约方境内生产、出版、订购、代理或首次商业化提供的数字产品的待遇，或给予作者、表演者生产者、开发者或所有者为另一缔约方的人的数字产品的待遇，均不得低于其给予其他同类数字产品的待遇
CPTPP	第14.4条：数字产品的非歧视性待遇	任何一方不得对在另一方境内创作、制作、出版、签约、委托或首次以商业条款提供的数字产品，或对作者、表演者、制作人、开发者或所有者为另一方人员的数字产品，给予低于其他同类数字产品的优惠待遇
USMCA	第19.4条：数字产品的非歧视性待遇	任何一方不得对在另一方境内创作、制作、出版、签约、委托或首次以商业条款提供的数字产品，或对作者、表演者、制作人、开发者或所有者为另一方人员的数字产品，给予低于其他同类数字产品的优惠待遇

资料来源：根据经贸规则协定文本整理。

三、跨境数据自由流动

跨境数据流动是进行数字贸易的前提。跨境数据流动意味着对跨越国界的数据进行读取、存储和处理的活动，包括数据的出境和入境两个方面。《全面与进步跨太平洋伙伴关系协定》《区域全面经济伙伴关系协定》《美国－墨西哥－加拿大协定》《跨太平洋伙伴关系协定》均增设了包括数据跨境流动在内的数字贸易规则专门章节或专门条款，强调信息和数据自由流动，但也认识到每一缔约方对于通过电子方式跨境传输信息可能有各自的监管要求（见表9－3）。

表9－3   **"跨境数据自由流动"条款**

协定	条目	内容
EPA	第8.81条：电子商务	双方应在本协议生效之日起3年内重新评估在本协议中纳入数据自由流动条款的必要性
TPP	第14.11条：通过电子方式跨境传输信息	1. 各缔约方认识到每一缔约方对于通过电子方式跨境传输信息可能有各自的监管要求 2. 当通过电子方式跨境传输信息是为涵盖的人执行其业务时，缔约方应允许此跨境传输，包括个人信息
CPTPP	第14.11条：跨境电子传输	1. 各方应允许通过电子手段跨境转移信息，包括个人信息，当该活动是为了开展受保人员的业务时 2. 本条任何规定均不得阻止一缔约方采取或维持与第2款不一致的措施，以实现合法的公共政策目标，但该措施：（1）不以构成任意或不合理歧视或变相限制贸易的方式适用；（2）不会对超过实现目标所需的信息传输施加限制
USMCA	第19.11条：通过电子手段进行的信息跨境转移	如果此项活动是为了进行承保人的业务，则任何缔约方均不得禁止或限制通过电子手段进行的跨境信息传输，包括个人信息
RCEP	第12.4.15条：电子商务	1. 缔约方认识到每一缔约方对于通过电子方式传输信息可能有各自的监管要求 2. 当通过电子方式跨境传输信息是为涵盖的人执行其业务时，缔约方应允许此跨境传输

资料来源：根据经贸规则协定文本整理。

四、不得强制要求计算机设施的位置

计算机设施的位置主要表现为数据本地化，是数据跨境管理的一种措施,一些经济体因重视数据安全等情况,采取数据存储本地化措施,这在一定程度上会增加数字贸易成本,阻碍数据跨境流动。目前,《跨太平洋伙伴关系协定》《全面与进步跨太平洋伙伴关系协定》《区域全面经济伙伴关系协定》等国际高水平自贸协定中,均要求不得将数据存储本地化作为进入该国市场开展商业行为的条件,但例外条件的设置有所差异。《区域全面经济伙伴关系协定》规定缔约方可基于公共政策目标和安全利益强制要求数据存储本地化。部分经济体认为技术是信息的载体,不存在好坏之分,采取数据本地化措施会限制技术的传播,也不利于分散风险。《美国-墨西哥-加拿大协定》主张"跨境数据自由流动"和"禁止数据存储本地化"的主张,规定"任何缔约方都不得要求受保护者在该缔约方领土内使用或放置计算机设施,作为在该领土开展业务的条件"(见表9-4)。

表9-4 "计算机设施的位置"条款

协定	条目	内容
TPP	第14.13条:计算机设施的位置	1. 各缔约方认识到每一缔约方对于计算设施的使用可能有各自的监管要求,包括寻求保证通信安全和保密的要求 2. 缔约方不得将要求涵盖的人使用该缔约方境内的计算设施或将设施置于其境内作为在其境内从事经营的条件
CPTPP	第14.12条:互联网互联费用分摊	各方承认,各方可能对计算设施的使用有自己的监管要求,包括旨在确保通信安全和保密的要求
USMCA	第19.12条:计算机设备的位置	任何缔约方都不得要求受保护者在该缔约方领土内使用或放置计算机设施,作为在该领土开展业务的条件
RCEP	第12.4.14条:电子商务	缔约方认识到每一缔约方对于计算设施的使用或位置可能有各自的措施,包括寻求保证通信安全和保密的要求

资料来源:根据经贸规则协定文本整理。

五、源代码

源代码问题是数字贸易规则中争议较大的议题。一些经济体认为创新者不应向其竞争者或管理机构上交他们的源代码或算法。确保公司在取得新市场准入时，不需分享他们的源代码、商业机密或在他们的产品或服务上替换当地技术。《欧日经济伙伴关系协定》《跨太平洋伙伴关系协定》《全面与进步跨太平洋伙伴关系协定》等贸易协定中也进一步明确了这一点。《全面与进步跨太平洋伙伴关系协定》基于缔约方安全的考虑，列出了以下三种例外情形：一是软件仅限于大众市场软件或含有该软件的产品，但不包含用于关键基础设施的软件。二是缔约方可以在商业谈判合同中设置或实施与源代码提供相关的条款和条件。三是缔约方可要求对软件源代码作出使该软件符合与 CPTPP 不相抵触的法律或法规所必需的调整。还有一些经济体认为重要信息的披露，如商业机密包括源代码，不应当作为在成员方境内进口、分销、销售或使用相关产品。《美国－墨西哥－加拿大协定》明确规定任何一方均不得要求转让或访问另一方个人拥有的软件的源代码或该源代码中表达的算法（见表9－5）。

表9－5　　　　　　　　　　　"源代码"条款

协定	条目	内容
EPA	第8.73条：电子商务	一方不得要求转让或访问另一方人员拥有的软件的源代码。本款的任何规定均不得阻止在商业谈判合同中纳入或实施与源代码转让或授予访问权限有关的条款和条件，或在政府采购等情况下自愿转让或授予对源代码的访问权限
TPP	第14.17条：源代码	任何缔约方不得将要求转移或获得另一缔约方的人所拥有的软件源代码作为在其境内进口、分销、销售或使用该软件及包含该软件的产品的条件
CPTPP	第14.17条：源代码	任何一方均不得要求将"转让或访问另一方人员拥有的软件源代码"作为在其境内进口、分销、销售或使用此类软件或包含此类软件的产品的条件
USMCA	第19.16条：源代码	1. 任何一方均不得要求将"转让或访问另一方个人拥有的软件的源代码或该源代码中表达的算法"作为进口、分发、出售或使用该软件的条件 2. 本条不排除一方的监管机构或司法机构要求另一方的人员保存并向监管机构提供软件的源代码或源代码中表达的算法，以进行特定的调查、检查、执法行动，或司法程序，但须遵守防止未经授权披露的保障措施

资料来源：根据经贸规则协定文本整理。

六、电子认证和电子签名

电子认证是指验证电子通信或交易一方的身份并确保电子通信完整性的过程或行为。电子签名是指以电子形式存在于电子文档、消息中或在逻辑上与电子文档、消息相关联的数据，该数据可用于识别与电子文档、消息有关的自然人，并表示自然人认可其中的内容。《区域全面经济伙伴关系协定》《跨太平洋伙伴关系协定》《全面与进步跨太平洋伙伴关系协定》《美国－墨西哥－加拿大协定》等更加强调电子签名的有效性，降低对电子认证技术和电子交易模式的限制，同时为其提供相应的法律保障（见表9-6）。

表9-6 "电子认证和电子签名"条款

协定	条目	内容
TPP	第14.6条：电子认证和电子签名	1. 除其法律另有规定的情况外，缔约方不得仅以签名是电子形式为由否认该签名的法律效力 2. 缔约方不得对电子认证采取下列措施：（1）禁止电子交易各方就该交易确定适当的电子认证方法；（2）阻止电子交易当事方有机会向司法或行政机关证明其交易符合有关认证法律要求
CPTPP		
USMCA	第19.6条：电子认证和电子签名	1. 除本国法律规定的情况外，当事国不得仅以电子形式的签字为由而拒绝签字的合法性 2. 任何缔约方均不得采取或维持以下电子认证和电子签名措施：（1）禁止电子交易的各方为该交易相互确定适当的认证方法或电子签名；（2）防止电子交易的当事方有机会向司法或行政机关证明其交易符合有关身份验证或电子签名的任何法律要求 3. 每一缔约方应鼓励使用可交互操作的电子认证
EPA	第8.77条：电子认证和电子签名	1. 除非其法律和法规另有规定，否则缔约方不得仅以签名是电子形式为由否认该签名的法律效力 2. 缔约方不得采取以下管制电子认证和电子签名的措施：（1）禁止电子交易各方就其交易确定适当电子认证方法；（2）阻止电子交易各方有机会在司法或行政当局面前证明其电子交易符合关于电子认证和电子签名的任何法律要求

续表

协定	条目	内容
RCEP	第12.2.6条：电子认证和电子签名	1. 除非其法律和法规另有规定，缔约方不得仅以签名为电子方式而否认该签名的法律效力 2. 考虑到电子认证的国际规范，每一缔约方应当：（1）允许电子交易的参与方就其电子交易确定适当的电子认证技术和实施模式；（2）不对电子认证技术和电子交易实施模式的认可进行限制；（3）允许电子交易的参与方有机会证明其进行的电子交易遵守与电子认证相关的法律和法规 3. 缔约方应当鼓励使用可交互操作的电子认证
TTIP	第6.6条：电子信任和身份验证服务	1. 缔约方不得仅以电子形式的服务为理由否认电子信托和电子认证服务在法律程序中的法律效力和作为证据的可采性 2. 任何一方均不得采取以下管制电子信托和电子认证服务的措施：（1）禁止电子交易各方就其交易确定适当的电子认证方法；（2）阻止电子交易各方有机会向司法和行政当局证明其电子交易符合有关电子信托和电子认证服务的任何法律要求

资料来源：根据经贸规则协定文本整理。

七、在线消费者保护

"消费者"是指任何出于其行业、业务或专业之外的目的使用或请求公开提供电子通信服务的自然人。《区域全面经济伙伴关系协定》《跨太平洋伙伴关系协定》《全面与进步跨太平洋伙伴关系协定》《美国－墨西哥－加拿大协定》等协定均认识到采取透明、有效的电子商务消费者保护措施以及其他有利于发展消费者信心的措施的重要性，同时强调法律、法规以及各主管部门之间开展合作在电子商务消费者保护方面的重要性（见表9－7）。

表 9 - 7   "在线消费者保护"条款

协定	条目	内容
EPA	第 8.78 条：消费者保护	1. 缔约方认识到采取和保持适用于电子商务的透明和有效的消费者保护措施以及有利于发展消费者对电子商务信心的措施的重要性 2. 缔约方认识到各自负责消费者保护的主管部门之间就电子商务相关活动进行合作的重要性，以加强消费者保护 3. 双方认识到，根据各自的法律法规，采取或保持措施以保护电子商务用户的个人数据的重要性
TPP	第 14.7 条：线上消费者保护	1. 各缔约方认识到采取和维持透明及有效的措施，保护消费者进行电子交易时免受第 16.7.2 条（消费者保护）所指的诈骗和商业欺诈行为侵害的重要性 2. 每一缔约方应采取或维持消费者保护法，禁止对线上商业消费者造成损害或潜在损害的诈骗和商业欺诈行为 3. 各缔约方认识到，各国消费者保护机构或其他相关机构在跨境电子商务相关活动中开展合作以增强消费者福利的重要性
CPTPP	第 14.7 条：在线消费者保护	1. 缔约方认识到，在消费者从事电子商务时，应采取并保持透明有效的措施，保护消费者免受第 16.6.2 条（消费者保护）所述的欺诈和欺骗性商业活动的影响 2. 缔约方应通过或维持消费者保护法，禁止对从事网络商业活动的消费者造成伤害或潜在伤害的欺诈和欺骗性商业活动 3. 缔约方认识到各自的国家消费者保护机构或其他相关机构就跨境电子商务相关活动进行合作的重要性，以提高消费者福利
USMCA	第 19.7 条：在线消费者保护	1. 缔约方认识到，必须采取透明的有效措施，以保护消费者从事数字贸易时不受第 21.4.2 条（消费者保护）中所述的欺诈或欺骗性商业活动的影响 2. 每一缔约方应通过或维持消费者保护法，禁止对从事在线商业活动的消费者造成损害或潜在损害的欺诈性和欺骗性商业活动 3. 缔约方认识到各自的消费者保护机构或其他有关机构之间在与跨境数字贸易有关的活动中进行合作以提高消费者福利的重要性和公共利益
RCEP	第 12.3.7 条：线上消费者保护	1. 缔约方认识到采取和维持透明及有效的电子商务消费者保护措施以及其他有利于发展消费者信心的措施的重要性 2. 每一缔约方应当采取或维持法律、法规，以保护使用电子商务的消费者免受欺诈和误导行为的损害或潜在损害 3. 缔约方认识到各自负责消费者保护的主管部门间在电子商务相关活动中开展合作，以增强消费者保护的重要性 4. 每一缔约方应当发布其向电子商务用户提供消费者保护的相关信息，包括：（1）消费者如何寻求救济；（2）企业如何遵守任何法律要求

资料来源：根据经贸规则协定文本整理。

八、个人信息隐私保护

个人信息包括已被识别或可识别自然人的数据在内的任何信息。《区域全面经济伙伴关系协定》《跨太平洋伙伴关系协定》《全面与进步跨太平洋伙伴关系协定》《美国－墨西哥－加拿大协定》《北美自由贸易协定》等均认识到保护电子商务用户个人信息的经济和社会效益以及其对增强电子商务用户信心的重要性，在遵循国际标准的基础上建立个人信息保护法律框架，鼓励缔约方通过互联网等方式公布与个人信息保护相关的政策和程序，并提供关于在"个人如何寻求救济"以及"企业遵守法律要求"方面的信息，同时强调了缔约方之间合作的重要性以确保个人信息在缔约国之间进行转移的安全性。《北美自由贸易协定》进一步强调了数据来源者意愿的重要性，指出未经提交数据者的许可，不得依赖该数据支持产品批准申请，并为此设定相应的期限（见表9-8）。

表9-8   "个人信息隐私保护"条款

协定	条目	内容
TPP	第14.8条：个人信息保护	1. 各缔约方认识到保护电子商务用户个人信息的经济和社会效益，及其对增强消费者对电子商务的信心所发挥的作用 2. 每一缔约方应采取或维持保护电子商务用户个人信息的法律框架。在建立对个人信息保护的法律框架过程中，每一缔约方应考虑相关国际机构的原则和指导方针 3. 各缔约方应努力采取非歧视性做法，保护电子商务用户不受其管辖范围内发生的侵犯个人信息保护行为的影响 4. 每一缔约方应公布其对电子商务用户提供个人信息保护的相关信息，包括：（1）个人如何寻求救济；（2）企业如何符合所有法律要求 5. 认识到缔约方可能采取不同法律形式保护个人信息，每一缔约方应鼓励建立机制以增强不同体制间的兼容性。此类机制可包括对监管结果的认可，无论该认可是自主给予还是通过共同安排，或是通过更广泛的国际框架。缔约方应努力就其管辖区域内应用此类机制的信息开展交流，并探索扩大此类机制或其他合适安排的方法，以增强其之间的兼容性

协定	条目	内容
CPTPP	第 14.8 条：个人信息保护	1. 缔约方承认保护电子商务用户的个人信息所带来的经济和社会效益，以及这对增强消费者对电子商务的信心所作出的贡献 2. 每一缔约方应通过或维持一个法律框架，对电子商务用户的个人信息提供保护。在制定保护个人信息的法律框架时，每个缔约方都应考虑到相关国际机构的原则和准则 3. 各缔约方应努力采取非歧视性做法，保护电子商务用户不受其管辖范围内发生的侵犯个人信息保护行为的影响 4. 每一缔约方应公布其向电子商务用户提供的个人信息保护信息，包括：（1）个人如何寻求补救；（2）企业如何符合所有法律要求 5. 认识到缔约方可能采取不同的法律方法来保护个人信息，每个缔约方都应鼓励建立机制，促进这些不同制度之间的兼容性。这些机制可能包括承认监管结果，无论是自主给予还是通过相互安排给予，或是更广泛的国际框架给予。为此，缔约方应努力就其管辖范围内适用的任何此类机制交换信息，并探讨如何扩大这些或其他适当安排，以促进它们之间的兼容性
USMCA	第 19.8 条：个人信息保护	1. 缔约方认识到保护数字贸易用户的个人信息的经济和社会利益，以及这对增强消费者对数字贸易的信心的贡献 2. 为此，各方应采用或维持一个法律框架，以保护数字贸易用户的个人信息。在制定该法律框架时，各方应考虑相关国际机构的原则和指南，如 APEC 隐私框架和经合组织理事会关于保护隐私和个人数据跨境流动指南的建议（2013 年） 3. 缔约方认识到，根据第 2 款，关键原则包括限制收集、选择、数据质量、目的规范、使用限制、安全保障措施、透明度、个人参与和问责制。缔约方还认识到确保遵守保护个人信息的措施并确保有必要对个人信息的跨境流动进行任何限制并与所带来的风险成比例的重要性 4. 每一缔约方应努力采取非歧视性做法，以保护数字贸易用户免受其管辖范围内发生的违反个人信息保护的侵害 5. 每一当事方应发布有关其为数字交易用户提供的个人信息保护的信息，包括：（1）个人如何寻求补救；（2）企业如何符合所有法律要求 6. 认识到各缔约方可能采取不同的法律方法来保护个人信息，每一缔约方应鼓励建立促进这些不同制度之间兼容性的机制。缔约双方应努力交流有关其管辖范围内适用的机制的信息，并探索扩大这些或其他适当安排的方式，以促进它们之间的兼容性。双方认为，APEC 跨境隐私规则系统是在保护个人信息的同时，促进跨境信息传输的有效机制

协定	条目	内容
RCEP	第12.3.8条：线上个人信息保护	1. 每一缔约方应当采取或维持保证电子商务用户个人信息受到保护的法律框架 2. 在制定保护个人信息的法律框架时，每一缔约方应当考虑相关国际组织或机构的国际标准、原则、指南和准则 3. 每一缔约方应当公布其向电子商务用户提供个人信息保护的相关信息，包括：（1）个人如何寻求救济；（2）企业如何遵守任何法律要求 4. 缔约方应当鼓励法人通过互联网等方式公布其与个人信息保护相关的政策和程序 5. 缔约方应当在可能的范围内合作，以保护从缔约方转移来的个人信息
NAFTA	第17.11条：商业秘密	1. 每一缔约方应规定，对于在本协议生效之日后提交给缔约方的符合第5款的数据，除提交数据的人以外，未经提交数据的人许可，不得在提交数据后的合理时间内依赖这些数据来支持产品批准申请。为此目的，合理期限通常指自该缔约方批准提供该数据的人员批准其产品上市之日起不少于5年，同时考虑到该数据的性质以及该人员为生产该数据所付出的努力和支出。在此规定的前提下，任何缔约方在生物等效性和生物利用度研究的基础上实施此类产品的简化批准程序不应受到限制 2. 如果缔约方依赖于另一缔约方授予的上市批准，则为获得所依赖的批准而提交的数据的合理专属使用期应从所依赖的第一个上市批准之日开始

资料来源：根据经贸规则协定文本整理。

九、网络安全

《区域全面经济伙伴关系协定》《跨太平洋伙伴关系协定》《全面与进步跨太平洋伙伴关系协定》《美国－墨西哥－加拿大协定》等均对负责计算机安全事件应对的各自主管部门的能力建设提出更高要求，并强调了各缔约方应当利用现有合作机制，在网络安全相关事项上展开合作。《美国－墨西哥－加拿大协定》进一步指出，在应对网络安全威胁时，风险导向的方法可能比规定性法规更为有效，因此缔约方应当鼓励企业使用风险导向的方法，这些方法依靠基于共识的标准和风险管理最佳实践案例来识别和防范网络安全风险（见表 9 - 9）。

表 9 - 9　　　　　　　　　　"网络安全"条款

协定	条目	内容
TPP	第 14.16 条：网络安全事项合作	各缔约方识别到下列各项的重要性：（1）负责计算机安全事件应对机构的能力建设；（2）利用现有合作机制，在识别和减少影响缔约方电子网络的恶意侵入，或恶意代码传播方面进行合作
CPTPP	第 14.16 条：网络安全事项合作	缔约方认识到下列各项的重要性：（1）负责计算机安全事件应对的部门的能力建设；（2）利用现有的合作机制以识别和缓解影响缔约方电子网络的恶意入侵或传播恶意代码
USMCA	第 19.15 条：网络安全	1. 缔约方认识到对网络安全的威胁破坏了对数字贸易的信心。因此，缔约方应努力：（1）负责网络安全事件响应的各自实体的能力建设；（2）加强现有的协作机制，进行合作以识别和缓解影响电子网络的恶意入侵或传播恶意代码，并利用这些机制迅速解决网络安全事件，以及共享信息 2. 鉴于网络安全威胁的性质不断发展，各缔约方认识到，在应对这些威胁方面，基于风险的方法可能比规定性法规更为有效。因此，每一缔约方应努力雇用并鼓励其管辖范围内的企业使用基于风险的方法，这些方法依靠基于共识的标准和风险管理最佳实践来识别和防范网络安全风险，响应和恢复来自网络安全事件
RCEP	第 12.2.13 条：网络安全	1. 负责计算机安全事件应对的各自主管部门的能力建设，包括通过交流最佳实践 2. 利用现有合作机制，在与网络安全相关的事项开展合作

资料来源：根据经贸规则协定文本整理。

十、非应邀商业电子信息

非应邀商业电子信息指出于商业或营销目的，通过互联网接入服务提供方，或在缔约方法律法规允许的范围内通过其他电信服务向电子地址发送的电子信息，该发送未经接收人同意或接收人已明确拒绝而仍发出。

《跨大西洋贸易与投资伙伴协议》《区域全面经济伙伴关系协定》《跨太平

洋伙伴关系协定》《全面与进步跨太平洋伙伴关系协定》《美国－墨西哥－加拿大协定》等均对非应邀商业电子信息提出新要求，即要求非应邀商业电子信息提供者为接收人提升阻止接收此类信息的能力提供便利；根据其法律和法规规定，要求获得接收人对于接收商业电子信息的同意；或者将非应邀商业电子信息减少到最低程度。同时，强调缔约方应当努力就非应邀商业电子信息进行监管，在共同关切的适当案件中进行合作（见表9－10）。

表9－10   **"非应邀商业电子信息"条款**

协定	条目	内容
EPA	第8.79条：非应邀商业电子信息	1. 每一缔约方均应采取或维持关于非应邀商业电子信息的以下措施：（1）要求非应邀商业电子信息供应商促进接收方防止持续接收这些信息的能力；（2）按照其法律法规的规定，要求收件人事先同意接收商业电子信息 2. 每一缔约方应确保商业电子信息具有明确的身份，明确披露其代表，并包含必要的信息，使收件人能够在任何时候免费要求停止 3. 每一缔约方均应向未经请求的商业电子信息的供应商提供追索权，这些供应商不遵守根据第1款和第2款采取或维持的措施
TPP	第14.14条：非应邀商业电子信息	1. 每一缔约方应对非应邀商业电子信息采取或维持下列措施：（1）要求非应邀商业电子信息提供方提高接收人阻止继续接收此类信息的能力；（2）依照每一缔约方法律法规规定，要求获得接收人对于接收商业电子信息的同意；（3）将非应邀商业电子信息减少到最低程度 2. 每一缔约方应提供缔约方针对未遵守根据第1款规定采取或维持的措施的非应邀商业电子信息提供方的追索权 3. 缔约方应努力就非应邀商业电子信息监管，在共同关切的适当事件中进行合作
CPTPP	第14.14条：非应邀商业电子信息	1. 每一缔约方均应采取或维持有关未经请求的商业电子信息的措施，这些措施应：（1）要求未经请求的商业电子信息的供应商促进收件人防止持续接收这些信息的能力；（2）按照各方法律法规的规定，要求接收方同意接收商业电子信息；（3）以其他方式规定尽量减少未经请求的商业电子信息 2. 每一缔约方均应向不遵守根据第1款采取或维持的措施的未经请求的商业电子信息供应商提供追索权 3. 双方应努力在相互关心的适当情况下就未经请求的商业电子信息的监管进行合作

续表

协定	条目	内容
USMCA	第 19.13 条：非应邀商业电子信息	1. 每一缔约方应采取或维持规定限制未经请求的商业电子通信的措施 2. 每一当事国应就发送至以下电子邮件地址的未经请求的商业电子通信采取或维持措施：（1）要求不请自来的商业电子消息的提供者，以提高接收者阻止持续接收这些消息的能力；（2）要求获得双方法律和法规所规定的接受者的同意才能接收商业电子消息 3. 每一当事国应努力采取或维持措施，使消费者能够减少或防止发送到电子邮件地址以外的未经请求的商业电子通信 4. 双方应努力在相互关注的适当情况下就未经请求的商业电子通信的规定进行合作
TTIP	第 6.7 条：非应邀的直接营销传播	1. 各方应确保最终用户受到有效保护，免受未经请求的直接营销通信的影响 2. 各方应确保自然人和法人不会向未经事先同意的消费者发送直接营销通知 3. 尽管有第 1 款的规定，各方应允许根据各自法律法规收集消费者在销售产品或服务时的联系方式的自然人和法人，就其自己的类似产品或服务向该消费者发送直接营销通信 4. 各方应确保直接营销通信具有明确的身份，明确披露其代表，并包含必要的信息，使最终用户能够在任何时候免费要求停止
RCEP	第 12.3.9 条：非应邀商业电子信息	1. 每一缔约方应当对非应邀商业电子信息采取或维持下列措施：（1）要求非应邀商业电子信息提供者为接收人提升阻止接收此类信息的能力提供便利；（2）根据其法律和法规规定，要求获得接收人对于接收商业电子信息的同意；（3）将非应邀商业电子信息减少到最低程度 2. 每一缔约方应当针对未遵守根据第 1 款规定而实施措施的非应邀电子信息提供者，提供相关追索权 3. 缔约方应当努力就非应邀商业电子信息的监管，在共同关切的适当案件中进行合作

资料来源：根据经贸规则协定文本整理。

十一、无纸化贸易

《区域全面经济伙伴关系协定》《跨太平洋伙伴关系协定》《全面与进

步跨太平洋伙伴关系协定》《美国－墨西哥－加拿大协定》等均致力于推动以电子形式提交的贸易管理文件与纸质版贸易管理文件具有同等的法律效力，同时极力促使电子形式的贸易管理文件可公开获得。《区域全面经济伙伴关系协定》进一步指出，缔约方应当在国际层面开展合作，以增强对贸易管理文件电子版本的接受度（见表 9－11）。

表 9－11　　　　　　　　　　　　"无纸化贸易" 条款

协定	条目	内容
TPP	第 14.9 条：无纸贸易	每一缔约方应努力做到：（1）将贸易管理文件以电子方式向公众提供；（2）接受以电子方式递交的贸易管理文件与此类文件的纸质版具有同等法律效力
CPTPP	第 14.9 条：无纸贸易	各缔约方应努力做到：（1）以电子形式向公众提供贸易管理文件；（2）接受以电子方式提交的贸易管理文件作为这些文件纸质版的法律等价物
USMCA	第 19.9 条：无纸贸易	每一缔约方应努力接受以电子方式提交的贸易管理文件作为该文件纸本版本的法律等效文件
RCEP	第 12.2.5 条：无纸贸易	1. 努力接受以电子形式提交的贸易管理文件与纸质版贸易管理文件具有同等法律效力 2. 努力使电子形式的贸易管理文件可公开获得 3. 缔约方应当在国际层面开展合作，以增强对贸易管理文件电子版本的接受度

资料来源：根据经贸规则协定文本整理。

综上所述，"互联网＋外贸" 全球经贸规则由欧美等发达经济体主导，"美式" 规则更加强调信息和数据的自由化，重视对知识产权以及用户隐私的保护，强调营造公平开放的数字贸易环境，代表性经济体为美国、日本以及加拿大，主要议题包含电子传输免关税、数字产品非歧视性待遇、跨境数据流动、计算设施的位置、源代码等方面，而 "欧式" 规则更加强调数据的安全性，更倾向于在数字服务提供商有效监管下的数字贸易自由化，代表经济体为欧盟，核心议题包含电子传输免关税、电子认证、电子签名、在线消费者保护、源代码、个人信息保护、非应邀商业电子信息；"中式" 规则更加强调数字主权的治理模式，代表性经济体有中国、俄罗斯、韩国等，主要议题包含无纸化贸易、电子认证和电子签名、在线消费者保护、个人信息保护、非应邀商业电子信息和网络安全。

第三节 对标"互联网＋外贸"国际
经贸规则的差距分析

对标全球数字贸易规则，掌握国际数字贸易规则的制定权、话语权，构建符合我国发展利益并能够与其他各国实现共赢的数字规则"中国方案"，对实现我国贸易高质量发展，建设更高水平开放型经济体系具有重要战略意义。但与欧美等经济体相比，我国在数字贸易领域仍存在较大差距。

一、ICT 产品出口规模大，但占服务贸易总额比重低

联合国商品贸易数据库显示，2021 年中国的 ICT 产品出口额达 769.92 亿美元，在 G20 成员国中位居第 3 位，但与排名第 1 的爱尔兰（1976.88 亿美元）仍有较大差距；2021 年中国的 ICT 产品出口额占服务贸易总额比重为 19.63%，在 G20 成员国中位居第 11 位，与排名第 1 的爱尔兰（58.53%）差距较大，这表明虽然中国 ICT 产品出口规模较大，但其占服务贸易的比重却较低，未来中国服务贸易结构有待向数字产品进一步优化。

二、数字交付贸易额偏低，与欧美等经济体差距较大

联合国商品贸易数据库显示，2021 年中国数字交付贸易额占全球比重仅为 5.11%，在 G20 成员国中排名第 5 位，但与美国（16.08%）、英国（9.27%）等欧美经济体仍有较大差距，当前欧美等经济体在数字经济领域占据着主导地位，中国在数字交付贸易领域有较大差距，上升空间较大。

三、中国网络安全指数偏低

网络安全是实现互联网健康发展的重要前提。2020年《全球网络安全指数报告》显示，中国网络安全指数为92.53，位居全球第33名，这表明中国的网络安全环境仍有较大的改善空间。

四、中国数字贸易规则覆盖面有待进一步扩展

与全球最高标准数字贸易规则相比，中国所签订的贸易协定已涵盖多数议题，但议题多集中于跨境电子商务便利化领域，并未涉及开放网络、网络访问和使用、源代码、互动电脑服务、政府数据开放、使用加密技术的信息和通信技术产品、税收（涉及税务公约）等方面（见表9-12），可能原因是中国的数字贸易规则起步时间较晚，关于电子商务的内容并不多，需要一定的时间研究和吸收能够反映数字技术等内容的新条款，并且目前中国对制度型开放仍持有相对审慎的态度，对涉及国家安全、知识产权转移方面的话题如源代码、使用加密技术的信息和通信技术产品、政府数据开放等持保留态度。

表9-12   数字贸易规则议题对比

议题	中国参与数字贸易协定	现行数字贸易协定最高标准	议题	中国参与数字贸易协定	现行数字贸易协定最高标准
电子传输免关税	✓	✓	线上消费者保护	✓	✓
国内电子交易监管框架	✓	✓	无纸贸易	✓	✓
跨境数据流动	✓	✓	互动电脑服务	✗	✓
数字产品的非歧视性待遇	✓	✓	争端解决	✓	✓

续表

议题	中国参与数字贸易协定	现行数字贸易协定最高标准	议题	中国参与数字贸易协定	现行数字贸易协定最高标准
计算设施的位置	✓	✓	电子认证和电子签名	✓	✓
个人信息保护	✓	✓	税收（涉及税务公约）	✕	✓
网络安全	✓	✓	使用加密技术的信息和通信技术产品	✕	✓
源代码	✕	✓	非应邀商业电子信息	✓	✓
政府数据开放	✕	✓	开放网络、网络访问和使用	✕	✓

资料来源：根据经贸规则协定文本整理。

第四节 对标"互联网＋外贸"国际经贸规则的影响分析

一、对标国际高标准数字贸易规则将推动我国数字贸易蓬勃发展

以互联网应用为标志的全球经济数字化，有效推动了各国数字贸易的蓬勃发展。虽然中国数字贸易短期内实现升级换代得益于"互联网＋"产业政策走向与传统产业融合发展，但是数字贸易的治理仍依靠传统贸易监管和电信市场监管框架，并没有形成一套完整的、专门调节数字贸易问题的监管制度。数字贸易市场公平竞争不充分，数字贸易规制的相关法律规则与国外规则的脱轨，政府在市场规制中的理念定位不准等一系列问题不利于为数字贸易发展营造更好的市场环境。对处于数字化转型中的中国来

说，对标国际高水平数字贸易规则，将为数字贸易多方主体创造更有效率的交易环境和公平有序的市场秩序来提高数字贸易资源配置效率，促进我国数字贸易的蓬勃发展。以 RCEP、CPTPP 等为代表的高标准区域自由贸易协定中关于数字贸易规则的条款更加注重数字贸易便利化、无纸化贸易、数字关税等传统议题，也拓宽了数据安全与网络安全等方面的新兴议题，如数据跨境流动、个人隐私保护、网络安全等。通过对标高标准数字贸易规则，不仅能帮助中国企业更好地适应国际规则，顺应国内与国外监管的需要，加快企业数字化转型，也能降低企业在数字化经营中的违规风险，减少经营成本，促进我国企业数字贸易的出口增长。

二、对标国际高标准数字贸易规则将提升我国制度性规则话语权

中国在数据跨境流动、数据分级分类、个人隐私数据保护、政府数据开放、数字服务市场准入、数字服务税等相关领域尚未形成成熟系统的制度安排，导致在规则谈判中往往处于不利地位。通过对标高水平数字贸易规则，可以加强与世界各经济体的联系，对接国际通行规则，在发展中发挥自身优势并提出符合自身经济发展诉求的数字贸易规则，促进有效的制度创新；在制度竞争中不断保持开放学习，持续有效地提供制度供给，促成国内制度向国际制度转变，塑造有利于自身的全球经济治理制度，同时积极参与到数字贸易规则的制定当中去，提供更加包容普惠、有效治理、公平正义的制度，在国内国际制度互动中提高中国的全球经济治理制度性话语权，促进中国经济持续健康发展。

三、高标准数字贸易规则体系会对我国未来国际竞争力提出挑战

全球数字贸易规则体系的日趋完善，为降低交易成本、推动全球数字

贸易发展、释放数字技术变革红利作出了贡献。但是，由于我国目前在参与水平和制度准备上都尚显不足，被边缘化的风险不断加大，可能导致我国在未来的国际竞争当中处于不利地位。

规则博弈实质上是大国博弈的重中之重，赢得数字规则制定的主动权就是赢得未来国际竞争的主导权。由于中国的数字贸易起步较晚，很多数字产业还处在萌芽阶段，相对于欧美成熟的数字贸易规则，中国的数字贸易法规仍在探索阶段。因而，中国在参与国际数字贸易规则的博弈中并不占优势。此外，欧美发达经济体视数字贸易为"数字新冷战"前沿，试图通过区域数字贸易协定将中国排除在外，减小中国在区域内的影响力。例如，欧美发达经济体在多边层面，会利用 WTO、APEC 等多边或区域平台制定不利于中国的规则标准。还有建议从技术标准和规则角度加大对中国企业的压制，将反对数据本地化、支持企业采取加密技术等条款扩展到美国与其他经济体商签的贸易协议，进而影响国际数字贸易规则，制约中国数字企业的生产效率。中国在数字贸易规则构建中面临被边缘化的风险，这将大大削弱我国在未来国际竞争力中所占的优势。

第五节　本章小结

本章首先通过经贸规则文本系统梳理了诸如数字税、数字产品非歧视性待遇、跨境数据自由流动、源代码、电子认证和电子签名、在线消费者保护、个人信息保护、网络安全、非应邀商业电子信息、无纸化贸易等数字贸易规则，总结全球数字贸易规则新趋势新变化。研究发现：全球主要经济体（欧盟、美国、日本和中国）在数字贸易规则上存在不同立场；美国旨在促进数字产品的国际流通，倡导数字贸易自由化；欧盟高度重视个人信息和数据隐私保护；日本与美国的立场相似，但更重视对发展中经济体的技术援助；中国数字贸易规则话语权和制定权亟待提高，中国对数据本地化、数据要素流动和电信服务市场准入作了比较严格的规定限制。其次，本章研究了中国对标全球数字贸易规则的差距，研究发现：中国 ICT 产品出口规模大，但占服务贸易总额比重低；中国数字交付贸易额偏低，与欧美等经济体差距较大；中国网络安全指数偏低；中国数字贸易规则覆盖面有待进一步扩展。最后，本章研究了中国对标数字贸易国际经贸规则的影响，发现对标国际高水平数字贸易规则将推动我国数字贸易蓬勃发展，提高我国制度性规则话语权，同时也对我国未来国际竞争力提出严峻挑战。

第十章

中国"互联网＋外贸"的实施路径研究

第一节　科学合理做好"互联网＋外贸"顶层设计

一、以数字化改革为主要手段，加快实现"互联网＋外贸"政策实施部门的大协同

数字化改革是一场重塑性的制度革命，推动生产方式、生活方式、治理方式发生基础性、全局性和根本性的改变，有助于提高政府内不同组织部门之间，政府、银行、企业、高校之间的信息对称性。"互联网＋外贸"相关政策涉及的政府部门颇多，中央政府和地方政府需要加快成立由商务、发改、经信、科技、财政、金融、海关、运输、市场监管等部门组成的"互联网＋外贸"领导小组，利用数字化改革手段统一协调"互联网＋外贸"各项规则、政策和制度，设立"互联网＋外贸"网站，建立实时动态的互联网综合发展水平指标体系和评估机制，打造并利用好"一体化智能化公共数据平台"，克服政府系统内部的数字鸿沟，全面建成"数字政府升级版"，加快实现"互联网＋外贸"政策实施部门的大协同。

二、对标 RCEP 中电子商务的高标准条款

《区域全面经济伙伴关系协定》（RCEP）作为覆盖全球最广泛人口、拥有最庞大经济体量且发展潜力巨大的区域贸易合作平台，旨在共同建立一个现代、全面、高质量的经贸伙伴关系合作框架。我国要充分利用好 RCEP 平台，努力对标涉及 RCEP 电子商务、数字贸易和"互联网＋外贸"的高标准条款：一是对标"零关税"规则，利用互联网平台，构建"数据整合＋精准剖析"商品分类的产业预警体系；二是对标原产地规则，通过"产业大脑"建立产品基本信息和价值链工序数据库，指导企业切实用好原产地区域累积规则；三是构建产业链现代化体系，开展互联网行业领军企业培育行动，增加"链主型"企业、贸易龙头企业和互联网高能级贸易主体；四是探索服务贸易开放和服务贸易"分类监管、协同监管、智能监管"模式。

三、在发达城市率先建立"互联网＋外贸"创新示范区和高水平开放合作示范区

我国具有区域发展不平衡不充分特征，以北京、上海、广东等为代表的发达城市拥有坚实的外贸基础、发达的互联网平台以及优越的营商环境，"互联网＋外贸"发展走在全国前列。我国应在北京、上海、广州等发达城市率先建立"互联网＋外贸"创新示范区，强化创新驱动发展，并优先在市场准入、跨境数据流动、金融保险等方面试行，培育创新发展的国际贸易聚集地，打造数字贸易龙头企业、高素质人才聚集地，加快将"互联网＋外贸"制度创新经验复制推广至全国各地。同时，设立"互联网＋外贸"高水平开放合作示范区，以开放促改革，主动参与和对接高水平的国际经贸规则，加强我国在规则、管理、标准等方面的建设，实现"互联网＋外贸"全流程标准化、规范化、高效化。

325

第二节　加快发展外贸新业态新模式，推动外向型经济高质量发展

一、加快跨境电子商务综合试验区建设，拓展国际经贸合作新空间

发展跨境电子商务是促进外贸提质增效、深化改革开放的重要举措，在培育外贸竞争新优势方面具有巨大潜力。中国应抓住跨境电商发展的重要机遇，持续深化跨境电商改革，扩大综合试验区的试点范围，充分发挥跨境电商的创新动能。一是要完善跨境电商发展支持政策。政府应优化跨境电商的市场整合机制，打破原有的区域分割和市场壁垒，提高线上平台与线下市场、国内市场与国际市场的整合程度，提升跨境电商的资源配置效率和出口产品质量。二是要推广"跨境电商＋产业带"的发展模式，利用各区域的产业特色和资源条件，促进具有特色的商品有效进军国际市场。三是要优化跨境电商服务平台功能，促进海外仓企业与线上综合服务平台之间的有效衔接，力争集通关、税收、金融、境外仓储功能于一体，实现"一点接入、一站式"综合服务。四是要拓展电子商务国际合作新空间，在"一带一路"倡议框架下积极打造"丝路电商"合作先行区，充分发挥我国在电子商务技术创新和市场体量等方面的优势，积极开展与合作伙伴在电子商务方面的合作往来，助推共建国家数字经济发展。

二、鼓励企业加快境外仓储建设，打造辐射全球的海外仓服务网络

海外仓作为新型外贸基础设施，不仅是跨境电子商务的关键枢纽，也是推进贸易增量和提升外贸发展质量的重要平台。建议从以下四方面加快

海外仓高质量发展,推动外贸稳中提质。一是要支持传统出口企业、跨境电商和物流公司等在境外投资建立高标准的海外仓,同时鼓励企业加大数字技术应用,通过数字化与智能化手段提高海外仓的运营效率,从而提升市场竞争实力。二是要提供多元化仓储服务,要利用互联网平台定时追踪客户个性化和多样化的需求,通过建设分布式公共海外仓供应链体系,避免重复建设和同质化竞争。三是要充分发挥行业协会或侨联等作用,为企业提供资金、技术、人脉等方面资源,帮助企业海外仓更好地融入境外流通体系,构建起高效率、低成本和抗风险的优质仓储管理体系,提升企业海外仓功能绩效。四是要推动企业加快重点市场海外仓布局,完善全球服务网络,形成辐射"一带一路"、面向全球的海外仓网络体系,建立中国品牌的运输销售渠道,带动国内本土品牌走向国际市场。

三、支持市场采购贸易快速发展,助力中小微外贸企业"扬帆出海"

市场采购贸易方式作为一种面向专业市场的创新出口模式,具有低门槛、通关快、便利化、低成本等优势,是有效激发中小企业外贸活力、拓展外贸增长空间的外贸新业态。激发市场采购贸易方式发挥更多潜能,建议做好以下三方面。一是要积极推进市场采购贸易方式试点,引导各试点区域因地制宜探索创新,支持本土特色品牌和优势产品借助市场采购渠道出口境外,推动发展呈现多样化和特色化。二是要优化市场采购贸易方式的政策框架,简化贸易出口流程,创新监管模式,优化产品通关流程,实现出口企业降本增效。三是要充分发挥税收政策对市场采购贸易的支持作用,给予中小微企业更多的税收减免优惠,吸纳更多内贸主体开展外贸,积极开拓国际市场。

四、加快培育外贸综合服务企业,赋能传统外贸高质量发展

外贸综合服务平台作为链接企业、政府、市场的核心环节,具有平台

化、网络化、规模化等优势，是各主体汇聚的中心地带，可以有效整合外贸活动的各方面资源，助力传统外贸转型发展。继续扩大外贸综合服务企业的扶持力度，可从以下三方面着手。一是要创新管理监督和服务体系，实行差异化分级管理，对符合相应条件的外贸综合服务企业在海关授信评级、出口退税、外汇收支和多险种互助支援等相关配套政策上提供便利，同时进一步加强外贸综合服务平台与其他金融机构、物流服务平台的协同工作，拓展外贸综合服务企业延伸配套服务能力。二是亟须提高外贸综合服务企业的数字化、智能化水平，将大数据、人工智能、云计算等数字技术引入外贸活动，力求将外贸服务由传统的机械式、程序化、粗放式转型为智能化、数字化、精细化发展，搭建智慧型外贸综合服务平台，为传统外贸活动赋能。三是要鼓励现有的外贸综合服务平台主动对接外贸企业、积极发挥贸易促进作用，并充分动用行业组织、官方机构等多方资源合力打造外贸服务的供应链体系，为企业提供科学有效的帮助。

五、提升保税维修业务发展水平，促进产业结构优化升级

发展保税维修业务既是促进传统加工贸易转型升级的一大举措，也是延长产业链、促进产业转型升级的支点和载体。提升保税维修业务发展水平，首先要培育壮大保税维修企业主体，聚焦数控机床、工程机械、集成电路、关键基础件等关键产业领域，深入挖掘企业潜在业务需求，支持企业在自由贸易区内进行符合生态环保标准的高技术含量、高增值的保税维修活动。其次要加快建设创新研发与孵化平台，鼓励优势企业在综保区、自贸区内建设产业创新中心，联合境内外企业、高校院所在区内建设新型研发机构，开展重点产业关键共性技术研发，提升产业核心竞争力。再其次要完善公共服务平台建设。依托综保区、自贸区等区域内的服务机构、龙头企业或产业联盟等，搭建产品设计、检测维修、技术研发、认证及注册服务、产品可追溯体系、展示交易、信息物流、知识产权等公共服务平台，为保税维修企业提供呈现集成化、全

链条的服务支持。最后要加强对保税维修的海关税收监管,严格对照维修产品目录及相关规章制度执行,确保保税维修活动合法、规范运行。探索建立"正面清单＋负面清单"制度,努力推进并优化跨部门的整体流程联合监管平台建设,实现信息资源的共建共用,提升监管效率,推动保税维修模式蓬勃发展。

六、大力发展新型离岸贸易,提高国际循环质量水平

离岸贸易发展是全球贸易分工细化的趋势和结果,大幅降低了传统贸易成本和风险,成为我国外贸的新增长点。稳步推进离岸贸易,要做好以下三方面的工作。一是要丰富新型离岸贸易金融服务产品体系,提供场景化结算或融资服务,促进跨境结算便利化和融资便利化。银行应积极探索制定标准化的离岸贸易跨境资金结算流程,为企业提供离岸贸易融资便利和跨境结算便利。二是要鼓励世界各地资本来中国注册,落实税收优惠政策,对于从事离岸贸易业务的企业,可减征公司所得税、免征印花税、增值税、利息税、资本利得税等,以吸引各类服务机构入驻,尤其是支持跨国公司在中国设立企业总部,支持离岸贸易总部企业发展,发挥总部经济效应。三是要加强离岸数据平台开发和系统对接,利用科技手段提升离岸贸易的监管能力,通过大数据、区块链技术总体建立灵活精准的合议审核机制,充分运用信息技术完善监管路径。

第三节 高质量夯实数字"新基建",全力打造 高效现代交通物流体系

一、加快搭建以新一代信息技术为支撑的国际大通道

互联网平台是"互联网＋外贸"发展的重要保障,新一代信息技术

涵盖了诸如云技术、万物互联、链块技术、第五代移动通信基站、海量数据分析、智能技术等领域，必须加快大数据中心、5G 基站和人工智能基地等新基建建设，以新基建助力海上、陆上、空中、网上"四位一体"国际大通道提能升级，积极探索互联网平台建设出口赋能的多维路径，聚焦关键通道、关键城市、关键项目，联结陆上公路、铁路道路网络和海上港口网络，建设现代物流枢纽，着力提升海上通道的综合竞争力、空中通道的服务能力、陆上通道的运营质量以及信息通道的领先优势，实现互联互通、联动发展，最大限度挖掘我国的进出口潜力、促进经济快速发展。

二、打造海关"单一窗口"升级版，加快建设"智慧港口"

建设国际贸易"单一窗口"是国际上促进贸易便利化、改善口岸营商环境的重要举措。海量数据和信息的跨境流动要求海关基础设施的现代化与标准化，推进国际贸易的"单一窗口"优化升级。打造海关"单一窗口"升级版，要做好以下三方面的工作：一是要加快开发贸易网络系统支撑多部门"一站式"服务模式，简化申报手续，利用数字平台采用一次性登记原则，全面取消或降低各类合规成本。二是要推进信息通信技术融合应用。推进港口和航道基础设施与 AR、AI、5G、区块链等先进技术的融合应用，实现海关"智能监管"，实现对低风险货物、物品、人员、运输工具自动快速放行，对可疑对象或高风险通关产品进行智能追踪。三是要加强境内外的海关部门合作，在各地开展海事法院试点，营造稳定、公平、透明、可预期的口岸营商环境，为港口和航道的生产运营管理服务提供安全高效的制度支撑。

三、以数字化技术为准绳，构建现代化物流体系

现代物流是提升价值链、打造供应链的重要支撑，在构建现代流通体

系、增强经济发展韧性中发挥着先导性、基础性、战略性作用。一方面，要加快优化我国的物流网络区域布局，以数字化技术为准绳，支持港口运输、境内运输、多式联运、跨境运输、仓配一体，制定物流系统内部设施、机械装备等各类作业标准及物流信息标准，实现物流链、信息链和供应链的协同创新。另一方面，要加大对互联网基础设施的建设力度，强化互联网信息技术对现代化物流的技术支持，利用大数据、人工智能、云计算、区块链等先进技术实时跟踪物流信息，优化仓库储位与商品布局，确保仓储体系与配送机制的流畅对接，大幅提升国家物流枢纽组织效率和综合服务能力，强化物流网络规模经济效益。此外，要围绕国家战略，以共建"一带一路"和南向通道为重点，加强与周边国家基础设施互联互通，打造内陆物流大通道沿线物流基础设施支撑和服务能力，推动内陆物流枢纽连接全球。

四、以数据监管安全化为核心，打造安全高效的金融体系

金融是现代经济的核心，是实体经济的血脉，同时也是"互联网＋外贸"的新基建。首先，我国需要加快推进大数据、互联网、人工智能等数字技术发展和多功能数字金融平台建设，提高金融服务的覆盖面，完善多层次的数字金融产品和服务，推动金融科技与外贸活动深度融合，加快对金融产品和服务创新，丰富更具竞争力的融资工具，为外贸企业提供更加便利和高效的融资服务。其次，需要格外重视完善金融监管系统，防范系统性金融风险，这就需要加快开通中央级、省级、市级、县级四级综合监管平台，全面实施分行业监管方案，构建以金融风险、货物贸易风险、服务贸易风险、投资风险为核心内容，以综合监管为基础、专业监管为支撑的事前事中事后监管体系，全力打造安全高效的金融体系。

第四节　发挥数字创新要素和数字创新环境的协同效应，加快构建高水平科技自立自强的数字创新体系

一、提高数字创新要素投入，培育高质量数字人才

当前我国的研发投入强度与发达国家存在明显差距，我国需要进一步提高研发投入强度，提高创新成果转化率。鼓励高校、研究院申报"互联网＋外贸"相关的国家自然科学基金重大攻关项目，提高共性技术、前瞻技术和战略性技术的研究，完善产学研用的创新体制机制，建立一批"互联网＋外贸"专项国家重点实验室、产业协同园区和产业技术创新战略联盟，开展校企合作研究，优化政府、高校、企业的利润分配机制，鼓励高等院校引进跨境电子商务专业，对高端领军人才如院士、国家千人计划实行15%的所得税优惠政策（超过15%部分由各级政府财政人才基金补贴），构建以创新能力、业绩、贡献为重点的人才评价体系和薪酬分配制度，向"互联网＋外贸"高层次人才提供住房、就医、就学等方面的人才配套服务，提供完善的人才保障措施。

二、加强知识产权保护力度，充分发挥数字创新要素和数字创新环境的协同效应

知识产权保护作为制度环境，是提高数字创新要素配置能力的重要保障。一是要注重营造优良的创新环境，完善和加强相关领域的知识产权保护立法，加快支持在互联网产业等重点行业加强知识产权的创造、规划和布局，设立区域知识产权法院，保障外贸公司的核心技术和数据资产安全，提高竞争者模仿创新的成本，维护创新主体的权益，推动外贸企业出口高质量转型。二是加强自主品牌培育，激励及促进出口导向型的企业申

请国际商标,在主要出口地至少拥有 1 件注册商标,加强对拥有自主商标品牌企业的指导,实现创新成果向自主商标品牌的转化,提高出口产品竞争力。三是要加强对外贸企业的知识产权信息服务,为受到境外知识产权诉讼与纠纷的企业提供法律援助,维护企业在国际竞争中的正当权益,提升企业应对知识产权摩擦的能力。

三、扩大国际科技交流合作,促进数字贸易开放创新发展

国际科技合作是实现外贸高质量发展、提升企业创新能力的必由之路。要以打造数字贸易示范区为契机,探索建设数字贸易开放创新路径,助推数字贸易国际合作与竞争力的提升。一是要整合全球创新要素资源,鼓励建设国际离岸创新创业先行区、国际科技合作试验区等,支持具有国际知名度和较强创新能力的数字贸易领军企业落户中国,打造国际贸易开放创新先行示范区。二是加快创新成果落地转化,充分发挥互联网技术创新对贸易发展的助推作用。鼓励外贸企业加大研发投入和科技创新力度,加强与高校和科研机构的合作,提高企业创新能力和竞争力。三是要完善区域间创新要素的互动机制,凝聚多方力量,充分发挥各方部门的职能作用。发挥行业协会和部门功能的桥梁职能,支持引导产业、科研领域及科技团体与全球资源的有效对接,搭建多元化国际科技合作网络,深化实质性国际科技交流合作,拓展科技合作广度。

第五节 高水平推动制度型开放,全面建设贸易强国

一、战略对接高标准国际经贸规则,稳步推进我国高水平对外开放

全球经贸规则呈现出全方位、多维度、高水平的新趋势,对国内知识

产权、政府透明度和效率、营商环境、产业补贴等方面提出了高标准和新要求。中国必须加快国内体系与国际体系的融合，推进国家治理体系和治理能力现代化，为高水平对外开放赋能。一是允许长三角、粤港澳大湾区、京津冀地区加快与全球市场规则接轨，利用全球市场规则体系，强化城市群一体化体系，促进生产要素高效流动和制度开放，总结一批国际领先的制度经验，推广至全国各地区。二是对标 CPTPP、RCEP 等全球最高标准自贸协定规则，在此基础上加快构建更高标准的开放体系，提升中国在全球经贸治理中的话语权和规则制定权。三是加快将自贸试验区作为制度创新试验田，明确各自贸试验区功能属性，围绕重点领域开展差别化、深层次的改革探索，推动高水平制度创新成果落地，更好地发挥示范引领作用。

二、提升和完善国内制度供给，促进中国标准从"引进来"向"走出去"转变

现行国际制度框架难以满足全球化的发展和全球经济治理需求，中国亟须加强与国际通行规则的对接，提供有效的国际制度供给，推进国内制度化的规制转变为国际通行的规则标准。一方面，密切跟踪国际经贸规则的演进新趋势，以对标高标准经贸规则为目标导向倒逼国内制度改革，逐步缩小差距，针对高标准国际区域贸易协定中的技术合作、环境建设、竞争中性和中小企业等新议题，结合自身实际需求，不断调整国内规则标准。另一方面，利用多边渠道推广国内制度，提升国内制度影响力。依托"一带一路"平台，积极促进多边合作机制化建设，加强政策、规则、标准联通，将国内规则先行扩散到共建"一带一路"国家和地区，推广中国治理经验，为全球提供国际公共产品，提升我国在全球经济治理中的影响力和话语权。

三、推进国内外制度协同化发展，加强规制开放和国际合作

新一轮国际经贸规则重构背景下，中国应把握国际规制合作发展趋

势，参与国际规制开放。一是要依托"一带一路"、RCEP 等多边机制积极开展国际合作，参与国际规则制定，对照全球通行的先进规则，推动中国规则、标准和管理走向世界，实现国内外制度协同化推进。二是要推动中国的自贸试验区主动与国际自由贸易区接轨，并逐步向国际高标准的"三零"贸易区迈进，进一步削减关税，简化海关通关流程，推行货物贸易、服务贸易和国际直接投资的"单一窗口"升级版，进一步缩减服务贸易负面清单、实行外资准入负面清单与准入前国民待遇，坚决抵制"准入不准营"现象，通过法治化、市场化手段，打造国际一流营商环境，高水平推动制度型开放。三是加强国际规制开放与合作，中国要瞄准国际规制合作的演变特征和发展趋势，形成高水平对外开放的经济新体制。对接现行高标准国际规制，深化国内市场规制改革、对接和融入，为商品、服务和要素跨境交易创造有利条件。

四、加快全国统一大市场建设，推进国内制度一体化

加快建设全国统一大市场，促进国内国际市场高效联动。一是要完善统一的市场制度规则和高质量的市场基础设施，打破不合理的区域市场壁垒，实现商品、服务和要素自由流动，降低交易成本、提高资源配置效率。二是在"一带一路"框架下，以自贸试验区、贸易港建设为开放窗口，打造对内、对外开放协同发展的多元化国际合作新局面，依托京津冀、长三角、珠三角、粤港澳大湾区等国家战略平台，加快形成陆海内外联动、东西双向互济的开放格局。三是要加强市场监管，加快立法和司法体制改革，维护市场良好秩序，避免不正当竞争行为。同时要优化政府服务供给，构建服务型政府，提升政府治理效能，减少政府对市场的过度干预。

参考文献

[1] 蔡俊芳，黄耕．跨境电商物流发展模式研究［J］．商业经济研究，2017（14）：86－88．

[2] 曹先荣．不确定环境下跨境电商海外仓多目标选址模型研究［D］．合肥：合肥工业大学，2019．

[3] 陈汇才．基于外贸新业态培育促进潍坊市外贸转型升级研究［J］．潍坊学院学报，2023，23（3）：64－68．

[4] 陈梦南，杨斌，朱小林．出口跨境电商海外仓选址双目标优化［J］．上海海事大学学报，2017，38（2）：33－38，81．

[5] 陈希，彭羽，沈玉良．贸易中间商培育与我国外贸发展方式的转变［J］．国际贸易，2011（2）：10－13．

[6] 陈希，彭羽，沈玉良．外汇管制政策调整对离岸贸易的影响——基于上海自贸区企业层面数据的实证分析［J］．华东经济管理，2017，31（3）：13－20．

[7] 崔凡，李淼，吴嵩博．论中国自由贸易港的战略意义与功能定位［J］．国际贸易，2018（4）：13－15．

[8] 崔凡．全球三大自由贸易港的发展经验及其启示［J］．人民论坛·学术前沿，2019（22）：48－53，158．

[9] 崔卫杰．以更大力度的改革开放推动形成双循环新发展格局［N］．中国经济时报，2020－08－13（04）．

[10] 戴美虹．互联网技术与出口企业创新活动——基于企业内资源重置视角［J］．统计研究，2019，36（11）：62－75．

[11] 戴翔，马皓巍．数字化转型、出口增长与低加成率陷阱［J］．中国工业经济，2023（5）：61－79．

[12] 丁晓龙．外贸综合服务企业发展引领"互联网＋大外贸"新模式［J］．北方经济，2016（5）：38－39．

[13] 丁洋洋，成黎明．商业银行支持外贸新业态新模式发展的实践与对策［J］．金融纵横，2022（1）：89－94．

［14］杜传忠，管海锋．数字经济与我国制造业出口技术复杂度——基于中介效应与门槛效应的检验［J］．南方经济，2021（12）：1-20.

［15］段颀，史宇鹏．互联网与国际贸易研究新进展［J］．经济学动态，2022（7）：145-160.

［16］方福前，田鸽，张勋．数字基础设施与代际收入向上流动性——基于"宽带中国"战略的准自然实验［J］．经济研究，2023，58（5）：79-97.

［17］方琦平．上海"保税维修"业务发展及促进策略思考［J］．中国设备工程，2019（5）：25-27.

［18］方卫星，王宇翔，武雯．银行服务外贸新业态新模式［J］．中国金融，2022（9）：58-60.

［19］龚逸能．对提高市场采购出口商品检验监管实效的实践与思考［J］．中国检验检疫，2012（12）：23-24.

［20］顾国达，周咪咪，郭爱美．互联网、产品差异化与企业出口定价［J］．国际贸易问题，2023（2）：57-73.

［21］郭家堂，骆品亮．互联网对中国全要素生产率有促进作用吗？［J］．管理世界，2016（10）：34-49.

［22］郭永泉．中国外贸新业态税收制度研究——基于跨境电商、市场采购和外综服［J］．税收经济研究，2020，25（1）：1-11.

［23］韩宝国，朱平芳．宽带对中国经济增长影响的实证分析［J］．统计研究，2014，31（10）：49-54.

［24］韩剑，王灿．自由贸易协定与全球价值链嵌入：对FTA深度作用的考察［J］．国际贸易问题，2019（2）：54-67.

［25］韩剑，许亚云．RCEP及亚太区域贸易协定整合——基于协定文本的量化研究［J］．中国工业经济，2021（7）：81-99.

［26］韩先锋，宋文飞，李勃昕．互联网能成为中国区域创新效率提升的新动能吗？［J］．中国工业经济，2019（7）：119-136.

［27］何勇，陈新光．互联网影响国际贸易的理论与实证研究［J］．经济经纬，2015，32（4）：54-60.

［28］胡浩然，宋颜群．跨境电商试验区设立与企业风险承担［J］．中南财经政法大学学报，2022（4）：16-28，53.

［29］胡小娟，陈欣．技术创新模式对中国制造业出口贸易影响的实证研究［J］．国际经贸探索，2017，33（1）：47-59.

[30] 胡馨月，宋学印，陈晓华．不确定性、互联网与出口持续时间［J］．国际贸易问题，2021（4）：62-77.

[31] 胡玉真，李倩倩，江山．跨境电商企业海外仓选址多目标优化研究［J］．中国管理科学，2022，30（7）：201-209.

[32] 黄勃，李海彤，刘俊岐，等．数字技术创新与中国企业高质量发展——来自企业数字专利的证据［J］．经济研究，2023，58（3）：97-115.

[33] 黄春燕．外贸综合服务企业出口退税风控体系的建立［J］．当代会计，2019（2）：125-126.

[34] 黄瑾．出口跨境电商海外仓选址研究［D］．成都：西南交通大学，2020.

[35] 黄群慧，余泳泽，张松林．互联网发展与制造业生产率提升：内在机制与中国经验［J］．中国工业经济，2019（8）：5-23.

[36] 黄先海，虞柳明，崔雪．长三角共同富裕新实践：跨境电商综试区建设对城乡收入差距的影响［J］．浙江社会科学，2022（11）：20-31，155-156.

[37] 黄艺．义乌市场采购出口商品检验监管模式创新研究［J］．现代商贸工业，2010，22（6）：95-97.

[38] 纪玉山．网络经济的崛起：经济学面临的新挑战［J］．经济学动态，1998（5）：3-8.

[39] 季湘红，魏涛涛，阮卓婧．外贸综合服务企业出口模式比较探析［J］．国际商务财会，2015（12）：13-17.

[40] 江小涓，靳景．数字技术提升经济效率：服务分工、产业协同和数实孪生［J］．管理世界，2022，38（12）：9-26.

[41] 江小涓．我国出口商品结构的决定因素和变化趋势［J］．经济研究，2007（5）：4-16.

[42] 蒋莎．基于粒子群算法的海外仓选址优化模型研究［D］．重庆：重庆师范大学，2019.

[43] 揭昊．市场采购贸易方式试点研究［J］．管理现代化，2021，41（2）：87-91.

[44] 金成，戴翔．互联网与服务贸易增长效应：来自中国的经验证据［J］．上海对外经贸大学学报，2023，30（1）：5-17.

[45] 金虹，林晓伟．我国跨境电子商务的发展模式与策略建议［J］．宏观经济研究，2015（9）：40-49.

[46] 金祥义，施炳展．互联网搜索、信息成本与出口产品质量［J］．中国工业经济，2022（8）：99-117.

［47］鞠雪楠，赵宣凯，孙宝文．跨境电商平台克服了哪些贸易成本？来自"敦煌网"数据的经验证据［J］．经济研究，2020，55（2）：181－196．

［48］孔亚楠，姜翔程，甘超．上海自贸区的建立对离岸贸易的影响［J］．商业经济研究，2015（29）：24－26．

［49］蓝庆新，童家琛．我国外贸新业态新模式可持续发展研究［J］．国际经济合作，2022（2）：50－57．

［50］李兵，李柔．互联网与企业出口：来自中国工业企业的微观经验证据［J］．世界经济，2017，40（7）：102－125．

［51］李猛．建设中国自由贸易港的思路——以发展离岸贸易、离岸金融业务为主要方向［J］．国际贸易，2018（4）：20－26．

［52］李猛．新时代我国自由贸易港建设中的政策创新及对策建议［J］．上海经济研究，2018（5）：60－71．

［53］李然，王荣，孙涛．"外贸新业态"背景下跨境电商出口运营现状的深度研究［J］．价格月刊，2019（6）：38－45．

［54］李向阳．促进跨境电子商务物流发展的路径［J］．中国流通经济，2014，28（10）：107－112．

［55］李小平，余娟娟，余东升，等．跨境电商与企业出口产品转换［J］．经济研究，2023，58（1）：124－140．

［56］李肖钢，王琦峰．基于公共海外仓的跨境电商物流产业链共生耦合模式与机制［J］．中国流通经济，2018，32（9）：41－48．

［57］李昕，赵儒煜．基于供应链视角的跨境电商物流链优化研究［J］．商业经济研究，2019（12）：76－79．

［58］李玉涛．海外仓的储运关系协调与运输政策价值挖掘［J］．宏观经济研究，2023（2）：118－127．

［59］李震，赵春明，李宏兵．贸易新业态与稳就业——来自跨境电商综合试验区的证据［J］．经济科学，2023（4）：28－44．

［60］梁明，夏融冰．自贸试验区离岸贸易创新发展研究［J］．国际贸易，2022（5）：23－30，39．

［61］林峰，林淑佳．基础设施互联互通有助于实现减贫目标吗？来自亚投行成员国的经验分析［J］．统计研究，2022，39（9）：104－118．

［62］林梦嫚．跨境电商海外仓模式物流网络优化问题及方法研究［D］．杭州：浙江工业大学，2020．

[63] 林子青. 跨境电商与跨境物流协同下的供应链生态模式及评价 [J]. 商业经济研究, 2020 (2): 152 – 155.

[64] 刘斌, 顾聪. 互联网是否驱动了双边价值链关联 [J]. 中国工业经济, 2019 (11): 98 – 116.

[65] 刘斌, 顾聪. 跨境电商对企业价值链参与的影响——基于微观数据的经验分析 [J]. 统计研究, 2022, 39 (8): 72 – 87.

[66] 刘春红. 外贸综合服务企业的竞争新优势 [J]. 中外企业家, 2014 (3): 5 – 6.

[67] 刘海洋, 高璐, 林令涛. 互联网、企业出口模式变革及其影响 [J]. 经济学 (季刊), 2020, 19 (1): 261 – 280.

[68] 刘娟, 刘梦洁, 潘梓桐. 服务外包有助于促进中国制造业企业 "走出去" 吗? "两业融合" 视角下的准自然实验 [J]. 国际贸易问题, 2023 (12): 132 – 150.

[69] 刘军, 杨渊鋆, 张三峰. 中国数字经济测度与驱动因素研究 [J]. 上海经济研究, 2020 (6): 81 – 96.

[70] 刘强, 马彦瑞, 徐生霞. 数字经济发展是否提高了中国绿色经济效率? [J]. 中国人口·资源与环境, 2022, 32 (3): 72 – 85.

[71] 刘有升, 陈笃彬. 基于复合系统协同度模型的跨境电商与现代物流协同评价分析 [J]. 中国流通经济, 2016, 30 (5): 106 – 114.

[72] 刘振滨, 张佳惠. 发展外贸新业态助力构建新发展格局文献综述 [J]. 北方经贸, 2022 (2): 32 – 37.

[73] 卢福财, 金环. 互联网是否促进了制造业产品升级——基于技术复杂度的分析 [J]. 财贸经济, 2020, 41 (5): 99 – 115.

[74] 鲁旭. 基于跨境供应链整合的第三方物流海外仓建设 [J]. 中国流通经济, 2016, 30 (3): 32 – 38.

[75] 陆立军, 杨海军. 市场拓展、报酬递增与区域分工——以 "义乌商圈" 为例的分析 [J]. 经济研究, 2007 (4): 67 – 78.

[76] 吕越, 洪俊杰, 陈泳昌, 等. 双重电商平台出口的规模效应与中间品效应——兼论新发展格局下两个市场的利用 [J]. 经济研究, 2022, 57 (8): 137 – 153.

[77] 骆敏华. 外贸综合服务企业业务模式与风险控制 [J]. 国际商务财会, 2016 (7): 11 – 14.

[78] 马化腾. 关于以 "互联网 +" 为驱动推进我国经济社会创新发展的建议 [J]. 中国科技产业, 2016 (3): 38 – 39.

[79] 马俊, 刘阳. 外贸高质量发展背景下云南外贸新业态发展研究 [J]. 商业经

济研究，2023（14）：181-184.

[80] 马俊龙，宁光杰. 互联网与中国农村劳动力非农就业 [J]. 财经科学，2017（7）：50-63.

[81] 马述忠，房超. 跨境电商与中国出口新增长——基于信息成本和规模经济的双重视角 [J]. 经济研究，2021，56（6）：159-176.

[82] 马述忠，房超，张洪胜. 跨境电商能否突破地理距离的限制 [J]. 财贸经济，2019，40（8）：116-131.

[83] 马述忠，郭继文. 制度创新如何影响我国跨境电商出口？来自综试区设立的经验证据 [J]. 管理世界，2022，38（8）：83-102.

[84] 马述忠，王晔辰，房超. 制度型开放与跨境电商出口：基于"丝路电商"合作备忘录的研究 [J]. 浙江社会科学，2024（2）：78-90，158.

[85] 马述忠，张道涵，陈逸凡. 跨境电子商务与市域协调发展——兼论跨境电商的普惠逻辑 [J]. 经济学动态，2024（3）：77-95.

[86] 马述忠，张道涵，潘钢健. 互联网搜索、需求适配性与跨境电商出口 [J]. 国际贸易问题，2023（9）：52-70.

[87] 马玉荣. 外贸新业态新模式力促构建国内国际双循环新发展格局——首届珠江国际贸易论坛·新发展格局下的外贸新业态新模式高峰论坛综述 [J]. 中国发展观察，2021（Z3）：20-22.

[88] 梅靖煜. 出口跨境电商的海外仓模式选择研究 [D]. 武汉：中南财经政法大学，2019.

[89] 孟亮，孟京. 我国跨境电商企业海外仓模式选择分析——基于消费品出口贸易视角 [J]. 中国流通经济，2017，31（6）：37-44.

[90] 倪如兴. 外贸综合服务企业业务模式与风险控制 [J]. 当代会计，2019（14）：47-48.

[91] 宁光杰，杨馥萍. 互联网使用与劳动力产业流动——对低技能劳动者的考察 [J]. 中国人口科学，2021（2）：88-100，128.

[92] 欧阳耀福. 互联网平台化组织模式对企业创新的影响研究 [J]. 经济研究，2023，58（4）：190-208.

[93] 欧忠辉，姜南，马艺闻. 国别差异视角下知识产权保护对数字服务贸易的影响机制研究 [J]. 科研管理，2024，45（3）：161-170.

[94] 潘家栋，肖文. 互联网发展对我国出口贸易的影响研究 [J]. 国际贸易问题，2018（12）：16-26.

[95] 裴长洪. 中国自贸试验区金融改革进展与前瞻 [J]. 金融论坛, 2015, 20 (8)：3 - 8, 26.

[96] 裴秋蕊. 我国出口型代工中小企业升级路径研究——基于互联网经济时代全球价值链视角 [J]. 国际商务 (对外经济贸易大学学报), 2017 (2)：143 - 152.

[97] 彭怀安, 张昌谋. 跨境电子商务综合试验区与产业结构升级——基于城市面板数据的实证分析 [J]. 海南大学学报 (人文社会科学版), 2024, 42 (3)：106 - 115.

[98] 彭羽, 沈克华. 香港离岸贸易对珠三角地区产业发展的影响研究——基于珠三角地区 48 个区县面板数据的实证分析 [J]. 国际经贸探索, 2013, 29 (2)：58 - 67.

[99] 齐俊妍, 强华俊. 监管政策分歧、区域贸易协定与数字服务出口 [J]. 财贸研究, 2023, 34 (9)：1 - 16.

[100] 齐俊妍, 任奕达. 数字经济渗透对全球价值链分工地位的影响——基于行业异质性的跨国经验研究 [J]. 国际贸易问题, 2021 (9)：105 - 121.

[101] 钱慧敏, 何江. B2C 跨境电子商务物流模式选择实证研究 [J]. 商业研究, 2016 (12)：118 - 125.

[102] 任保平, 王思琛. 新时代高水平社会主义市场经济体制升级版的构建 [J]. 经济与管理评论, 2020, 36 (4)：34 - 46.

[103] 任晓松, 孙莎. 数字经济对中国城市工业碳生产率的赋能效应 [J]. 资源科学, 2022, 44 (12)：2399 - 2414.

[104] 茹玉骢, 李燕. 电子商务与中国企业出口行为：基于世界银行微观数据的分析 [J]. 国际贸易问题, 2014 (12)：3 - 13.

[105] 萨缪尔森, 诺德豪斯. 经济学 [M]. 萧琛, 译. 北京：商务印书馆, 2014.

[106] 上海海关课题组, 蒋原, 姚漪娟. 海关特殊监管区域保税维修业态发展研究 [J]. 海关与经贸研究, 2021, 42 (1)：36 - 49.

[107] 沈国兵, 袁征宇. 互联网化、创新保护与中国企业出口产品质量提升 [J]. 世界经济, 2020, 43 (11)：127 - 151.

[108] 沈国兵, 袁征宇. 企业互联网化对中国企业创新及出口的影响 [J]. 经济研究, 2020, 55 (1)：33 - 48.

[109] 沈克华, 彭羽. 离岸贸易与香港国际贸易中心地位的演变——兼论对上海国际贸易中心建设的启示 [J]. 亚太经济, 2013 (3)：143 - 148.

[110] 沈坤荣, 林剑威, 傅元海. 网络基础设施建设、信息可得性与企业创新边界 [J]. 中国工业经济, 2023 (1)：57 - 75.

[111] 沈玉良, 彭羽, 高疆, 等. 是数字贸易规则, 还是数字经济规则？新一代

贸易规则的中国取向［J］. 管理世界, 2022, 38（8）：67 – 83.

［112］沈玉良, 彭羽. 贸易政策调整是否正当其时?［J］. 国际贸易, 2015（11）：21 – 25.

［113］施炳展. 互联网与国际贸易——基于双边双向网址链接数据的经验分析［J］. 经济研究, 2016, 51（5）：172 – 187.

［114］施炳展, 李建桐. 互联网是否促进了分工：来自中国制造业企业的证据［J］. 管理世界, 2020, 36（4）：130 – 149.

［115］石良平, 王素云. 互联网促进我国对外贸易发展的机理分析：基于 31 个省市的面板数据实证［J］. 世界经济研究, 2018（12）：48 – 59, 132 – 133.

［116］石薇, 王诗勇, 王洪卫. 互联网发展、就业质量提升与共同富裕——效应识别与经验证据［J］. 上海财经大学学报, 2023, 25（3）：18 – 32.

［117］史亚茹, 于津平. 跨境电商改革与企业创新——基于跨境电商综合试验区设立的准自然实验［J］. 国际贸易问题, 2023（4）：37 – 55.

［118］宋立丰, 鹿颖, 宋远方. 科技创新下的共享经济变革研究——以我国"新基建"与共享出行为例［J］. 当代经济管理, 2021, 43（7）：35 – 43.

［119］宋玉华. 美国新经济研究——经济范式转型与制度演化［M］. 北京：人民出版社, 2002.

［120］孙博, 王超. 我国跨境物流模式分析及优化［J］. 商业经济研究, 2019（10）：87 – 89.

［121］孙蕾, 王芳. 中国跨境电子商务发展现状及对策［J］. 中国流通经济, 2015, 29（3）：38 – 41.

［122］孙明. 培育河南省外贸新业态新模式发展思路［J］. 知识经济, 2019（28）：36, 38.

［123］孙浦阳, 张靖佳, 姜小雨. 电子商务、搜寻成本与消费价格变化［J］. 经济研究, 2017, 52（7）：139 – 154.

［124］谭用, 孙浦阳, 胡雪波, 等. 互联网、信息外溢与进口绩效：理论分析与经验研究［J］. 世界经济, 2019, 42（12）：77 – 98.

［125］唐辉. 跨境人民币结算助力外贸新业态发展［J］. 青海金融, 2022（11）：45 – 50.

［126］唐晓婷. 外贸新业态新模式的现实逻辑与实践路径［J］. 南海学刊, 2023, 9（3）：104 – 112.

［127］唐学朋, 余林徽, 王怡萱, 等. 跨境电子商务与中国家庭福利——基于家

庭消费视角的实证研究 [J]. 数量经济技术经济研究, 2023, 40 (11): 137 – 157.

[128] 田鸽, 张勋. 数字经济、非农就业与社会分工 [J]. 管理世界, 2022, 38 (5): 72 – 84, 311.

[129] 佟家栋, 杨俊. 互联网对中国制造业进口企业创新的影响 [J]. 国际贸易问题, 2019 (11): 1 – 15.

[130] 汪丁丁. 从 "交易费用" 到博弈均衡 [J]. 经济研究, 1995 (9): 72 – 80.

[131] 汪如珺. 义乌 "市场采购" 对贸易便利化的成效评估 [J]. 浙江学刊, 2015 (4): 179 – 184.

[132] 王贵东, 杨德林. 互联网提升了制造企业的全要素生产率吗？我国信息通信技术生产率悖论的再探讨 [J]. 统计研究, 2023, 40 (6): 63 – 76.

[133] 王瀚迪, 袁逸铭. 数字经济、目的国搜寻成本和企业出口产品质量 [J]. 国际经贸探索, 2022, 38 (1): 4 – 20.

[134] 王怀民. 中间人、转口贸易与加工装配活动关系研究——基于香港与内地的经验 [J]. 国际经贸探索, 2007 (8): 20 – 24.

[135] 王佳元, 李子文, 洪群联. 推动服务业向高质量发展 [J]. 宏观经济管理, 2018 (5): 24 – 29, 63.

[136] 王静瑶. 外贸综合服务企业出口退税风险管理研究 [D]. 广州: 广东财经大学, 2021.

[137] 王立勇. 自由贸易港建设与发展的欧洲经验 [J]. 人民论坛·学术前沿, 2019 (22): 16 – 22.

[138] 王利荣, 芮莉莉. 跨境电商综合试验区对地区经济的影响及差异性分析——基于 "反事实" 视角 [J]. 南方经济, 2022 (3): 53 – 73.

[139] 王淑敏, 韩徐墨杨. 海南自由贸易港发展离岸经济的 SWOT 分析 [J]. 大连海事大学学报 (社会科学版), 2020, 19 (5): 74 – 80.

[140] 王晓彬. 外贸综合服务企业出口模式比较探析 [J]. 中外企业家, 2019 (33): 3 – 4.

[141] 王孝松. 世界主要自贸港的发展经验与中国自贸港未来发展策略 [J]. 人民论坛, 2020 (27): 42 – 45.

[142] 王鑫. 我国外贸商业模式的重要创新——外贸综合服务企业 [J]. 管理学刊, 2015, 28 (4): 52 – 55, 59.

[143] 魏浩, 涂悦. 中国跨境电商零售进口: 发展特点、存在问题与政策建议 [J]. 国际贸易, 2023 (4): 31 – 39.

[144] 温珺，王健，尤宏兵．电子商务能否促进外贸增长——来自我国的证据 [J]．国际贸易问题，2015 (6)：43 –52.

[145] 文东伟，冼国明，马静．FDI、产业结构变迁与中国的出口竞争力 [J]．管理世界，2009 (4)：96 –107.

[146] 乌家培．网络经济及其对经济理论的影响 [J]．学术研究，2000 (1)：4 –10.

[147] 吴超鹏，唐莳．知识产权保护执法力度、技术创新与企业绩效——来自中国上市公司的证据 [J]．经济研究，2016，51 (11)：125 –139.

[148] 吴琪，扈飞．重构外贸综合服务新业态 [J]．国际经济合作，2020 (4)：63 –71.

[149] 夏德建．跨境电商海外仓研究述评 [J]．物流科技，2024，47 (1)：86 – 90，104.

[150] 夏海霞，尤润怡．外贸综合服务平台策略研究——以"一达通"为例 [J]．现代商贸工业，2017 (32)：45 –46.

[151] 夏杰长．以数字技术推动服务贸易高质量发展 [J]．红旗文稿，2023 (19)：38 –40.

[152] 肖海翔，郭晨阳，吴东晖．促进外贸新业态发展的税收政策研析 [J]．税务研究，2022 (10)：105 –108.

[153] 肖利平．"互联网＋"提升了我国装备制造业的全要素生产率吗 [J]．经济学家，2018 (12)：38 –46.

[154] 肖亮，余福茂，杨林霞．目的国网络嵌入、本土化服务能力与跨境 B2C 出口企业绩效：海外仓策略的一个理论解释 [J]．商业经济与管理，2019 (1)：5 –15.

[155] 邢力元．考虑四段运输过程的海外仓选址问题研究 [D]．大连：大连海事大学，2020.

[156] 徐保昌，闫文影，王凯华．跨境电商综试区设立对劳动收入份额的提升效应研究 [J]．国际贸易，2023 (8)：83 –95.

[157] 徐美娜，彭羽．中国（上海）自由贸易试验区离岸贸易发展战略研究 [J]．亚太经济，2014 (3)：123 –127.

[158] 徐清军．支持外贸综合服务企业促进外贸转型升级 [J]．中国对外贸易，2013 (8)：62 –64.

[159] 徐伟呈，周田，郑雪梅．数字经济如何赋能产业结构优化升级——基于 ICT 对三大产业全要素生产率贡献的视角 [J]．中国软科学，2022 (9)：27 –38.

[160] 许亚云，岳文，韩剑．高水平区域贸易协定对价值链贸易的影响——基于

规则文本深度的研究［J］. 国际贸易问题，2020（12）：81－99.

［161］燕晨屹，王喜富，员丽芬. 跨境供应链网络海外仓的鲁棒性选址模型及算法［J］. 交通运输系统工程与信息，2019，19（6）：191－198.

［162］杨冰. 外贸综合服务企业业务模式与风险控制［J］. 经贸实践，2017（8）：57.

［163］杨伯溆. 全球化：起源、发展和影响［M］. 北京：人民出版社，2002.

［164］杨凤召，李威. 互联网、创新要素流动与经济高质量发展——基于279个地级市层面的考察［J］. 南京财经大学学报，2022（6）：40－51.

［165］杨高举，黄先海. 内部动力与后发国分工地位升级——来自中国高技术产业的证据［J］. 中国社会科学，2013（2）：25－45，204.

［166］杨欢. 海外仓模式下考虑信息共享的跨境电商供应链建模与协调［D］. 广州：华南理工大学，2019.

［167］杨卫君. B2C跨境电子商务物流模式优化选择研究［D］. 杭州：浙江工业大学，2016.

［168］杨震宁，侯一凡，李德辉，等. 中国企业"双循环"中开放式创新网络的平衡效应——基于数字赋能与组织柔性的考察［J］. 管理世界，2021，37（11）：184－205，12.

［169］叶初升，任兆柯. 互联网的经济增长效应和结构调整效应——基于地级市面板数据的实证研究［J］. 南京社会科学，2018（4）：18－29.

［170］叶楚琪. 跨境电商平台自建海外仓分析——以京东物流为例［J］. 中国林业经济，2021（5）：62－65.

［171］叶娇，和珊，赵云鹏. 网络技术应用与企业出口质量提升——基于微观数据的分析［J］. 国际贸易问题，2018（11）：59－73.

［172］尹慧敏，查贵勇. 外贸综合服务新业态发展态势与策略分析［J］. 港口经济，2017（4）：34－38.

［173］于立. 互联网经济学与竞争政策［M］. 北京：商务印书馆，2020.

［174］余菲菲，王丽婷. 数字技术赋能我国制造企业技术创新路径研究［J］. 科研管理，2022，43（4）：11－19.

［175］虞磊珉，孙兴. 跨境人民币结算业务助力外贸新业态发展［J］. 中国外汇，2022（20）：60－62.

［176］虞晓露. 丝绸之路下中欧海外仓建设面临的瓶颈及建议［J］. 对外经贸实务，2020（12）：93－96.

［177］袁群华. 香港离岸贸易发展现状及其影响因素分析［J］. 城市观察，2019

（2）：112－122.

[178] 岳敏，孟丽，张洪玮. 韩国与东亚各经济体的贸易结构变迁研究 [J]. 世界经济研究，2016（12）：118－131，134.

[179] 岳云嵩，李兵. 电子商务平台应用与中国制造业企业出口绩效——基于"阿里巴巴"大数据的经验研究 [J]. 中国工业经济，2018（8）：97－115.

[180] 岳云嵩，李兵，李柔. 互联网会提高企业进口技术复杂度吗？基于倍差匹配的经验研究 [J]. 国际贸易问题，2016（12）：131－141.

[181] 张兵兵，陈羽佳，朱晶，等. 跨境电商综合试验区与区域协调发展：窗口辐射还是虹吸效应 [J]. 财经研究，2023，49（7）：34－47.

[182] 张芳，方虹. 贸易便利化对中国贸易增长的贡献研究——基于平台经济视角 [J]. 工业技术经济，2018，37（6）：128－137.

[183] 张汉东. 探索建立"市场采购"新型贸易方式 [J]. 今日浙江，2011（10）：17－18.

[184] 张洪胜，潘钢健. 跨境电子商务与双边贸易成本：基于跨境电商政策的经验研究 [J]. 经济研究，2021，56（9）：141－157.

[185] 张洪胜，谢月星，杨高举. 制度型开放与消费者福利增进——来自跨境电商综试区的证据 [J]. 经济研究，2023，58（8）：155－173.

[186] 张洪胜，张小龙. 线上评价系统与中国跨境电商出口——来自 eBay 平台国内外卖家比较的证据 [J]. 经济学动态，2023（4）：95－114.

[187] 张家平，程名望，潘烜. 互联网对经济增长溢出的门槛效应研究 [J]. 软科学，2018，32（9）：1－4.

[188] 张军旗. 中国（上海）自由贸易试验区发展离岸贸易的法律及政策保障 [J]. 法学，2013（12）：122－128.

[189] 张宽，黄凌云. 贸易开放、人力资本与自主创新能力 [J]. 财贸经济，2019，40（12）：112－127.

[190] 张铭心，谢申祥，强皓凡，等. 数字普惠金融与小微企业出口：雪中送炭还是锦上添花 [J]. 世界经济，2022，45（1）：30－56.

[191] 张宁，马建. 完善外贸综合服务企业治理优化新旧动能转换营商环境——以山东一达通企业服务有限公司为例 [J]. 国际税收，2018（4）：67－70.

[192] 张曙光. 如何看市场的演化与设计——阿里巴巴新外贸模式观感 [J]. 民主与科学，2017（2）：38－41.

[193] 张五常. 经济解释 [M]. 北京：中信出版社，2010.

［194］张夏恒，李豆豆. 跨境电商海外仓类型及发展措施［J］. 工信财经科技，2021（1）：72－80.

［195］张正荣，杨金东，顾国达. 数字贸易的概念维度、国际规则与商业模式［J］. 经济学家，2021（4）：61－69.

［196］赵家章，丁国宁. 香港离岸贸易发展现状及经验借鉴［J］. 首都经济贸易大学学报，2020，22（2）：35－44.

［197］郑世林，周黎安，何维达. 电信基础设施与中国经济增长［J］. 经济研究，2014，49（5）：77－90.

［198］仲姣姣，孙勤海. 外贸综合服务企业引领中小企业外贸发展新模式［J］. 当代会计，2017（12）：9－11.

［199］周靖祥，曹勤. FDI 与出口贸易结构关系研究（1978～2005 年）——基于DLM 与 TVP 模型的检验［J］. 数量经济技术经济研究，2007（9）：24－36.

［200］周念利，陈寰琦. RTAs 框架下美式数字贸易规则的数字贸易效应研究［J］. 世界经济，2020，43（10）：28－51.

［201］朱嘉彤. 考虑时间惩罚成本和关税成本的跨境电商海外仓选址研究［D］. 广州：广东工业大学，2017.

［202］朱明. 跨境电商物流产业链共生耦合模式与机制探讨——基于公共海外仓视角［J］. 商业经济研究，2019（7）：87－90.

［203］邹静，侯俊华. 创新驱动视角下江西省外贸新业态发展对策研究［J］. 价格月刊，2022（8）：46－53.

［204］Abeliansky A L, Barbero J, Rodriguez-Crespo E. ICTs quality and quantity and the margins of trade［J］. Telecommunications Policy, 2021, 45（1）: 102056.

［205］Abeliansky A L, Hilbert M. Digital technology and international trade: is it the quantity of subscriptions or the quality of data speed that matters?［J］. Telecommunications Policy, 2017, 41（1）: 35－48.

［206］Abendin S, Duan P. International trade and economic growth in Africa: the role of the digital economy［J］. Cogent Economics & Finance, 2021, 9（1）: 1911767.

［207］Akerman A, Gaarder I, Mogstad M. The skill complementarity of broadband internet［J］. The Quarterly Journal of Economics, 2015, 130（4）: 1781－1824.

［208］Amaral-Garcia S, Nardotto M, Propper C, Valletti T. Mums go online: Is the internet changing the demand for health care?［J］. Review of Economics & Statistics, 2022, 104（6）: 1157－1173.

［209］ Anderson J E, Van Wincoop E. Trade costs ［J］. Journal of Economic Literature, 2004, 42（3）: 691 – 751.

［210］ Anderson J E, Yotov Y V. Terms of trade and global efficiency effects of free trade agreements, 1990 – 2002 ［J］. Journal of International Economics, 2016, 99: 279 – 298.

［211］ Anderson P. The new e-commerce intermediaries ［J］. MIT Sloan Management Review, 2002, 43（4）: 53 – 62.

［212］ Anson J, Boffa M, Helble M. Consumer arbitrage in cross-border e-commerce ［J］. Review of International Economics, 2019, 27（4）: 1234 – 1251.

［213］ Antràs P, Costinot A. Intermediation and economic integration ［J］. American Economic Review, 2010, 100（2）: 424 – 428.

［214］ Antràs P. Firms, contracts, and trade structure ［J］. The Quarterly Journal of Economics, 2003, 118（4）: 1375 – 1418.

［215］ Arvanitis S, Loukis E N. Information and communication technologies, human capital, workplace organization and labour productivity: a comparative study based on firm-level data for Greece and Switzerland ［J］. Information Economics and Policy, 2009, 21（1）: 43 – 61.

［216］ Ater I, Orlov E. The effect of the internet on performance and quality: evidence from the airline industry ［J］. Review of Economics and Statistics, 2015, 97（1）: 180 – 194.

［217］ Atkeson A, Burstein A. Pricing-to-market, trade costs, and international relative prices ［J］. American Economic Review, 2008, 98（5）: 1998 – 2031.

［218］ Baldwin R E, Forslid R. Trade liberalization with heterogeneous firms ［J］. Review of Development Economics, 2004, 14（2）: 161 – 176.

［219］ Bernard A B, Grazzi M, Tomasi C. Intermediaries in international trade: direct versus indirect modes of export ［R］. NBER Working Paper, No. 17711, 2011.

［220］ Bhuller M, Havnes T, Leuven E, Mogstad M. Broadband internet: an Information superhighway to sex crime? ［J］. Review of Economic Studies, 2013, 80（4）: 1237 – 1266.

［221］ Blau P M. Exchange and Power in Social Life ［M］. New York: Routledge, 1986.

［222］ Bloom N, Liang J, Roberts J, Ying Z. Does Working from home work? Evidence from a Chinese experiment ［J］. The Quarterly Journal of Economics, 2015, 130（1）: 165 – 218.

［223］ Brancaccio G, Kalouptsidi M, Papageorgiou T. Geography, transportation, and endogenous trade costs [J]. Econometrica, 2020, 88 (2): 657 – 691.

[224] Brynjolfsson E, Hitt L. Paradox lost? Firm-level evidence on the returns to information systems spending [J]. Management Science, 1996, 42 (4): 541 – 558.

[225] Chaney T. The network structure of international trade [J]. American Economic Review, 2014, 104 (11): 3600 – 3634.

[226] Choi C, Hoon Yi M. The effect of the internet on economic growth: evidence from cross-country panel data [J]. Economics Letters, 2009, 105 (1): 39 – 41.

[227] Chung G. The geography of global internet hyperlinks and cultural content analysis (dissertation) [M]. University at Buffalo, 2011.

[228] Chu S Y. Internet, economic growth and recession [J]. Modern Economy, 2013, 4 (3): 209 – 213.

[229] Clarke G R G, Wallsten S J. Has the internet increased trade? Developed and developing country evidence [J]. Economic Inquiry, 2006, 44 (3): 465 – 484.

[230] Clarke R G. Has the internet increased exports for firms from low and middle-income countries? [J]. Information Economics & Policy, 2008, 20 (1): 16 – 37.

[231] Coase R H. The nature of the firm [J]. Economica, 1937, 4 (16): 386.

[232] Commons J R. Institutional economics [J]. The American Economic Review, 1931 (26): 237 – 249.

[233] Czernich N, Falck O, Kretschmer T, et al. Broadband infrastructure and economic growth [J]. Economic Journal, 2011, 121 (552): 505 – 532.

[234] Datta A, Agarwal S. Telecommunications and economic growth: a panel data approach [J]. Applied Economics, 2004, 36 (15): 1649 – 1654.

[235] Deng Z, Wang Z. Early-mover advantages at cross-border business-to-business e-commerce portals [J]. Journal of Business Research, 2016, 69 (12): 6002 – 6011.

[236] Derksen L, Michaud-Leclerc C, Souza P. Restricted access: how the internet can be uesd to promote reading and learning [J]. Journal of Development Economics, 2022, 155: 102810.

[237] Dettling L J, Goodman S, Smith J. Every little bit counts: the impact of high-speed internet on the transition to college [J]. Review of Economics & Statistics, 2018, 100 (2): 260 – 273.

[238] Dewan S, Kraemer K L. Information technology and productivity: evidence from country-level data [J]. Management Science, 2000, 46 (4): 548 – 562.

[239] Dollar D. Globalization, poverty, and inequality since 1980 [J]. The World Bank Research Observer, 2005, 20 (2): 145 – 175.

[240] Dollar D, Wolff E. Competitiveness, Convergence, and International Specialization [M]. Cambridge, MA: MTT Press, 1993.

[241] Donati D. Mobile internet access and political outcomes: evidence from South Africa [J]. Journal of Development Economics, 2023, 162: 103073.

[242] Ellison G, Ellison S F. Internet retail demand: taxed, geography, and online-offline competition [R]. NBER Working Paper, No. 12242, 2006.

[243] Feenstra R C, Hanson G H. Intermediaries in entrepot trade: Hong Kong re-exports of Chinese goods [J]. Journal of Economics & Management Strategy, 2004, 13 (1): 3 – 35.

[244] Feenstra R C. Integration of trade and disintegration of production in the global economy [J]. Journal of Economic Perspectives, 1998, 12 (4): 31 – 50.

[245] Fernandes A M, Mattoo A, Nguyen H, Schiffbauer M. The internet and chinese exports in the Pre-ali Baba Era [J]. Journal of Development Economics, 2019 (138): 57 – 76.

[246] Ferro E. Signaling and Technological Marketing Tools for Exporters [M]. Social Science Electronic Publishing, 2011.

[247] Ferro E. Signaling and technological marketing tools for exporters [R]. World Bank Policy Research Working Paper, No. 5547, 2011.

[248] Fink A, Marr B, Siebe A, et al. The future scorecard: combining external and internal scenarios to create strategic foresight [J]. Management Decision, 2005, 43 (3): 360 – 381.

[249] Freund C, Weinhold D. The Internet and international trade in services [J]. American Economic Review, 2002, 92 (2): 236 – 240.

[250] Gavazza A, Nardotto M, Velletti T. Internet and politics: evidence from U. K. local elections and local government policied [J]. Review of Economic Studies, 2019, 86 (5): 2092 – 2135.

[251] Gerard H, Yuan L, Gordon P. Internet access and U. S. -China innovation competition [R]. NBER Working Paper, 28231, 2020.

[252] Giuffrida M, Mangiaracina R, Perego A, et al. Cross-border B2C e-commerce to greater China and the role of logistics: a literature review [J]. International Journal of Physical Distribution & Logistics Management [J]. 2017, 47 (9): 772 – 795.

[253] Gomez-Herrera E, Martens B, Turlea G. The drivers and impediments for cross-border e-commerce in the EU [J]. Information Economics and Policy, 2014 (28): 83 – 96.

[254] Grossman G, Helpman E. Comparative advantage and long-run growth [J]. American Economic Review, 1990, 80 (4): 796 – 815.

[255] Grossman G M, Maggi G. Diversity and trade [J]. American Economic Review, 2000, 90 (5): 1255 – 1275.

[256] Hagiu A, Wright J. Multi-sided platforms [J]. International Journal of Industrial Organization, 2015, 43: 162 – 174.

[257] Hang H T, Adjouro T. The effects of cross-border e-commerce on international trade and economic growth: a case of China [J]. International Journal of Economics and Finance, 2021, 13 (12): 82 – 89.

[258] Harrison A, Kortuem S. Optimized analysis based on the characteristics of cross-border E-commerce logistics business [J]. International Journal of Smart Business and Technology, 2018, 6 (2): 1 – 10.

[259] Heckscher E F. The effect of foreign trade on the distribution of income [J]. Ekonomisk Tidskrift, 1919 (21): 497 – 512.

[260] Helpman E, Krugman P R. Market Structure and Foreign Trade: Increasing Returns, Imperfect Competition and the International Economy [M]. London: IT Press, 1985.

[261] Helpman E, Melitz M J, Yeaple S R. Export versus FDI with heterogeneous firms [J]. American Economic Review, 2004, 94 (1): 300 – 316.

[262] Herman P R, Oliver S. Trade, policy, and economic development in the digital economy [J]. Journal of Development Economics, 2023 (164): 103135.

[263] Hjort J, Poulsen J. The arrival of fast internet and employment inafrica [J]. American Economic Review, 2019, 109 (3): 1032 – 1079.

[264] Holt L, Jamison M. Broadband and contribution to economic growth: lessons from the US experience [J]. Telecommunications Policy, 2009, 33 (10): 575 – 581.

[265] Huang S L, Chang Y C. Cross-border e-commerce: consumers' intention to shop on foreign websites [J]. Internet Research, 2019, 29 (6): 1256 – 1279.

[266] Irarrazabal A, Moxnes A, Opromolla L D. The tip of the iceberg: a quantitative framework for estimating trade costs [J]. Review of Economics and Statistics, 2015, 97 (4): 777 – 792.

[267] Jean R, Kim D. Internet and SMEs' internationalization: the role of platfrom and

website [J]. Journal of International Management, 2020, 26 (1): 100690.

[268] Jeziorski P. Effects of mergers in two-sided markets: the US radio industry [J]. American Economic Journal: Microeconomics, 2014, 6 (4): 35 – 73.

[269] Jiao Y, Wei S J. Intrinsic openness and endogenous institutional quality [R]. NBER Working Paper, No. 24052, 2017.

[270] Johnson R C, Noguera G. Accounting for intermediates: production sharing and trade invalue added [J]. Journal of International Economics, 2012, 86 (2): 224 – 236.

[271] Jolivet G, Turon H. Consumer search costs and preferences on the internet [J]. Review of Economic Studies, 2019, 86 (3): 1258 – 1300.

[272] Jorgenson D W, Ho M S, Stiroh K L. A retrospective look at the U. S. productivity growth resurgence [J]. Journal of Economic Perspectives, 2008, 22 (1): 3 – 24.

[273] Jorgenson D W, Stiroh K. Computers and growth [J]. Economics of Innovation and New Technology, 1995, 3 (3): 295 – 316.

[274] Kim Y, Peterson R A. A meta-analysis of online trust relationships in e-commerce [J]. Journal of Interactive Marketing, 2017, 38 (1): 44 – 54.

[275] Kovpmans T C, Beckmann M J. Assignment problems and the location of economic activities [J]. Econometrica, 1957 (25): 52 – 76.

[276] Krammer S M. International r&d spillovers in emerging markets: the impact of trade and foreign direct investment [J]. The Journal of International Trade & Economic Development, 2010, 19 (4): 591 – 623.

[277] Krasnokutskaya E, Song K, Tang X. The role of quality in internet service markets [J]. Journal of Political Economy, 2020, 128 (1): 75 – 117.

[278] Krugman P R. Intraindustry specialization and the gains form trade [J]. Journal of Political Economy, 1981, 89 (5): 959 – 973.

[279] Krugman P R. Scale economies, product differentiation, and the pattern of trade [J]. American Economic Review, 1980, 70 (5): 950 – 959.

[280] Lall S. The technological structure and performance of developing country manufactured exports, 1995 – 1998 [J]. Oxford Development Studies, 2000, 28 (3): 337 – 369.

[281] Leibenstein H. General X – Efficiency Theory and Economic Development [M]. New York: Oxford University Press, 1978.

[282] Lendle A, Olarreaga M, Schropp S, Vézina P L. There goes gravity: eBay and the death of distance [J]. The Economic Journal, 2016, 126 (591): 406 – 441.

[283] Lendle A, Olarrega M, Schropp S, et al. eBay's anatomy [J]. Economics Letters, 2013, 121 (1): 115 – 120.

[284] Leontief W. Domestic production and foreign trade: the American capital position reexamined [J]. Proceedings of the American Philosophical Society, 1953, 97 (4): 332 – 349.

[285] Lin F. Learning by exporting effect in China revisited: an instrumental approach [J]. China Economic Review, 2015 (36): 1 – 13.

[286] Lin W T, Shao B B M. The business value of information technology and inputs substitution: The productivity paradox revisited [J]. Decision Support Systems, 2006, 42 (2): 493 – 507.

[287] Malamud O, Cueto S, Cristia J, et al. Do children benefit from internet access? Experimental evidence from Peru [J]. Journal of Development Economics, 2019 (138): 41 – 56.

[288] Mallick H. Role of technological infrastructures in exports: evidence from a cross-country analysis [J]. International Review of Applied Economics, 2014, 28 (5): 669 – 694.

[289] Manudeep B, Domenico F, Andreas K, et al. The internet, search frictions and aggregate unemployment [R]. NBER Working Paper, No. 30911, 2023.

[290] Ma S, Chai Y, Zhang H. Rise of cross-border e-commerce exports in China [J]. China & World Economy, 2018, 26 (3): 63 – 87.

[291] Meijers H. Does the internet generate economic growth [J]. International Economics & Economic Policy, 2014, 11 (1): 137 – 163.

[292] Melitz M J, Redding S J. Trade and innovation [R]. NBER Working Paper, No. 28945, 2021.

[293] Melitz M J. The impact of trade on Intra-Industry reallocations and aggregate industry productivity [J]. Econometrica, 2003, 71 (6): 1695 – 1725.

[294] Mou J, Cui Y, Kurcz K. Trust, risk and alternative website quality in B-buyer acceptance of cross-border E-commerce [J]. Journal of Global Information Management, 2020, 28 (1): 167 – 188.

[295] North D. C. Institutions, Institutional Change and Economic Performance [M]. Cambridge: Cambridge University Press, 1990.

[296] Novy D. Gravity redux: measuring international trade costs with panel data [J]. Economic inquiry, 2013, 51 (1): 101 – 121.

[297] Nunn N, Qian N. US food aid and civil conflict [J]. American Economic Review, 2014, 104: 1630 – 1666.

[298] Nunn N, Trefler D. Domestic institutions as a source of comparative advantage [N]. NBER Working Paper, No. 18851, 2013.

[299] Ohlin B. Interregional and International Trade [M]. Boston: Harvard University Press, 1933.

[300] Oliner S D, Sichel D E, Stiroh K J. Explaining a productive decade [J]. Journal of Policy Modeling, 2008, 30 (4): 633 – 673.

[301] Parker G, Alstyne M V. Innovation, openness, and platform control [J]. Management Science, 2018, 64 (7): 3015 – 3032.

[302] Peneder M. The problem of private under-investment in innovation: a policy mind map [J]. Technovation, 2008, 28 (8): 518 – 530.

[303] Posner R. Natural monopoly and its regulation [J]. Stanford Law Review, 1969, 21 (2): 548 – 643.

[304] Powers J B, McDougall P P. University start-up formation and technology licensing with Firms that go public: a resource-based view of academic entrepreneurship [J]. Journal of Business Venturing, 2005, 20 (3): 291 – 311.

[305] Rauch J E. Business and social networks in internet trade [J]. Journal of Economic Literature, 2001, 39 (4): 1117 – 1203.

[306] Ricardo D. On the Principles of Political Economy and Taxation [M]. London: John Murray, 1817.

[307] Ricci L. A, Trionfetti F. Productivity, networks, and export performance: evidence from a cross-country firm dataset [J]. Review of International Economics, 2012, 20 (3): 552 – 562.

[308] Röller L, Waverman L. Telecommunications infrastructure and economic development: a simultaneous approach [J]. American Economic Review, 2001, 91 (4): 909.

[309] Samuelson P A. The transfer problem and transport costs, Ⅱ: analysis of effects of trade impediments [J]. The Economic Journal, 1954, 64 (254): 264 – 289.

[310] Smith A. An inquiry into the nature and causes of the wealth of nations [M]. Harriman House Limited, 1976.

[311] Stevenson B. The internet and job search [R]. NBER Working Paper, No. 13886, 2008.

[312] Stiroh K J. Information technology and the US productivity revival: What do the industry data say? [J]. American Economic Review, 2002, 92 (5): 1559 – 1576.

［313］Stolper W F, Samuelson P A. Protection and real wages［J］. Review of Economic Studies, 1941, 9（1）: 58 – 73.

［314］Sun L, Lyu G, Yu Y, et al. Fulfillment by Amazon versus fulfillment by seller: an interpretable risk-adjusted fulfillment model［J］. Naval Research Logistics, 2020, 67（8）: 627 – 645.

［315］Tang L. Communication costs and trade of differentiated goods［J］. Review of International Economics, 2006, 14（1）: 54 – 68.

［316］Vemuri V, Siddiqi S. Impact of commercialization of the internet on international trade: a panel study using the extended gravity model［J］. International Trade Journal, 2009, 23（4）: 458 – 484.

［317］Vira B. The political coase theorem: identifying differences between neoclassical and critical institutionalism［J］. Journal of Economic Issues, 1997, 31（3）: 761 – 780.

［318］Williamson O E. Markets and Hierarchies: Analysis and Antitrust Implications［M］. New York: Free Press, 1975.

［319］Williamson O E. The Economic Institution of Capitalism［M］. New York: Free Press, 1985.

［320］Williamson O E. Transaction-cost economics: the governance of contractual relations［J］. The Journal of Law and Economics, 1979, 22（2）: 233 – 261.

［321］Yadav N. The role of internet use on international trade: evidence from Asian and Sub-Saharan African enterprises［J］. Global Economy Journal, 2014, 14（2）: 189 – 214.

［322］Yang X K, Borland J. A microeconomic mechanism for economic growth［J］. Journal of Political Economy, 1991, 99（3）: 460 – 482.

［323］Yin Z H, Choi C H. The effects of China's cross-border e-commerce on its exports: a comparative analysis of goods and services trade［J］. Electronic Commerce Research, 2023, 23（1）: 443 – 474.

［324］Yushkova E. Impact of ICT on trade in different technology groups: analysis and implications［J］. International Economics & Economic Policy, 2014, 11（1）: 165 – 177.

［325］Zhang H, Jia F, You J X. Striking a balance between supply chain resilience and supply chain vulnerability in the cross-border e-commerce supply chain［J］. International Journal of Logistics Research and Applications, 2023, 26（3）: 320 – 344.

［326］Zhang Y. Institutions, firm characteristics, and FDI spillovers［J］. Emerging Markets Finance and Trade, 2019, 55（5）: 1109 – 1136.